从创客到创造的教育

创客教育的中小学美术课程论
与深圳样本研究

宋冰 著

西南大学出版社
国家一级出版社 全国百佳图书出版单位

图书在版编目（CIP）数据

从创客到创造的教育：创客教育的中小学美术课程论与深圳样本研究 / 宋冰著. -- 重庆：西南大学出版社, 2023.11
　　ISBN 978-7-5697-1924-6

Ⅰ.①从… Ⅱ.①宋… Ⅲ.①美术课 - 教学研究 - 中小学 Ⅳ.①G633.955.2

中国国家版本馆CIP数据核字(2023)第133151号

从创客到创造的教育——创客教育的中小学美术课程论与深圳样本研究　　宋冰 著

CONG CHUANGKE DAO CHUANGZAO DE JIAOYU——CHUANGKE JIAOYU DE ZHONGXIAOXUE MEISHU KECHENGLUN YU SHENZHEN YANGBEN YANJIU

选题策划	龚明星
责任编辑	徐庆兰
责任校对	邓　慧
封面设计	闰江文化
出版发行	西南大学出版社（原西南师范大学出版社）
地　　址	重庆市北碚区天生路2号
邮　　编	400715
网上书店	https://xnsfdxcbs.tmall.com
排　　版	张　艳
印　　刷	重庆康豪彩印有限公司
幅面尺寸	170 mm×240 mm
印　　张	16.5
字　　数	284千字
版　　次	2023年11月　第1版
印　　次	2023年11月　第1次印刷
书　　号	ISBN 978-7-5697-1924-6
定　　价	88.00元

本书如有印装质量问题，请与我社市场营销部联系更换。
市场营销部电话 / (023)68868624　68253705

西南大学出版社美术分社欢迎赐稿。
美术分社电话 / (023)68254657　68254107

序1

内涵与外溢：
创客教育与美术教育互融

● 尹少淳

  任何社会都不能回避两大主题——继承与发展。在不同的时代、国家及环境，这两个主题会呈现出不同的权重和状态。在古代以农业为主要生产方式的社会，社会的变革比较迟缓，传承和守成是最为突出的特征。埃及艺术即为生动之例。古埃及艺术的程式化特征十分明显，这种程式化特征延续数千年而不变。对好的艺术和艺术家的评价不是依据其创新性和创造能力，而是对传统程式的掌握和运用。近代工业革命以后，机械化大生产增加了产品的数量，提高了产品的质量，人们的物质和精神需求被大大激活，呼唤着产品功能和形式的多样性、新颖性，以创造性为特征的设计因此变得愈发重要。现代科学技术尤其是网络技术的发展、材料技术的更新，促使新的产品层出不穷，迭代更新，满足人民群众日益增长的物质需求和精神需求。从某种程度上说，创新已经超越了传承，成为我们时代的精神主旨。国与国的竞争在很大程度上是创新能力的竞争，因此通过教育培养国民的创新意识和创造能力，成了各国基础教育的普遍追求。

要在基础教育中培养学生的创造力，有一个思想疙瘩需要解开，即必须回答创造力是否可教的问题。最终形成的基本共识是，创造力并非少数天才的专利，而是普通人可以持续开发的一种潜能。

美国心理学家吉尔福特坚信创造力是可以用一定的方法和手段培养的。基于此信念，他率先提出了"创造力"这一概念，开启了对创造力和创造方法的研究。他将创造性思维当作创造力的基础和核心，为此首创了"发散性思维"的概念，并认为发散性思维关乎创造力的发展。对创造力以及对创造力培养的研究由此逐渐铺开，衍成了一股股"后浪推前浪"的教育潮流。

21世纪10年代前后，一个被称为"创客"的运动从美国开始，随即风靡全球，并进入中小学中。"创客"，来自英文Maker。"创客"意指勇于创新，并努力将自己的创意变为现实的人。

作为中国的创新之城和设计之都，深圳的创客运动起步甚早，并进入了一些中小学，开展得如火如荼。深圳市龙岗区千林山小学校长宋冰先生就是创客理念的拥趸者和创客教育的践行者。这本书就是他在长期的探索过程中，对理论问题和实践方法的思考和总结。

宋先生是美术教师出身，所以很容易在美术教育和创客教育中产生情感、思维和实践上的连接。而美术与创客教育有天然的亲缘性，缘因美术非常强调创造性，创造性构成了美术活动的生命。美术又是一种造物活动，与工具、材料、技法有着密切的关系，其结果既指向特定的表现意图，又指向特定的功能要求。美术与创客教育的亲缘性，还来自美术对可视性的助益，因为任何创客活动的产品都离不开可视性，可视性由草图、效果图、模型和实物体现。所以，美术教育和创客教育可以形成双向助益的关系，从美术教育的角度切入创客教育可称为"美术式"创客课程，从创客教育进入美术课程可称为"创客式"美术课程。两者便一拍即合，相互融合。

严格地讲，创客教育的理论尚不丰满，实践上也存在很大的拓展空间。尤其是关于创客教育与美术教育的理论和实践问题，值得进一步思考和探索。宋先生这本关于创客教育的专著，无疑是该领域的重磅成果。宋先生将该书取名为《从创客到创造的教育——创客教育的中小学美术课程论与深圳样本研究》，在其前言中又将标题定为《建构中观视域的美术课程论与实践思考》，从该书的内容看，都是围绕课程，尤其是校本美术课程展开，可见他在努力打造一个新的中小学美术课程论体系，这一体系体现为中观层次创客式的美术课程论。这类似于历史学中的门类史，如经济史、文化史等。从这个角度看，宋先生的探索是成功的。目标、内容、方法、评价等课程论要素，应有尽有，项目式学习、基于问题的学习、主题单元式学习、跨学科学习等一些新型课程教学理念与方法也悉数纳入。这些使得这本书的课程论色彩非常明显。

结论与支撑是学术论证的一对基本范畴，也是学术劝服的基本手段，意味着在我们做出任何一种结论的时候，都需要用数据、事实、案例等加以支撑。该书得出的结论具有很强的信度，也满足了这一结论与支撑的关系要求。其所提供的案例非常丰富，方法可行，学术劝服力极强，给该书再次抹上一层课程论的色彩。

总之，创客教育与美术教育互融，内涵发掘与功能外溢的结合成就了这本书的创新性和优良品质。

尹少淳：首都师范大学美术学院教授、博士生导师；国家教材委员会专家工作委员会委员、教育部艺术教育委员会委员、教育部高校美育教学指导委员会委员、教育部国家美术课程标准研制（修订）组组长；中国美术家协会少儿美术艺术委员会主任。

2022年10月15日于京城八一湖畔

序2

向着教育创新之路前行

● 叶文梓 深圳大学

一

教育发展是有时代性的，我们既不能让今天的教育重复昨天的故事，也不能把明天的教育拿到今天来办，一个时代的教育工作者应当努力做好一个时代的教育工作。

当前，我们正处在教育整体转型发展的关键时期。所谓整体转型，就是随着工业社会转向智能社会，教育也逐步从培养工业社会的标准化人才为主转向培养智能社会的创新人才为主。智能社会，不再是我们期待的明天，而是我们正在经历的今天。人类正快步地走在智能社会的征途中。在智能社会，大部分可以重复的工作，智能机器人一定比人做得快、做得好。因此，智能社会是一个创新社会，创新社会所需要的是各种各样的创新人才。

在人类社会长期的发展过程中，创新人才主要指那些名家大师。然而，在智能社会，创新人才获得了全新的时代内涵。创新人才不只指那些名家大师，同样指向每个人，指向每个学生。创新天赋，是人类在亿万年进化中所获得的珍贵本能，人人都有创新本能。当然，人与人的创新本能也有差别，主要表现在三个方面：一是创新本能表现的领域不一样，如有的人创新本能表现在运动领域，有的表现在文学领域等；二是同一领域创新本能的高低不一样，如有的人很会唱歌，音乐天赋很好，而有的人五音不全，音乐天赋一般；三是每个人创新天赋实现的路径和方式不一样。如莫言和路遥的文学天赋都很好，但他们成为作家的路径是不一样的。因此，智能时代培养创新人才，就是要发现每个学生独特的创新天赋，进而用恰当的方式将这种创新天赋保护好、激发出来、实现出来，引导每个学生创新地学习、创新地工作、创新地生活，把创新作为智能社会最重要的生活方式。实现每个人不同的创新天赋，把每个人都培养成为各行各业的创新人才，对个人来说，是创造自我的生命价值与意义；对社会来说，因每个人不同的创新天赋，社会才变得丰富多彩，文明才能灿烂多样，人类才能生生不息。因此，培养各种各样的创新人才，是我们这一代教育工作者的责任与使命。

二

宋冰校长，原是一位美术教师，自 2011 年以来，带着他的团队，十二年如一日，一直推进美术课程和教学改革。他们先是自发地开展"趣味非遗"系列课程开发，开发出鱼灯舞、皮影戏、扎染三个系列的特色化课程，取得了丰富的特色课程成果和宝贵的课程开发经验。2017 年开始，他们依托深圳教育科研规划重点课题，开展基于创客教育理念的美术校本课程开发实践研究，自觉地将美术课程和教学改革与创客教育融合在一起，从"培养创客"转向推进"创客式学习"，努力推进创客式美术课程建设。为此，他们上下求索，深入学习了陶行知先生创新教育思想，也汲取了建构主义、设计主义等课程理论智慧。更为重要的是，他们立足美术教学岗位，发挥团队力量，大胆实践，不断探索，形成了在教学中研究、在研究中教学的课程改革的良好机制。2020 年，他们承担的重点课题高水平结题。2022 年，宋冰校长在课题研究和实践基础上形成了专著——《从创客到创造的教育——创客教育的中小学美术课程论与深圳样本研究》。

  现在，新书即将付梓。宋校长给我先读为快的学习机会，将新书打印稿送与我，并希望我能够为新书作序。我深感荣幸，且十分愿意。荣幸的是，我得到宋校长及其团队的信任和友谊；愿意的是，我愿意向诸位报告关于宋校长和他的团队这十多年来创客式美术课程建设和创新人才培养的意见和看法，并希望以此表达我对他们的由衷敬意和对未来的深切期盼。

  沿着宋校长及其团队从非遗趣味特色课程开发到创客式美术课程建设，再到创造教育深圳样本打造的发展历程，我要求自己对他们的教育理想与初心、教育行动的收获与期盼等用心理解：理解他们一路走来的激情与梦想，理解他们一路走来的迷茫与困惑，理解他们一路走来的突破与收获，理解他们一路走来的彷徨与坚持，理解他们一路走来的欢笑与泪水……我知道，这是一位有理想力和行动力的校长，这是一个有初心和坚持的团队，这是一次有理论和实践的创新教育的重要探索，这是一种深圳教育先行示范的生动样本。在这过程中，我发现了宋冰校长和他团队的四种"力量"：

——我发现了教育理想与信念的力量。没有教育的理想，就不可能有理想的教育。不是所有的教育理想都是能够实现的，但今天所有的教育美好，都是曾经的教育理想。正是教育理想的光辉，照亮了我们教育前行的脚步；正是教育理想的光辉，打开了孩子们无边的美好世界。宋冰校长将潘鹤先生在深圳莲花山的《自我完善》雕塑和陶行知先生1943年发表的《创造宣言》中"教育者不是造神，不是造石像，不是造爱人，他们所要创造的是真善美的活人"置于书的前言。这不是宋冰校长夫子自道吗？我在字里行间看到了教育理想的影子，那就是让自己和每个孩子都走向自我完善，都成长为有创造活力、融合真善美的现代人。宋冰校长及其团队创客式美术课程建设行动，何尝不是新时代教师的创造宣言？何尝不是中小学校长的创造宣言？我相信：陶行知先生的创造宣言至今犹在，响彻深圳教育和中国教育的天空。

——我发现了学习与行动的力量。践行教育理想，创造理想的教育，没有谁一开始就会，一定是在教育实践中逐步学会的。再者，培养创新人才，不只是依靠那些名校长、名教师就行的，更需要每位校长成为创新校长，需要每位教师成为创新教师。没有创新的校长和教师，怎么可能培养出创新的学生呢？那么，怎样才能成为创新的校长和教师呢？宋冰校长和他的团队，从美术非遗趣味课程开发做起，一边学习课程理论，一边总结实践经验，一步步深入，一步步向前，终致把美术非遗趣味特色课程推进到创客式美术课程，进而推进到新时代的创造人才培养。宋冰校长和他的团队概括出中小学特色美术课程的重要特征：美术特色课程具有民族味、设计味、人情味、现代味；概括出基于创客教育理念的美术校本课程开发路径：从绘画中来到设计中去、从平面中来到立体中去、从传承中来到创新中去、从文化中来到生活中去。不止于此，他们还对基于创客理念的美术校本课程特征及相关教育理论关系进行了梳理。我相信，不管是谁，唯有学习才能进步，唯有行动才有收获。学习和行动，是践行教育理想、培养创新人才的根本路径。

——我发现了协作与团结的团队力量。一所好学校、一种好教育，绝不是几个名校长或几个名教师就能干成的，一定是一群有理想的校长带着一群有理想的教师共同创造出来的。宋冰校长从开发非遗趣味课程开始就有一个坚定理念：不要单干，建设团队。这些年来，他十分重视团队建设，与团队成员一起读书、一起上课、一起教研、一起开发课程、一起考察与学习……正是这无数次的"一起",他理解了团队、发现了团队、凝聚了团队、发展了团队。他团队的成员,不但与他一起经历美术课程建设全过程,而且贡献了各自的智慧与力量,比如新书中收集了很多团队成员的案例。宋校长深沉地写道:"书中深圳中小学的案例真实而丰富,是谓各美其美,美美与共。"这饱含着宋校长对其团队的多少深情与自豪!我有时想,一位优秀校长的本领,不只是表现在自己有多能干,更重要的是能够带领多少人一起干。教育,尤其是培养创新人才的美好教育,需要协作和团结的力量。

——我发现了坚持与扎根的力量。培养创新人才,不是凭空的妄想,需要思想和行动的根基,需要现实的平台和阵地。培养创新人才,基础在学科和课程,阵地在课堂和校园。宋冰校长和他的团队,以美术课为平台,以创客教育为指引,扎根中国大地办教育,办有中国特色的教育。扎根中国大地办教育,就是要传承和弘扬我国优秀的教育传统,从孔子到朱熹,再到陶行知,我国在悠久的历史进程中曾涌现出一批又一批伟大的教育家,他们的教育思想和实践智慧,是我们前行的基础。扎根中国大地办教育,就是要深入当下的教育实践,坚持问题导向与目标导向,在研究中实践,在实践中研究,一个个解决我国教育实践的真实问题,一步步把我们的教育办得更好。宋冰校长和他的团队尊重历史,重视理论,大胆实践,构筑起美术课程建设和创新人才培养的深厚根基。这根基，在中国优秀的教育传统中，在当下伟大的教育实践中，在未来教育的美好期盼中。从2011年至今已12年，宋冰校长和他的团队虽然不是只做一件事，但他们一直在坚持做一件事：推进美术课程改革，培养创新人才。虽然他们课题早就结题了，新书也将付梓，但我相信：他们理想的心灯不会熄灭，他们探索的步伐不会停下，他们的教育梦想一定在远方。

《从创客到创造的教育——创客教育的中小学美术课程论与深圳样本研究》，不只是一本新著，不只是一项高水平的课题成果，更见证了宋冰校长和其团队教育理想与信念的力量、学习与行动的力量、协作与团结的力量、坚持与扎根的力量。因此，我愿意向诸位推荐这本书。

三

人们常说，创新是深圳的根和魂。深圳正是依靠创新，才历经短短四十多年就从我国一个边陲小镇发展成为与北京、上海、广州并列的一线城市。面向未来，深圳更是唯有依靠创新，才可能从我国一线城市发展成为世界级大都市。这诚如习近平总书记所指出的：创新是一个民族进步的灵魂，是一个国家兴旺发达的不竭动力，也是中华民族最深沉的民族禀赋。在激烈的国际竞争中，唯创新者进，唯创新者强，唯创新者胜。

深圳教育，虽然与深圳经济和科技一样，都是从创新中走过来的，都是在创新中发展起来的。然而，我们要清醒地意识到，深圳教育创新能力、水平和生态，远没有深圳经济和科技创新那样充满活力而显现出勃勃生机，与国内外教育发达地区相比，也还有不少的差距。坦白地说，围绕深圳教育创新发展和创新人才培养，深圳教育还面临不少的问题与困难：支持教育创新的制度环境还有待进一步优化；支持教育创新的政策力度亟须加大；有利于创新人才成长的育人方式亟须突破；尤为重要的是校长和教师的创新意愿与动力亟须激活，创新能力亟须提高。更需警惕的是，那些打着教育创新和培养创新人才旗号，实则恣意破坏教育创新生态的行为必须被制止。教育创新，与欺世盗名无关；创新人才，绝不是精致的利己主义者，而是有理想、有本领、有担当的时代新人。

在深圳教育走向先行示范和全面转向培养创新人才的时代背景下，宋冰校长及其团队在创客式美术课程建设和创造人才培养的实践探索及其经验，就显得更加重要和意义重大。我一直认为，教育创新与其他领域创新是不一样的。其他领域创新，或者做一件从来没有的新事情，或者用新手段、新方法来做一件旧事情，从而把旧事做新，其本质更多指向做事。而教育创新，不是把教育这件事做新，而是通过教育培养出能够创新的人才。因此，教育创新在根本意义上指向的是育人，就是育创新之人才。因此，教育创新没有轰轰烈烈的大事情，有的只是润物细无声的微创新。深圳教育先行示范和培养创新人才，固然需要一批名学校、名校长和名教师，然而，同样需要甚至更为需要的是在平凡教育岗位上、在一件件日常教育工作中，能够坚守教育理想与初心，用心在教育教学常态中探索，一点点地改良、一步步地完善的校长和教师。宋冰校长及其团队，融合教育理论与实践，依托美术学科，开发课程资源、建设特色课程、优化教学设计、变革美术课堂和课程评价，开展全过程、全链条的实践探索，十多年如一日地坚持。不求轰轰烈烈，只求教育教学一天新似一天。这正是教育创新应有的样态。虽然时至今日，他们创新的成果是阶段性的，创新的团队也在成长之中，但我相信,他们脚下的创新之路一定伸向教育的远方。

在深圳教育先行示范的时代征程中，在中国建设教育强国的广阔原野上，我看到了如宋冰校长及其团队一样的无数的脚印和身影。他们向着美好远方前行，又前行。

教育创新之路虽远，双脚定能至。是为序。

序3

从客体走近主体
——读《从创客到创造的教育》有感

● 董艳　北京师范大学

我与宋冰校长的相识是在 2021 年 11 月 29 日下午，当时应广州第二师范学院邀请为深圳校长和骨干教师班授课，我还记得当时跟应邀单位商量后确定那一场报告的题目为《从 STEM 教育到 PBL 教学》。报告间隙，宋校长来跟我交流，期间提起他带领学校教师正在开展的创客教育和美术教育的学科融合探索实践，同时也提起他来自河南省焦作地区。当时尽管没有那种"老乡见老乡，两眼泪汪汪"的激动，但我的内心也确实涌现出一种"他乡遇故知"的思想共鸣。宋校长给我的感觉不仅带着北方农耕人的踏实，更有一种南方风柔雨细浸润后的优雅之风。

南国对于我来说，一直有一种他乡作客的感觉，每次从北方来这里，除了感受到社会环境和自然环境的一些差异，更感受到一种新教育环境的氛围。在这氛围之中包含着校长们展现出来的教育关切状态。交流中，宋校长也提到我的硕士导师何克抗先生（生于 1937 年）对他开展创客教育的教育实践影响很大，这让我们的初次认识平添了一种学术和家人的认同感。何先生籍贯是广东大埔县，于2021年6月不幸仙逝，当年他北上求学，但学术研究的基础教育实践探索却开始于经济发达的南方地区，并不断在多个区域推进，进而又影响全国，乃至华人世界。1996年左右，也正是因何先生的语文"四结合"教改实验，作为硕士研究生的我第一次踏入改革开放的前沿深圳等地。后来又认识多位目前仍活跃在基础教育一线的、非常优秀的深圳校长老师，也因为相互的交流，促进了各自对深圳教育，特别是我国教育信息化发展的一种更直接的实践认识和研究反思。

创客（Mak-er），"创"指创造，"客"指从事某种活动的人。"创客"本指勇于创新，努力将自己的创意或想法变为现实的人。创客一词最初源于美国，特指具有创新理念、自主创业的人。他们因具有一些独创的想法而希望能够产出作品，完成客户所需，或者实现内心的一种创造需求。自2015年李克强总理提起"大众创业，万众创新"以来，全国部分地区便掀起了一股开展创客教育的热潮。作为培养具有创新实践能力的跨学科人才的新型教育模式，创客教育的本质是做中学、创中学，使学生在完成特定任务的过程中学习，从而发展学生的动手能力与问题解决能力，努力把青少年培养成具有创新意识、创新思维和创新能力的创新人才。深圳作为中国第一个经济特区，是一座充满魅力、动力、活力、创新力的国际化创新型城市，其独有的城市精神、人文氛围与创客教育十分契合，这也使得创客教育在这座创造之都遍地开花。然而，从创客到创客教育，这一种方式在基础教育中仍是作为一种新事物存在，其体现的是一种特殊的群体，以及针对特殊群体而开展的所谓特色教育。

2022年4月，教育部印发《义务教育课程方案和课程标准（2022年版）》。新课程方案和新课程标准的出台为义务教育阶段的课程与教学改革提出了新的要求和方向：如何培养有理想、有本领、有担当的时代新人？如何落实核心素养导向的课程与教学？如何紧密围绕学科教学实践深化课程改革？如何符合教育教学规律提升教学质量？新课标为教育提出了新的要求和希望，也指明了改革的路径与方向。基础教育的核心是关注人，关注人的个性化发展与成长。让每个孩子有真正的获得感与幸福感，这需要我们转变观念，学生从教育的客体转变为教育的主体，每一位学习者都是教育中的"真实存在"，每一位教师或教育工作者应该考虑的不仅是输出更多的知识或价值，而是更要关注学习者是否能在教师的引导下激发出自身对学习的信心与热情，兴趣与动能。教育就是教师的大手牵学生的小手，引领和陪伴他们成长，促进他们发展与成才，找到自我的价值与服务于社会发展的未来角色。

《从创客到创造的教育——创客教育的中小学美术课程论与深圳样本研究》一书紧紧围绕创客教育，凝练了一批深圳教师近年来立足美术学科视角开展创客教育的理论与实践成果，是进行美术学科实践以及跨学科教学的典型示例，具有以理论为基、思维为脉、系统为体、案例为证的鲜明特点。从创客到创造的教育，深入学科实践，关注每一位个体发展。对于学校而言，该书给出了基于创客教育理念的学校美术校本课程开发路径与实施案例，是对国家课程与地方课程的重要补充，能够体现学校办学的价值追求，满足学生的个性化发展，为其他学校开发校本课程提供借鉴。对于学生而言，本书所提及的具有民族味、地域味、设计味、人情味和现代味的美术校本课程强调物质产品与精神产品的同步创造，能够充分发挥学科育人功能，全面培养学生的学科核心素养与跨学科素养，增强学生的民族情感，有助于传承中国优秀文化。

深耕细作笃前行，一朝收获终有成。《从创客到创造的教育——创客教育的中小学美术课程论与深圳样本研究》探索了创客式美术教育校本课程的开发与实施路径，是对中国特色创客教育的强烈回应，更体现出深圳人民勤奋踏实、敢闯敢试和开拓奋进的创新精神与深圳教师扎根教学一线、潜心教书育人的教育情怀。本书从创客到创客教育，再到"创造的教育"，正是把学习者放到了主体的位置，通过让学习者融入学科教育的新实践、新理念、新方法，让学习者与教育工作者通过创造性的美术教学活动，创新性的思维意识提升和成长过程走向更好的自我，打开更好的视窗。

  这不仅是一本反映深圳创客教育成果的实践之作，以宋校长为代表的一线教育实践者，扎根祖国大地、立足深圳特区，深耕细作、柔中有刚、刚中有精。心中有学生、脚下有力量，这些中青年奋斗者们，为中国本土化的创新教育实践增添了青春的亮色。这也是一本纪念我国教育技术领域最资深的学者——何克抗先生学术思想的实践作品，师者所谓传道授业，而中国当代的青年教育家则是自己用亲身的设计与实践解决众人之惑，回应自己之思，并努力去建设中国未来教育蓝图。

  希望该书的理论与实践成果能够对有志于在中小学学校教育中开展创新教育教学的同道中人有所帮助。也预祝千林山小学在宋冰校长的带领下继续在学科实践的前沿走出新的学科融合之路，耕出一片更美的基础教育南方试验田！

前言

教育者不是造神,不是造石像,不是造爱人。他们所要创造的是真善美的活人。

——陶行知《创造宣言》(1943年)节选

自我完善 潘鹤 2012 曾家俊摄于深圳莲花山公园

构建中观视域的美术课程论与实践思考

2011—2017年，笔者带领团队进行"趣味非遗"系列课程开发的实践研究，形成了趣味非遗：鱼灯舞、趣味非遗：皮影、趣味非遗：扎染三个系列特色校本课程，以及课程开发的新思路、新路径和新方法，形成了一套相对稳定的课程开发模型。其中《非遗文化与儿童美术融合教育课程——以深圳鱼灯舞为例》于2020年底正式出版。非物质文化遗产是典型的"人文与社科类"课程资源，笔者一直站在美术学科的角度思考和探索，如何运用非物质文化遗产开发特色校本课程。直至看到何克抗教授《论创客教育与创新教育——实现"双创"目标的根本途径》中的这段话：

> 对于"人文与社科类"课程的创客教育如何开展？这些学科的教学内容与教学模式应如何改革以适应创客教育需求，西方的"创客教育"完全没有涉及，这方面只有通过我们自身的努力去探索、去创造。[1]

笔者恍然大悟，前几年所进行的实践研究，竟呼应了何老的这个命题。西方的、常规的"创客教育"没有提供经验和做法，只有通过我们自身的努力去探索、去创造！"趣味非遗"系列课程不正是这样的创客课程吗？因为笔者和团队所坚持的课程理念，不是传统非遗项

---
[1] 何克抗.创立中国特色创客教育体系——实现"双创"目标的根本途径[J].中国教育学刊，2017（2）：53.

目的技能学习与传承，而是以生活为中心、以问题为导向、以任务为驱动、以单元为主体等作为研究内容，实施跨学科、项目式学习和多元评价，以培养学生的问题意识、创新思维和动手实践能力为育人目标。这正是"人文与社科类"课程的创客教育，笔者和团队之前所做的课程实践，就是创客教育的重要组成部分。

于是，我们明确了第二阶段的目标——开展基于创客教育理念的美术校本课程开发实践研究。2017年立项的深圳市教育科学规划重点课题，立足深圳全市总结与梳理中小学美术特色课程的经验，选择区域内11所各类中小学作为实验校，共同开展创客教育研究，指导教师开发各学校的美术特色课程。经过三年研究，2020年顺利结题。课题在创客教育理论、课程开发路径、课程模型建构、课程结构与内容、课程评价体系，以及创客教育与陶行知教育思想的关系、与设计思维的关系、与建构主义的关系、与学科核心素养的关系等方面形成了较为完整的实践成果与理论成果。经过两年的沉淀与整理，一部系统阐述创客教育理念和美术课程建设方法的专著逐渐成形。

笔者作为工作室主持人，主笔撰写了书稿，深圳各实验校形成了优质案例和课程样本，为本书提供了鲜活而真实的素材。参与其中的学校及教师有：上海外国语大学附属龙岗学校的李春霞老师，龙岗区依山郡小学的黄俭、艾丽娜、黄曼三位老师，龙岗区职业技术学校的洪梅老师，龙岗区第二职业技术学校的黄中文老师，龙岗区辅城坳小学的刘建伍老师，龙岗区外国语学校（集团）的陈楚洪老师，龙岗区清林小学的黄斌老师，龙岗区丹竹头小学的蒋智文老师，龙岗区吉祥小学的黄裕佳老师，龙岗区天誉实验学校的钟惠娜老师，龙岗区如意小学的钟碧如老师，龙岗区甘李学校的林玲老师。

书中深圳中小学的案例真实而丰富，是谓各美其美，美美与共。

理论为基、思维为脉、系统为体、案例为证，成为本书的最大特点，初步呈现了中小学教师做深度研究的方法论。本书从创客教育理论出发，聚焦美术课程开发的理论与实践，注重课程开发的工具性与操作性，注重观点的提炼与论证，用思维建构、用案例说话、用样本证明。同时，本书以美术学科为研究主体，基于创客教育理念，围绕学科核心素养目标，探索学生的问题意识、创新思维和动手实践能力培养的有效路径。中小学教师向来善于用微观的视角备课上课，用微观的思维设计课程。但教育已经进入新时代，基础教育进入新一轮课程改革阶段，教师不能仅停留在微观视域，应该站在中观视域思考和建设课程，用中观视域关照微观视角，用中观思维联通宏观思维与微观思维。聚焦一节课的问题是微观视角，但大概念、大任务、大单元设计就是中观视域，从核心素养出发设计课程则介于中观视域与宏观视野之间。宏观视野对于高校的学者而言还可以见到，但对于基础教育一线教师来说，无论时间、精力和能力，都显得难度过高，难以企及。走进新时代的教育之门，中小学教师应主动从微观思维走向中观思维。在中观的视域和思维中进行课程的建构与创新。于是，课程才可能形成良好的结构和体系，成为系统性课程。所以，本书除了讨论课程开发的操作性和策略性，提供更多的课程思路和思维工具之外，也聚焦"大而抽象的观念性问题"，努力用中观思维去联通课程中的微观现象与宏观问题，尝试运用中外教育理论、设计学和设计思维原理、学科素养理论等，形成较为完整的"基于创客教育理念的美术校本课程"理论与实践"解释系统"，努力尝试建立具有代表性的深圳"创客教育话语体系"。

如是，可谓中小学美术课程论。

《中国教育现代化2035》确立了国家中长期教育发展规划目标，实现新时代中国特色社会主义的教育现代化，教育将形成与智慧时代相适应、相匹配的指向创新创造智慧与和谐发展智慧提升的教育理论、教育思想、教育模式、教育方法、教育评价等新的教育体系，将学生培养为智慧型学习者和创新创造者，教师更应成为智慧型学习者，成为指导学生创新创造的创造者，师生"共学共创""命运与共"，学校方能成为智慧学习场所和创新创造之地。

作为美育的重要一环，美术教育具有独特性，即培养人的审美素养和创新能力。美术学习不仅是绘画与赏析，也不仅是情感的流露与个性的表达，更是由眼入心、由手见行、心手脑合一的创造行为，还应该为生活、为社会、为国家、为人类进行美的创造。美术不仅是感性的，更是感性与理性并重的、审美与创造并重的。美术正是实施创客教育的最美、最妙之学科。

陶行知先生期盼中国教育：处处是创造之地，天天是创造之时，人人是创造之人。

何克抗教授期望中国教育者：努力探索和形成中国特色创客教育的经验和模式，形成中国特色创客教育体系。

今天，深圳的中小学美术教育者，正在努力创造，努力探索与实践。

深圳创客教育未来可期。中国创客教育未来可期。

宋冰 于深圳咏山斋

2022 年 8 月

导读语

本书的基本逻辑是：

创客是什么？

创客教育是什么？

创客课程是什么？

基于创客教育理念的美术课程是什么？

深圳中小学美术特色课程的特征是什么？

课程如何开发？

课程为了什么？

课程为什么这样设计？

课程还能怎样优化和设计？

本书尝试讨论了以下几个重要观点：

何克抗教授的创客教育理论；

陶行知先生的教育观；

设计和设计思维的特征与一些方法；

建构主义课程观的体现；

美术学科素养的实现。

希望这段话能够帮助您理解本书的核心要义。

目录 CONTENTS

壹 [第一章]

1　深圳创客教育的发展背景

贰 [第二章]

5　**创客教育与相关课程理论**
6　第一节　创客教育的核心概念
7　第二节　创客教育的政策分析
11　第三节　创客教育的相关理论
19　第四节　创客课程的相关理论
24　第五节　美术类创客课程的实践样例

叁 [第三章]

27　**深圳中小学特色美术校本课程的特征**
28　第一节　美术校本课程具有民族味
30　第二节　美术校本课程具有地域味
32　第三节　美术校本课程具有设计味
34　第四节　美术校本课程具有人情味
36　第五节　美术校本课程具有现代味

肆 [第四章]

39　**基于创客教育理念的美术校本课程开发路径**
40　第一节　美术校本课程开发的理解与思考

52 第二节 课程开发路径之一：从绘画中来到设计中去
69 第三节 课程开发路径之二：从平面中来到立体中去
75 第四节 课程开发路径之三：从传承中来到创新中去
79 第五节 课程开发路径之四：从文化中来到生活中去

伍 [第五章]

87 基于创客教育理念的美术校本课程特征

88 第一节 课程开发聚焦核心问题
92 第二节 课程开发的目标与创新
98 第三节 美术校本课程的结构与内容
135 第四节 校本课程的形成与评价

陆 [第六章]

151 基于创客教育理念的美术校本课程与相关教育理论的关系

152 第一节 与陶行知教育理论的关系
162 第二节 与设计学、设计思维理论的关系
200 第三节 与建构主义课程观的关系
208 第四节 与学科核心素养的关系

柒 [第七章]

219 基于创客教育理念的美术校本课程展望

226 **结语**
228 **参考文献**
232 **后记**

壹 [第一章]

深圳创客教育的发展背景

　　深圳市是创新之城、设计之都、创客之都。创新是深圳最闪亮的名片，已成为深圳的最强基因。自2015年初李克强总理视察深圳，就将"创客"与深圳这座城市紧紧连接到一起。深圳市教育局大力开展中小学"创客教育"行动。在中小学创客教育中，美术教师群体占了创客师资的大多数。深圳的美术教师及其所开发的美术类特色课程，是创客教育研究与实践的主力军。学校美术课程是创客教育实施的主阵地。引入创客教育理念，对美术课程的开发与优化进行系统研究，尽快形成成果指导一线教师，具有重要性和必要性。

深圳有2000多年的海洋经济史，1700多年的城市建设史，800多年的广府移民史，600多年的海防建设史，300多年的客家移民史。地理上，深圳扼珠江口要冲，自西汉始，就是通往南海、印度洋诸国"海上丝绸之路"的门户和驿站。文化上，包括深圳在内的整个岭南地区，在先秦时期是百越文化的大本营。秦汉时期，开始与中原文化进行深度交流，源于山东的儒家文化在这里迅速传播，与本地的百越文化相交相融。唐宋以降，在来自北方的中原文化、海上丝绸之路带来的西方文化、传统的百越文化等多方影响下，深圳地区逐渐形成独具特色的本地文化。[①]

今天的深圳，更是创新之城、设计之都、创客之都。

深圳是一座因创新而生的城市。自改革开放以来，深圳在中国改革开放的历史进程中创造了世界工业化、城市化、现代化建设的奇迹，从中国南方的一个小渔村一跃成为国际化大都市。深圳四十多年发展创造奇迹的关键在于始终坚持中国特色社会主义制度。深圳已经成为中国的"创新之城""创客之都"，更是全球创客的创造乐园。这里能够以最快的时间、最高的效率实现电子产品从研发、设计到制造的全流程。

2015年1月，正在深圳考察的李克强总理来到柴火创客空间，体验各位年轻"创客"的创意产品。总理现场评价说："创客充分展示了大众创业、万众创新的活力。这种活力和创造，将会成为中国经济未来增长的不熄引擎。"在2015年政府工作报告中，李克强总理指出打造大众创业、万众创新和增加公共产品、公共服务成为推动中国经济发展调速不减势、量增质更优，实现中国经济提质增效升级"双引擎"。[②]2016年10月，李克强总理考察广东，在深圳出席全国大众创业万众创新活动周时强调，扎实推进"大众创业、万众创新"和"中国制造2025"以创新驱动经济发展转型升级。[③]

[①] 张一兵.深圳通史·图文版01[M].深圳：海天出版社，2018：（序言）1.
[②] 孙博洋.大众创业万众创新：你我都是中国经济增长新引擎[EB/OL].（2015-3-5）[2017-5-5]. http://finance.people.com.cn/n/2015/0305/c1004-26643284.html.
[③] 李克强：扎实推进"双创"和"中国制造2025"以创新驱动经济发展转型升级[EB/OL]. (2016-10-13) [2017-5-5]. http://www.gov.cn/premier/2016-10/13/content_5118682.htm.

自2015年初李克强总理视察深圳，就将"创客"与深圳这座城市紧紧连接到一起。深圳市教育局重视学生创新素养的培养，大力开展中小学"创客教育"行动。自2015年启动创客教育工作以来，市教育局层面推出了一系列重大举措，其中包括2016年发布的《深圳市中小学创客教育课程建设指南（试行）》和《深圳市中小学创客教育实践室建设指南（试行）》。二者推出后，对深圳中小学创客教育课程建设工作起到了极大的推动作用。在实践中，信息技术、科学学科似乎成为创客教育的主阵地，主流的创客教育学术成果似乎也将信息技术的应用、科技发明作为创客教育的主要内容。2018年发布的《深圳市中小学学科教育与创客教育融合指南（试行）》，是面向广大学科教师的行动指导意见，指导教师们从创客理念出发，变革学习方式，重构学习场景，迈开校本课程开发的步伐，在"创新人才培养"之路上进行更多的探索。该《指南》是"创客教育2.0"阶段的行动方针，是推动"深圳创客教育向创客式教育转变"的基本工作指南。这个阶段的工作重点，并不是要求各个学科都参与做"创客教育"，而是推动各个学科广泛开展"创客式学习"。时任深圳市教科院院长叶文梓提出：深圳的创客教育不应局限于"教创客"，而更应突出"像创客一样教"，从"创客教育"到"创客+教育"，再到"创客式教育"，充分实现创客教育工作的社会价值、时代价值。对创客教育的目标和价值做出了专业而精准的判断。

在中小学创客教育中，美术教师群体占了创客师资的大多数。2017年深圳市教育局举办创客课程论坛，有三分之二是中小学美术特色课程。这也充分反映出，深圳的美术教师及其所开发的美术类特色课程，是创客教育研究与实践的主力军，学校美术课程是创客教育实施的主阵地。美术学科与创客教育融合，有其先天的优势：（1）美术教学与动手制作结合紧密，小学阶段学生大部分动手实践的课程都是在美术课堂上进行；（2）美术教师具备一定的创意思维、设计素养，对培养学生的创新创造能力具有极大优势；（3）美术学习载体相对信息技术工具而言，更容易上手、加工、形成成果，特别适合小学阶段的创客教育要求；（4）美术课程急需创客教育理念的引领改变浅层体验、简单学习的现状，真正实现在创新人才培养领域的重要育人价值。因此，如何在创客教育理念指导下对美术课程进行优化改造，对中小学美术教育发展具有重要的科研价值。这也成为笔者和团队开展创客教育研究的重要动机。

立足深圳看世界，全球创客运动的蓬勃发展为教育的创新改革提供了新的契机。2013年前后，美国开始有较多的中小学校参与创客运动，探讨如何在K12教育中进行创客教育。2016年，美国已经有60多所高校陆续在校园里开设了创客空间，全世界已经建立了超过1400个创客空间（Maker Space），这一数字还在持续增长。[①]创客教育具有无限的价值潜能，将对个体发展、课程改革、教育系统变革以及实施国家人才战略产生重大影响。创客教育在创新教育教学方式和实践能力培养方式的同时，充分体现了陶行知先生所倡导的"面向生活、手脑并用"的教育思想，而学生创新精神和实践能力的培养是实现素质教育改革的突破口，是有效提高教育质量的切入点。因此，引入创客教育理念，对美术课程的开发与优化进行系统研究，尽快形成成果指导一线教师，具有重要性和必要性。

首先，完善创客教育应用体系的价值和意义。深圳推动创客教育以来，在科技、信息、美术等学科领域产生了深刻的影响，提升了学生的创新能力，创客精神已经深入人心。在创客教育的应用方面，美术类的课程开发呈现出多元形态，这些课程有的是传统美术技巧的创新发展，有的是新技术、新材料的应用，有的是地方文化资源的开发和利用。这些课程中哪些是真正基于创客教育理念的，是"创客式"的美术课程，还需要进一步的思考和研究。运用创客教育的理念指导美术校本课程的开发，这对完善创客教育的应用体系和学科融合路径，将会产生积极的意义和价值。

其次，提升学生美术核心素养的价值和意义。《普通高中美术课程标准（2017年版）》提出了美术学科的五个核心素养：图像识读、美术表现、审美判断、创意实践、文化理解。学科核心素养的提出，不仅影响了国家美术课程的实施，也对美术校本课程的开发产生了重大影响，教育者必须用新的理论指导校本课程开发的理念、框架和思路。创客教育与核心素养的碰撞，将产生神奇的化学反应，对提升学生美术核心素养产生积极的意义。

---

① 祝智庭，孙妍妍. 创客教育：信息技术使能的创新教育实践场[J]. 中国电化教育，2015（1）：14.

贰 [第二章]

创客教育与相关课程理论

2008年，温州中学谢作如老师和学生一起建立科技制作社。2010年，出现了我国第一个创客空间——上海"新车间"创客空间。2013年，北京景山学校教师周群、创客教育教师吴俊杰等发表《创客教育：开创教育新路》，提出"创客教育"和"教育创客"。温州中学、景山学校是中国基础教育中最早主动实施创客教育的学校，成为中小学创客教育的探路者。2016年，何克抗教授发表《论创客教育与创新教育》，提出创客教育要培养人的创新意识、创新思维和创新能力，创客教育要与现有教育体系融为一体，努力探索中国特色创客教育。创客教育逐步成为中小学创新教育的焦点和热点。

第一节 创客教育的核心概念

一、创客

创客源自英语单词"Maker",原意是指"制造者"或"创造者"。近年来,创客专门用于指代利用互联网、3D打印机和各种桌面设备与工具将自身的创意转变为实际产品的勇于创新的一群人。[①]

二、创客教育

国内学者认为,要弄清创客教育的内涵,可以从两种角度理解创客教育:一种是"创客的教育",旨在解决创客人才如何培养的问题;第二种是"创客式教育",旨在运用创客的理念与方式去改造教育。[②]当前社会各界广泛关注的创客教育应当是"创客式教育",即"在创造中学习"或"基于创造的学习",这是学习者真正需要的学习方式。创客教育的实施方式和基于项目的学习,要以一个特定的任务为中心,使学生能在完成任务的过程中进行学习,从而培养学生解决实际问题的能力。中西方都倡导在创客教育实施过程中通过协作、交流与共享深化对知识的意义建构。[③]

本书所探讨的创客教育内涵,主要依据《深圳市中小学创客教育课程建设指南(试行)》《深圳市中小学创客教育实践室建设指南(试行)》和《深圳市中小学学科教育与创客教育融合指南(试行)》中的阐述。创客教育以培养"未来创客"为目标,是时代与社会发展的需求,也是教育工作者主动应对生产方式重大变革以及跨时代人才需求的行动表达,代表了教育与时俱进的发展方向。中小学创客教育是一种回归生活的教育,是一种指向"创造"的教育,是直面生存、表达智慧的综合教育,其教学过程遵循"创造"实践的规律,融合STEAM教育理念、项目式学习理念,强调独立构建目标、独立应用工具开展创造、共享智慧、优化迭代、形成成果,是能够带

[①] 何克抗. 论创客教育与创新教育[J]. 教育研究, 2016, 37 (4): 13.
[②] 杨现民, 李冀红. 创客教育的价值潜能及其争议[J]. 现代远程教育研究, 2015 (2): 25.
[③] 何克抗. 论创客教育与创新教育[J]. 教育研究, 2016, 37 (4): 15.

来完整思维链条的教育形式，也是一种独特而务实的创新人才培养系统、全人教育系统。

三、校本课程开发

校本课程开发这一概念，是1973年由菲吕马克和麦克米伦在爱尔兰阿尔斯特大学召开的校本课程开发国际研讨会上率先提出的。校本课程开发是由"某一类学校或某一级学校的个别教师、部分教师或全体教师根据国家制定的教育目标，在分析本校外环境和内环境的基础上，针对本校、本年级或本班级特定的学生群体，编制、实施和评价的课程"。校本课程作为国家课程、地方课程的补充，是以学校教师为主体，在具体实施国家课程和地方课程的前提下，通过对本校学生的需求进行科学评估，充分利用当地社区和学校的课程资源，根据学校的办学思想，旨在满足本校所有学生学习需求的一切形式的课程开发活动，是一个持续和动态的课程改进的过程。①

本书所阐述的美术校本课程开发，不限于单一艺术种类、技巧或材料的研究，主要指教师从美术学科出发，发挥美术学科"做中学"的优势，以创客教育的理念和理论为指导，充分运用各类资源，并将其转化为创客课程，开展基于学科主体的"创客式学习"，引领更多美术教师参与到观念变革、教学变革、课程创新中来，培养学生的创新意识、创客品质和审美素养。

第二节 创客教育的政策分析

一、国家层面的政策

自2016年以来，党中央、国务院各部委印发了系列文件，为创客教育及课程开发提供了充分的政策依据。

我国涉及创客教育的政策和课程开发理论主要依托教育部颁布的《教育信息化"十三五"规划》中关于创客教育的阐述："积极探索信息技术在'众创空间'、跨学科学习（STEAM教育）、创客教育等新的教育模式中的应

---

① 徐玉珍. 校本课程开发: 概念解读[J]. 课程·教材·教法，2001（4）: 13.

用，着力提升学生的信息素养、创新意识和创新能力。"

创客教育所涉及的建立以学生发展为本的新型教学关系、变革教学组织形式、创新教学手段、开展情境教学、探索基于学科的课程综合化教学、改革学生评价方式等方面，在2017—2021年印发的文件中各有体现。2017年9月，中共中央办公厅、国务院办公厅印发《关于深化教育体制机制改革的意见》，全面深化教育综合改革，全面实施素质教育，全面落实立德树人根本任务，系统推进育人方式、办学模式、管理体制、保障机制改革。强调要建立以学生发展为本的新型教学关系。改进教学方式和学习方式，变革教学组织形式，创新教学手段，改革学生评价方式。2019年6月，为深入贯彻党的十九大精神，中共中央、国务院颁布了《关于深化教育教学改革全面提高义务教育质量的意见》，对深化教育教学改革、全面提高义务教育质量等作出部署，坚持德智体美劳"五育"并举，全面发展素质教育。提升智育水平。着力培养认知能力，促进思维发展，激发创新意识。突出学生主体地位，注重保护学生好奇心、想象力、求知欲，激发学习兴趣，提高学习能力，增强美育熏陶。实施学校美育提升行动，严格落实音乐、美术、书法等课程，结合地方文化设立艺术特色课程。引导学生了解世界优秀艺术，增强文化理解。优化教学方式。坚持教学相长，注重启发式、互动式、探究式教学，融合运用传统与现代技术手段，重视情境教学。探索基于学科的课程综合化教学，开展研究型、项目化、合作式学习。2021年7月，中共中央办公厅、国务院办公厅印发《关于进一步减轻义务教育阶段学生作业负担和校外培训负担的意见》，为有效减轻义务教育阶段学生过重的作业负担和校外培训负担，明确要求学校健全教学管理规程，优化教学方式。系统设计符合年龄特点和学习规律、体现素质教育导向的基础性作业。学校要充分利用资源优势，有效实施各种课后育人活动，在校内满足学生多样化学习需求。

综合以上文件来看，创客教育有着明确的政策依据，创客教育所涉及的建立以学生发展为本的新型教学关系、变革教学组织形式、创新教学手段、开展情境教学、探索基于学科的课程综合化教学、改革学生评价方式等内容，在相关文件中都有明确的要求，近年来得到不断强化。所以，"方式变革”“机制创新”“课程综合化”“改革评价方式”将是未来教育改革的重要行动内涵，这也是创客教育的重要机遇。

二、深圳的政策

自2016年以来，在创客教育方面深圳一直走在全国的前列，充分发挥了引领和示范作用。深圳市教育局在2016、2018年先后发布两个指导性文件，从创客教育政策到课程建设、空间建设、学习方式变革等方面都做出了具体的指导，形成了创客教育的深圳经验。2016年，印发《深圳市中小学创客教育课程建设指南（试行）》，明确创客教育课程的界定和指引，对创客教育课程的理解不应局限于“教创客”，而更应突出“像创客一样教”，从“创客教育”到“创客+教育”，再到“创客式教育”，充分实现创客教育工作的社会价值、时代价值。2018年，印发《深圳市中小学学科教育与创客教育融合指南（试行）》（图2–1），加强中小学学科教育与创客教育融合，促进学科教师教育创新以及创新人才培养。本文件主要由融合的目标、融合的基本理

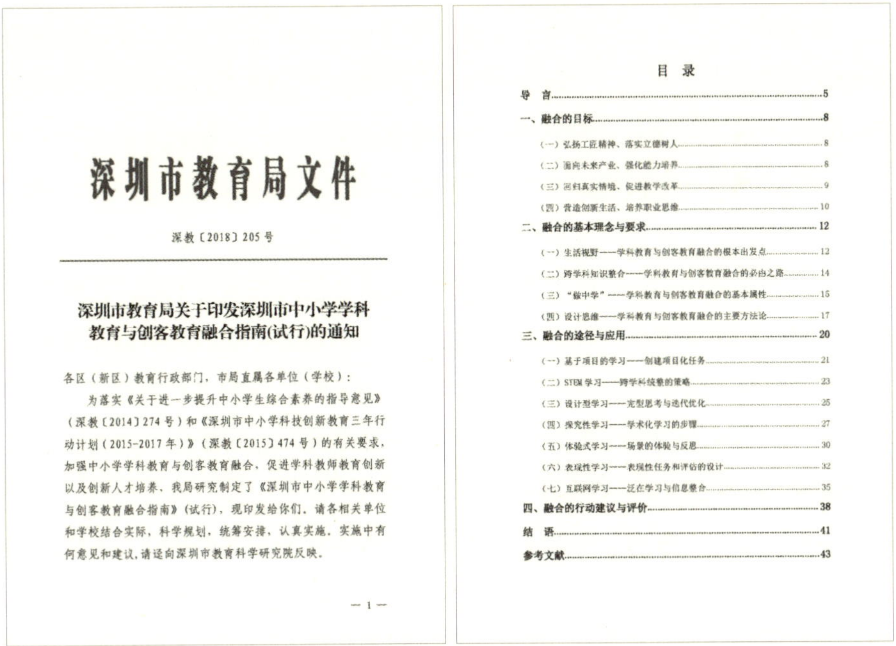

深圳市教育局文件

深教〔2018〕205号

深圳市教育局关于印发深圳市中小学学科教育与创客教育融合指南(试行)的通知

各区（新区）教育行政部门，市局直属各单位（学校）：

为落实《关于进一步提升中小学生综合素养的指导意见》（深教〔2014〕274号）和《深圳市中小学科技创新教育三年行动计划（2015-2017年）》（深教〔2015〕474号）的有关要求，加强中小学学科教育与创客教育融合，促进学科教师教育创新以及创新人才培养，我局研究制定了《深圳市中小学学科教育与创客教育融合指南》（试行），现印发给你们，请各相关单位和学校结合实际，科学规划，统筹安排，认真实施。实施中有何意见和建议，请迳向深圳市教育科学研究院反映。

— 1 —

目 录

图2-1《深圳市中小学学科教育与创客教育融合指南(试行)》的文件首页和目录页

念与要求、融合的途径与应用、融合的行动建议与评价四个部分构成。具体为：1.融合的目标。包括四个方向：弘扬工匠精神、落实立德树人，面向未来产业、强化能力培养，回归真实情境、促进教学改革，营造创新生活、培养职业思维。将创客教育理念对教育改革、学科发展和创新使命的战略价值进行了简要阐述，以便各级教育决策者及教师深刻理解此项工作的现实意义。2.融合的基本理念与要求。包括四个领域：生活视野——学科教育与创客教育融合的根本出发点，跨学科知识整合——学科教育与创客教育融合的必由之路，"做中学"——学科教育与创客教育融合的基本属性，设计思维——学科教育与创客教育融合的主要方法论。将相对抽象的"融合"概念具体化为五个基本行动理念（准则），并基于每个理念提出具体的实施要求，以便学科教师更加明晰"融合"在教学工作中的具体表现。3.融合的途径与应用。包括七个方面：基于项目的学习——创建项目化任务，STEM学习——跨学科统整的策略，设计型学习——完型思考与迭代优化，探究性学习——学术化学习的步骤，体验式学习——场景的体验与反思，表现性学习——表现性任务和评估的设计，互联网学习——泛在学习与信息整合。将融合的主要途径具体化为"学习方式变革"，选择了七种与创客理念紧密相关的创新学习方式进行专门阐述并给出应用举例，以补齐学科教师在多种学习方式上的认知盲点，能够从学习方式的变革出发，尝试改变教学设计、重新理解学习思维、主动重构课堂场景、逐步开拓课程创新。4.融合的行动建议与评价。对未来的工作提出了方向性的规划以及基本的评价要求，以便各级教育主管部门及学校在开展本项工作时有一个基本的行动规划依据和成果评价依据。目录见图2-1所示。与2016年的文件相比，这份文件突出了工具性和应用性，从课程创新到教学方式变革，形成了深圳中小学创客教育完整的实施建议与行动指南。

这两个文件，构成了深圳中小学创客教育的政策和理论基础，不仅面向科学、信息等学科，更是面向各学科教师开展"创客式"教与学，提供了行动方略和课程开发指导意见，扩大了各学科教师培养创新人才的视野，丰富了学习方式变革的信息量，激发了课程开发与创新的灵感，指导教师从创客理念出发，变革学习方式、重构学习场景，积极探索校本课程开发的新策略、新路径，为学校创客教育和课程开发提供了具体而有效的指导。创客教育，是深圳基础教育在"创新人才培养"之路上进行的时代性探索，具有时代性和创新性。

第三节 创客教育的相关理论

在中国知网中全文搜索"创客教育""中小学创客教育"关键词，至2022年8月分别有17967篇、8787篇文献，涉及创客教育理论和理念、创客课程、创客空间、教学模式、教学应用、研究与实践、人工智能、STEM（STEAM）等多个领域。

创客教育的学术研究在国外已经开展了近二十年，国内的教育研究主要从2013年始。北京景山学校教师周群、创客教育教师吴俊杰等在《中小学信息技术教育》2013年第4期发表《创客教育：开创教育新路》，介绍了美国麻省理工创客空间和东京创客空间开展的创客活动和创客教育情况。北京景山学校在全国最早建立了中小学创客空间，设计和实施"少年创客"课程，将"少年创客"分为艺术、研究和工程三个领域；提出在学生中开展创客教育，开创教育新路应成为政府大力推动的一项教育行动；政府相关部门应注意大中小学联动、校内校外联动、课程与活动联动、区域之间联动、产业与公益联动，形成各具特色的教育创客空间；在中小学开展"少年创客"课程和教师培训，让优秀教师成为"教育创客"，让"教育创客"成为教师，开创首都创新教育的新局面。[1] 《创客教育：开创教育新路》一文最早提出"创客教育"和"教育创客"的概念，北京景山学校也是中国基础教育中最早主动实施创客教育的学校，与温州中学谢作如开展的科技创新教育一道，可谓"北景山，南温州"，成为中国中小学创客教育的探路者。自此，创客教育进入中小学教育视野，研究与实践成果逐年增加，2017至2021这五年

---

[1] 吴俊杰，周群，秦建军，蒋程宇，栾轩. 创客教育：开创教育新路[J]. 中小学信息技术教育，2013（4）：42-43，52.

每年发表文献均在1000篇以上，创客教育的理念深度融入中小学教育。

一、何克抗的创客教育理论

在创客教育的学术研究方面，北京师范大学何克抗教授先后在2016、2017年发表《论创客教育与创新教育》《创立中国特色创客教育体系——实现"双创"目标的根本途径》，对中国创客教育产生了重要影响。

在《论创客教育与创新教育》中，他强调"在创造中学习"或"基于创造的学习"，认为这是学习者真正需要的学习方式。主张创客教育的实施方式和基于项目的学习，要以一个特定的任务为中心，使学生能在完成任务的过程中进行学习，从而培养学生解决实际问题的能力。倡导在创客教育实施过程中通过协作、交流与共享深化对知识的意义建构。特别关注要培养学生的动手能力和解决实际问题的能力。努力把青少年培养成具有创新意识、创新思维和创新能力的创新人才。对如何实施具有中国特色的创客教育和如何培养与落实创新人才，何克抗提出应当从培养人的创新意识、创新思维和创新能力等三方面素质入手，去努力探索。创新意识主要解决"为什么要创新"和"为谁创新"，即创新的动力问题。中小学生的创新思维要加强"五个思维要素"的培养，最好是能在已把创客教育融为一体的、中小学现有教育体系的学科教学中来完成。创新能力的培养，要在西方的创客教育经验的基础之上，努力探索和形成中国特色创客教育的经验和模式——不论理科、文科，都能更有效地实现与现有教学过程的无缝融合。[①]

在《创立中国特色创客教育体系——实现"双创"目标的根本途径》中，他强调西方的"创客教育"与我国的"创新教育"培养目标不同，西方"创客教育"存在两个方面的缺陷：一是只关注青少年"创新能力"的培养，而忽视"创新意识"和"创新思维（即创造性思维）"的培养；二是仅就"创新能力"而言，西方创客教育关注的只是"实体作品"（即"物质产品"）的创造，而忽视"精神产品"的创造。创立具有中国特色的创客教育体系，使其成为创新教育的有机组成部分，要从创新人才必须具有的"创新

---

① 何克抗.论创客教育与创新教育[J].教育研究，2016，37（4）：12-24.

意识""创新思维"和"创新能力"三方面素质着手，认真探索，让创客教育与现有教育体系融为一体。他明确提出创设物理和在线两类创客空间，进行有关创客教育的教师培训，实施创客课程并开展相关的创客活动，在已经开展创客活动与创客教育的基础上逐步培育创客文化。创立中国特色创客教育体系，能够有效促进我国义务教育的优质、均衡发展，从而加快实现教育公平的目标，实现"大众创业、万众创新"的宏伟"双创"目标。[①]

整体来看，何克抗创客教育理论的显著特征是：

1.突出创客教育的育人目标是培养人的创新意识、创新思维和创新能力，具有独特价值；

2.创客教育不仅是创造"物质产品"，更应该实现"精神产品"的创造。不同经济条件和教育基础的区域可以侧重不同的课程设计，条件不成熟的区域，创客教育课程则应在创新意识和创新思维这两个方面；

3.创客教育要与现有教育体系融为一体，努力探索中国特色创客教育。

（一）关于创新思维的培养

早在2000年，何克抗教授在《创造性思维理论——DC模型的建构与论证》一书中，对创新思维的特征和创新思维的培养做了深入系统的阐述。创新思维的本质是人类大脑产生灵感或顿悟的心理加工过程。创新思维的结构则是由发散思维、逻辑思维、形象思维、直觉思维、辩证思维、横纵思维等六个要素组成。每个要素各有不同的作用：发散思维用于指引思维方向，其作用是要冲破传统思想、观念、理论、方法的束缚；逻辑思维、形象思维、直觉思维三者构成创造性思维的主体，也是人类最基本的三种思维方式；辩证思维、横纵思维二者的共同作用是提高创新思维的品质与效率，前者（辩证思维）是为认知主体提供宏观的哲学指导思想，后者（横纵思维）则为认知主体提供微观的心理加工策略以达到提高创新思维品质与效率的目标。并提出了培养中小学生的创新思维，重点在发散思维、逻辑思维、形象思维、

[①] 何克抗.创立中国特色创客教育体系——实现"双创"目标的根本途径[J].中国教育学刊，2017（2）：50-54.

直觉思维、辩证思维五个要素的培养（也称五环节培养）。[1]创新思维的培养正是创客教育的核心育人目标。

（二）关于创客课程的设计

何克抗教授明确提出，除了技能训练类（例如 3D 打印、电子切割、电路装配、网页制作、软件编程、机器人等）"创客课程"以外，还应适当增添一些与"创新意识"和"创造性思维"培养有关的课程，努力把创客教育融入我国现有的各级各类教育体系当中。

对于如何开设创客课程？针对不同经济基础和课程基础的区域，他提出了不同的思路。一是条件成熟的区域，在创新意识、创新思维培养有关的内容已经在目前中小学课程中有充分体现的前提下，原有的创客课程门类可以不再增加，只需在现有创客课程中适当融入相关内容或元素就可以了。原来的中小学自然科学与艺术类课程，应当依据最新的STEAM教育理念，结合创客活动的开展，在教学过程中实现跨学科的综合运用及多学科之间的相互整合；二是条件不成熟的区域，在以上目标尚未达成的地区及学校，创客教育课程则应在创新意识和创新思维这两个方面。[2]这也为资金和硬件条件还有所欠缺的地区如何实施创客教育和开发课程，提出了具体的建议。

他提倡学生要成为"精神产品"的创客，就是为了提醒教育者和学习者，避免走入创客就是"物质制造"的误区，绝不能忽视创新思维的培养，忽视了创客教育的本质，就削弱了创客教育的价值。所以，培养学生的创新思维正是创客教育的核心育人目标，创客课程的开发与实施，要紧紧锚定这一目标。

（三）关于创客教育的师资

对于实施创客教育的教师，何克抗教授特别提出：创客的教师不能仅仅了解有关创客与创客活动的内涵和特征、创客教育的实施方式以及与科学技术有关的多种技能性课程内容，而是应增加与创新意识、创新思维这两方面素质的培养相关的内容。[3]他特别强调教师专业能力中的重要短板——创新

---

[1] 何克抗. 论创客教育与创新教育[J]. 教育研究，2016，37（4）：21.
[2] 何克抗. 论创客教育与创新教育[J]. 教育研究，2016，37（4）：22-23.
[3] 何克抗. 论创客教育与创新教育[J]. 教育研究，2016，37（4）：23.

意识、创新思维。不难想象，缺少这两者的教师，不可能培养出具有创新精神和创新能力的学生。加强教师在这方面的培养，教师不能只学习创客教育的新理念、新技能、新工具和新设备，更要提升自身的创新意识、创新思维和创新能力，这应该成为学校和各级教研组织培训的重点。

以上观点，为创客教育的研究者和实践者明确了方向，培养教师和学生的创新意识、创新思维和创新能力，正是创客教育的最大价值和目标。基于创客教育理念的美术校本课程开发，首先要理解和践行何克抗教授的创客教育与创新教育理论。

对于"人文与社科类"课程的创客教育如何开展？何克抗教授提出了期望：这些学科的教学内容与教学模式应如何改革以适应创客教育需求，西方的"创客教育"完全没有涉及，这方面只有通过我们自身的努力去探索、去创造。[①]本书所呈现的课程实践和研究成果，从美术学科的独特视角展开"中国特色创客教育"的探索，深圳美术教师试图回答何老的这一命题。

二、国内代表性的创客教育理论

国内学者祝智庭、杨现民、余胜泉、朱龙、胡小勇、吴向东等人针对创客教育的理论进行了研究。

祝智庭等人认为，创客教育具有贯彻以学生为中心的教学思想、促进学生间的交流合作、推进教育信息化进程、发展学生的动手能力、培育"尚技重工"的文化等优势。创客教育中融合了体验教育、项目教学法、创新教育以及DIY（Do It Yourself，自己动手做）理念当中的一些元素，展示了创客教育的理论融合。第一，创客教育强调了体验教育中的深度参与，继承了在实践中学习的思想；第二，创客教育的框架和项目式学习法相似，都以一个特定的学习任务为中心，使学生能在分组协作完成任务的过程中完成学习，培养学生解决问题的能力；第三，创客教育继承了创新教育的理念，以培养学生的创新意识、创新思维以及创新能力为目标。创客教育还包含体验

[①] 何克抗. 创立中国特色创客教育体系——实现"双创"目标的根本途径[J]. 中国教育学刊，2017（2）：53.

教育、项目教学法、创新教育的共性：即以学生为中心，强调并培养学生的自主学习能力。而DIY理念也融合在了创客教育之中，即培养学生的动手创建、精益求精、尚工重器的"工匠精神"；第四，创客教育融入一个新的因素——信息技术的促进作用，创客教育更加依赖于科技。祝智庭等人提出，通过设立多校共享的创客中心、提供相应的教师培训、鼓励器材的研发生产、创建社区创客中心、创建良好的激励机制，推进我国创客教育。[1]（图2-2）

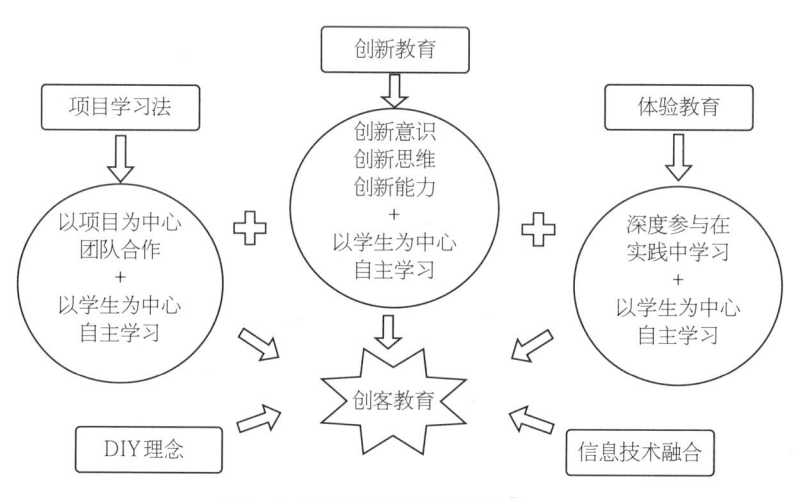

图2-2 创客教育的理论融合图[2]

杨现民等人认为，创客教育是一种融合信息技术，秉承"开放创新、探究体验"教育理念，以"创造中学"为主要学习方式和以培养各类创新型人才为目的的新型教育模式。"做中学"是创客背后的核心理念，创造即学习。创客在解决问题的过程中不断学习新知识，并通过实践应用将知识内化、巩固和提升。这种个性化的动手探究能力、问题解决能力正是当前学校教育所

---

[1] 祝智庭，孙妍妍. 创客教育：信息技术使能的创新教育实践场[J]. 中国电化教育，2015（1）：14-21.
[2] 祝智庭，孙妍妍. 创客教育：信息技术使能的创新教育实践场[J]. 中国电化教育，2015（1）：16.

忽视和亟待增强的。创客教育将对个体发展、课程改革、教育系统变革以及国家人才战略产生重大影响。创客教育的实践框架需要从创客环境、创客课程、创客学习、创客文化、创客教师队伍、创客教育组织、创客教育计划等多个方面协同推进。①

余胜泉在2015年的研究中提出：创客教育不能滑入在中小学推广创造发明的歧途，而应是推进跨学科知识融合的 STEM 教育。教师在设计 STEM 教育项目时，项目的问题一方面要基于真实的生活情景，另一方面又要蕴含着所要教的结构化知识。这样，学生在解决问题的过程中，不仅能获得知识，还能获得知识的社会性、情境性及迁移运用的能力。情境性问题的解决，可以让学生体验真实的生活，获得社会性成长。②

朱龙和胡小勇在《面向创客教育的设计型学习研究：模式与案例》中对2013—2016年国内外具有代表性的创客教育研究成果进行了梳理，见表2-1。研究发现，创客教育通常以实践项目引导（Project-oriented），融合多学科知识（Interdisciplinary），包含探究、设计以及反思等环节。以此为基础，通过理论梳理、案例分析以及课堂观察，并由此提出，设计型学习是一种能较好实践创客教育的学习模式，应构建面向创客教育的设计型学习模式，以此推进创客教育实践，为创客教育实践提供参考。国外研究者对设计型学习模型进行了深入研究，尼尔森基于对传统顺向教学的思考，提出了设计型学习的"逆向思维"模型，克罗德纳等人运用基于案例的推理（Case-based Reasoning）提出了基于设计的科学探究式循环模型；美国创新技术博物馆提出的学习挑战模型，福特尤斯（Fortus D.）与德尔希曼（Dershimer R. C.）联合提出基于设计的科学学习循环模型。③

---

① 杨现民，李冀红. 创客教育的价值潜能及其争议[J]. 现代远程教育研究，2015（2）：23，24.
② 余胜泉，胡翔. STEM 教育理念与跨学科整合模式[J]. 开放教育研究，2015，21（4）：13，15.
③ 朱龙，胡小勇. 面向创客教育的设计型学习研究：模式与案例[J]. 中国电化教育，2016（11）：24-25.

表2-1 创客教育具有代表性研究[①]

研究视角	作者	研究结论
宏观：政策、机制	祝智庭，孙妍妍（2015）	推进创客教育的方式：建立协同共享创客中心、开展大规模的教师培训、研发创客教育教学器械、创建社区创客中心、形成良好的激励机制
	郑燕林（2015）	意识层面：响应创客行动，充分重视创客教育价值 规划层面：整体设计创客教育，联合社区充分联动 实践层面：打造优质创客教育空间和实施灵活的创客教育形式
	Jennie Snyder（2015）	区域层面推进创客教育：设计思维融入教育之中、转变教学方法和有效教师专业培训、提升教学领导力、提供教师观摩创客课程机会、转变评价方式
中观：项目、课程、环境	Sylvia Libow Martinez等（2016）	创客教育项目核心要素：明确的目的和意义、充足的时间、复杂性、一定的学习强度、融合互联思维、资源易得、分享、创新性
	杨刚（2016）	推进创客教育建立以"人文通识课程—学科专业课程—跨学科交叉课程"为主线的课程体系
	Michelle Hlubinka等	好的创客教育空间能够满足创造实践需求，提供"用知识"的机会，为学习者提供有益的资源列表、表格和模板
	Margaret E.Madden（2013）	通过应用SIIM（Student-Initiated Integrative Major，学习者中心的整合模式），设计并实施跨学科课程整合的课程，促进创新能力发展
微观：模式、方法	何克抗（2016）	在创客活动准备阶段：采用课内整合模式（有意义传递—接受教学模式和教师主导下的探究性教学模式） 在创客活动实施阶段：采用课外整合模式（基于主题探究的研究性学习教学模式、WebQuest教学模式和JiTT—适时教学模式）
	黄荣怀（2016）	我国基础教育开展创客教育有三种途径：基于设计的学习（创造的深度体验）、基于项目的学习（创造的方法体验）、基于体验的学习（跨学科知识联结）
	王旭卿（2015）	在综合考虑创客教育理念、教学目标、教学策略、评价基础上构建面向STEAM教育的创客教育模式
	Jennifer Pierrat（2016）	提升创客思维举措：帮助学生学会玩中学、培养创造思维、不断地反思、关注学习的成果、容错的学习氛围、有效的激励

杨现民在《创客教育的价值潜能及其争议》中提出，创客教育当前存在两种理解："创客的教育"和"创客式教育"。综合各种观点，创客教育的根

[①] 朱龙，胡小勇. 面向创客教育的设计型学习研究：模式与案例[J]. 中国电化教育，2016（11）：24.

本目标是培养学生的动手能力和解决实际问题的能力，努力把青少年培养成具有创新意识、创新思维和创新能力的创新人才。[①]创客教育推动教育创新，正在从知识传承转向知识创造。要培养学生的创造力和创新精神，知识的消费绝不是目的，而是实现知识生产或创造的手段，即消费是为了生存，是为了创造。用人造物反映"知识创造"，在设计思考中寻求创新，在迭代中实现"知识创造"，在实现人造物中获得"活知识"。创客教育确立了学生为知识及其产品的生产者和创造者的地位，其更加倾向于制造实物性人造物的特点，强调动手的本色，又特别符合儿童青少年的心性。[②]正如斯坦福大学FabLearn项目负责人Paulo Blikstein所讲的那样："创客教育关乎育人过程，而非产品。"[③]

第四节 创客课程的相关理论

在创客课程研究方面，国内学者王佑镁、陈刚、杨现民、朱龙、胡小勇、陈鹏等进行了深入研究。

王佑镁等人在对创客教育国内外研究现状的述评中提出：创客课程是以多学科的综合知识与技能为基础，嵌入各种技术工具进行项目探究和成果表达，属于综合实践类课程。美国北卡罗来纳大学"程序设计导引"课程中使用开源硬件Arduino进行C语言的教学，成立了开源硬件创客空间；卡斯顿州立大学开展"利用3D打印技术参与创客行动"课程。国内的温州中学参照STEAM课程体系进行开发，已经形成一个相对完整的创客教育课程群。通过创客课程让学生看到学科之间、学科与现实之间的关联，从而让学生了解真实的生活，培养学生的交流技能，促进学生身体、智力、情感和品德的全面发展。这与我国新近提出的核心素养相吻合，力求培养全面发展的人。[④]

[①] 何克抗.论创客教育与创新教育[J].教育研究，2016，37（4）：15.
[②] 吴向东.创客教育：从知识传承到知识创造[J].中小学信息技术教育，2015（7）：16-18.
[③] 朱龙，胡小勇.面向创客教育的设计型学习研究：模式与案例[J].中国电化教育，2016（11）：27.
[④] 王佑镁，钱凯丽，华佳钰，郭静.触摸真实的学习：迈向一种新的创客教育文化——国内外创客教育研究述评[J].电化教育研究，2017，38（2）：38.

陈刚等人认为，创客课程的内容建设关键在于创客课题的设定。创客课题要强调学生参与到真实的设计中，有意义地学习学科知识和设计技能。研究者将创客课程形容为"登山型"课程，以"主题—探究—表达"为基本的课程组织模式，通过学生主动探究、亲身体验并分享表达成果，达成学习目标。创客课程中学生通过设计制造作品以解决现实问题，亦属于"登山型"课程。美国教育界将这种"基于设计的学习（Design Based Learning，DBL）"列为"21世纪技能计划"推荐的主要学习模式之一，并设计出包含"调研分析、制定方案、动手制造、评估反思"四个环节在内的迭代循环式学习模型。（图2-3）研究者认为，创客课程的教学实施必须突破"课时主义"和"成就测验"的窠臼，以"单元设计""表现性评价"作为课程设计和教学评价的核心理念。课程设计要精选适切的问题作为课程主题，为学生搭建支持学习的脚手架，促进思维文化的对话设计，促进经验提升的反思设计。应注意把握以下关键点。课程评价是基于"运用水准"的表现性评价，

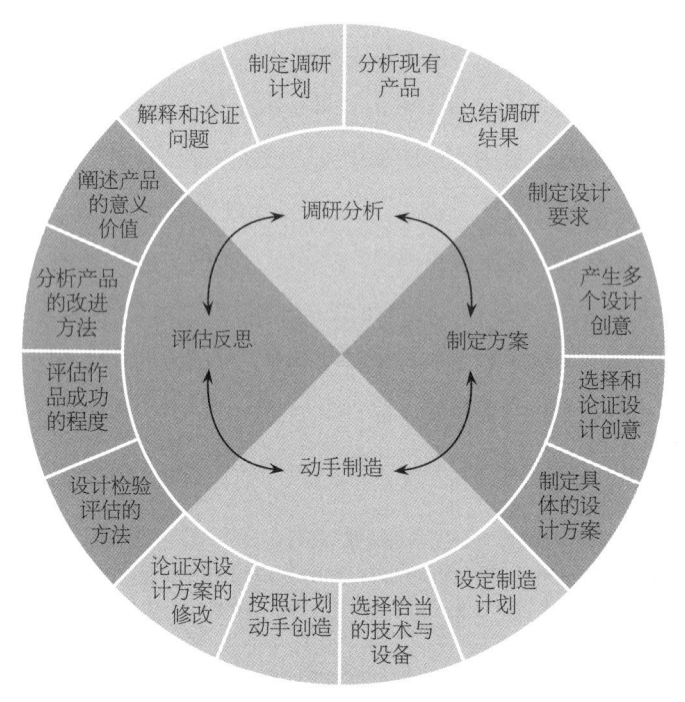

图2-3 "基于设计的学习（DBL）"的学习模型

创客课题本身就是能够引发学生展示其能力素养的表现性课题，对创客活动的过程与成果进行评价就是"表现性评价"。[①]

国内研究者朱龙和胡小勇，在同一时期也关注到美国"基于设计的学习（DBL）"的学习模式，认为创客教育课程开发应关注"问题探究、动手设计"，创客教育与设计型学习存在一定的一致性，二者均强调学习过程的真实情境性、设计性、迭代性以及成果化。设计型学习是一种融合探究活动和设计实践的学习方法，教师提出设计型学习挑战，学习者经过反复探究、设计完成面向真实情境的项目，形成学习成果。面向学习与创新能力培养，以创客教育环境为支撑，从师生活动视角构建面向创客教育的设计型学习模式，有助于创客教育理念落地教学。[②]

综合来看，陈刚、朱龙等人的研究成果，在课程视野下讨论创客教育的目标价值、理念定位、学习方式、课程模式等基本问题，聚焦"基于设计的学习（DBL）"的学习模式研究，提倡开展项目式（PBL）学习和体验式学习，形成了完整的创客课程设计和实施思路，对中小学创客教育具有很强的指导意义，研究者可以尝试将"调研分析、制定方案、动手制造、评估反思"四个环节在内的迭代循环式学习模型应用在创客课程开发中。

在创客教育活动和课程的研究中，近年来"设计思维"也成为研究的热点。

西安工程大学教授刘静伟2014年出版《设计思维》，提及其在十余年的大学教学中，围绕产品生命不同时期设计了11个实验，从理论到实践，从概念出发，以生活为目标，建构起CDIA设计思维方法与行为方式[③]。通过阐述思维与设计的关系，建立设计思维的知识体系与学习模型，提供了以自我认知为基点，以文化思考为主导，以设计本质为目的的知识学习与训练方法，形成设计思维的课程体系。研究者张凌燕2015年出版《设计思维——右脑时

---

① 陈刚，石晋阳. 创客教育的课程观[J]. 中国电化教育，2016（11）：11-17.
② 朱龙，胡小勇. 面向创客教育的设计型学习研究：模式与案例[J]. 中国电化教育，2016（11）：23-29.
③ 刘静伟. 设计思维[M]. 北京：化学工业出版社，2014：14.

代必备创新思考力》，阐述了信息化时代对人思维方式的影响，随着新经济时代的到来，需要回归到人、回归到对他人情感和需求的理解，用"以人为中心"的设计思维来驱动创新，书中提供了面向未来的思考方式、人才形态、协作方式、学习形态、价值创造等多种思维工具和方法，用设计思维方法论指导问题的创新解决之道。

闫寒冰、郑东芳、李笑樱等人也是较早对创客活动和教育中的设计思维展开研究的学者。他们认为，作为"使能"方法论，设计思维对于创客教育的内涵发展有重要价值。设计思维同创客教育所倡导的精神相一致，也是以学生发展为中心，强调对学生创新精神、问题解决等综合能力的培养，其都是以项目式学习为依托、以小组合作的形式展开，强调以学生为中心的体验，是基于真实问题的探究性学习。这些在"精神上"的有效契合及在目标上的一致性，正是设计思维可以应用于创客教育的前提和基础。创客教育应切实引入适当的"使能"方法体系，培养学生的设计思维意识与能力，帮助学生学会创意思考，学会创新问题解决。将设计思维方法作为课程主线贯穿整个课程学习的始终，学生通过遵循既定的步骤逐步完成阶段性目标而最终实现作品的设计创新。学生像工程师一样去思考设计产品，更能接近创新与创造的本质。他们还就创客教育中如何高效引进设计思维提出了四条对策建议：鼓励跨领域的合作研究与实践应用，以 MOOC 形式研发并开放设计思维课程，将设计思维作为专题纳入中小学一线教师培训内容，提供有效支持教师教学的课程工具包。[①]

在同一时期，陈鹏、黄荣怀等学者认为，设计思维是一种创新手段，是创新思维培养的有效方法，也是开展创客教育的有效途径，对于当前中小学生课程改革中倡导的创新思维与核心素养的提升有非常大的帮助。将设计思维作为学校创客教育变革性的方法，提升学生的"创新设计"技能，培养学生在创新能力、合作能力和解决问题能力等更多方面的核心素养和关键技能。他们根据设计思维模型，结合创客的特征，提出面向设计思维的创客活

---

① 闫寒冰，郑东芳，李笑樱. 设计思维：创客教育不可或缺的使能方法论[J]. 电化教育研究，2017，38（6）：34-40，46.

动过程方案，在设计思维的共情、定义、构想、原型和测试的5个过程环节中，每个过程环节包括目标、活动/任务、工具和成果，环节之间迭代反复。（图2-4）研究者还认为对于中小学一线教师来说，接受设计思维主题的培训与学习重要且迫切。[①]

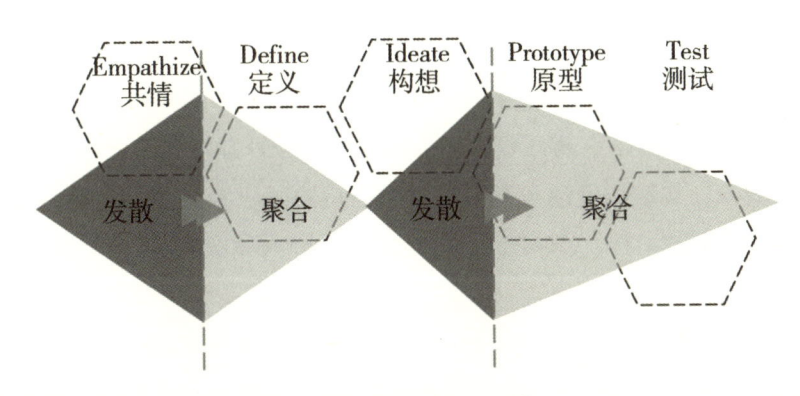

图2-4 "设计思维"的思维过程[②]

综合来看，闫寒冰、陈鹏等人的研究认为，创客教育要加强对学生创新能力的培养，帮助学生学会创意思考、学会创新问题解决。需要引入设计思维作为适当的"使能"方法体系，培养学生的设计思维意识与能力。创客课程以多学科的综合知识与技能为基础，往往需要开展项目式学习和跨学科学习。通过梳理设计思维与创客教育及创新思维之间的关系，提出了面向设计思维的创客活动设计思想，聚焦"设计思维"的模型和应用研究，将其作为培养学习者元认知的工具，为学习者提供一套系统的模式，学习者通过它能够学会换位思考、创意构思、原型迭代等技能，使创新设计变得直观、具体、有"法"可依。

通过以上文献分析，笔者认为，在创客教育课程的研究中，无论是"基于设计的学习（DBL）"，还是"设计思维"模型，都为课程开发提供了具体而有益的理论参考，提供了创新性的课程开发与实施路径。除此之外，还

---

① 陈鹏，黄荣怀.设计思维：从创客运动到创新能力培养[J].中国电化教育，2017（9）：6-12.
② 陈鹏，黄荣怀.设计思维：从创客运动到创新能力培养[J].中国电化教育，2017（9）：8.

有诸多创客课程的理论与实践案例，亦需要不断研究与实践。正如王佑镁所说：创客课程的开设需要避免对当前学校信息技术教育、科技教育、STEAM 教育等课程的"简单移植"，而要构建全新的创新教育理念与模式，更新教学内容与方案。[1]这也是本书要重点研究和讨论的内容。

第五节 美术类创客课程的实践样例

近年来，将创客教育理念运用在美术课程开发与实践方面研究的热度持续增加，实践案例逐年增多。其中，肖文婷、孙丹丹、竺琳、杨御仿、刘希艳、欧阳子川、李彤彤、王露露等一线教师和研究生的实践成果具有代表性。

广东省河源市连平县陂头中学肖文婷的《基于创客教育理念的美术教学实践——以"我们的T型舞台"为例》，把创客教育理念引入美术教学，通过设计创客学堂、创客工作坊、创客环保时装秀、创客模拟集市、创客公益基地五个板块的内容，组织与实施项目式教学，使学生的奇思妙想转化为实际的作品和"商品"，让学生在"学中做""做中学"。[2]

江苏省淮安市实验小学教育集团孙丹丹的《指向创客：追寻跨界的美术新课堂——以 Scratch 与美术教学的融合为例》，围绕创客教育与儿童美术教学的融合，以 Scratch 趣味教学为例，从理念倡导、课程架构、实践探究三个层面追寻跨界的美术课堂教学，遵循儿童的认知规律和思维特点，培养儿童的美术素养。[3]

广东实验中学越秀学校竺琳的《3D 打印技术在高中美术课程中的应用》，基于创客教育和 STEAM 教育理念，在高中美术课程中引入 3D 打印技术，通过 3D 创意建模软件和 3D 打印机帮助学生设计"所思即所得"的创意美

---

[1] 王佑镁. 发现创客：新工业革命视野下的教育新生态[J]. 开放教育研究，2015，21（5）：55.
[2] 肖文婷. 基于创客教育理念的美术教学实践——以"我们的T型舞台"为例[J]. 基础教育参考，2020（1）：33-35.
[3] 孙丹丹. 指向创客：追寻跨界的美术新课堂——以 Scratch 与美术教学的融合为例[J]. 基础教育参考，2018（9）：34.

作品，围绕学科核心素养，培养学生的动手实践能力、逻辑思维能力和创新思维能力。①

武汉市光谷第一小学杨御仿的《小学定格动画课程教学模式实践初探》，认为定格动画课程兼具创客教育和STEAM教育内涵，可以培养学生多方面的能力，提升其综合素养。在借鉴国内外动画课程教学模式的基础上，开发跨学科式教学设计、支架式教学、项目式学习相结合的小学定格动画课程教学模式。②

江苏省连云港市赣榆区赣马镇中心小学刘希艳《基于"创客教育"环境，深化低年级美术绘本教学》，提出基于"创客教育"环境，在低年级美术绘本教学中，教师要形成新的教学理念，创建新的教学架构，形成新的教学策略。通过美术绘本创意教学，提升学生的美术学习力，培育学生的美术核心素养。③

中央美术学院欧阳子川的《基于青少年创客教育的玩具设计研究》认为，创客教育是一种利用信息工具边玩边学、边做边学的教育模式，其目的就是培养孩子的思维创新能力、动手创造能力和综合素质，通过互联网和新工具DIY实现自己的创意。将玩具作为青少年创客教育的主要产品载体，赋予玩具新的教育意义。结合大时代背景下互联网、3D打印、开源等重要元素，改变传统玩具的设计方法和模式，引导青少年"边做边学"，设计和运用多元化玩具产品，培养其创新力和创造力。未来创客教育不仅需要学校和社会的支持，更需要市场上针对创客教育的多元化玩具产品。④

华东师范大学李彤彤的《基于设计思维的创客教育教学模式设计与应用研究——以3D设计与打印课程为例》，将设计思维方法体系融入创客教育中，构建基于设计思维的创客教育教学模式，并将其应用于初中3D打印课程教学实践中。通过设定实验对照组，对比研究发现，采用基于设计思维的

---

① 竺琳.3D打印技术在高中美术课程中的应用[J].教育信息技术，2019（Z2）：127.
② 杨御仿.小学定格动画课程教学模式实践初探[J].中国教育技术装备，2019（17）：82-83，94.
③ 刘希艳.基于"创客教育"环境，深化低年级美术绘本教学[J].基础教育研究，2019（21）：83.
④ 欧阳子川.基于青少年创客教育的玩具设计研究[D].北京：中央美术学院，2017：(摘要) Ⅳ.

创客教育教学模式进行教学的实验组学生的教学效果，优于采用传统"讲练式"教学模式的对照组学生。基于设计思维的创客教育教学模式，在3D打印教学实践中取得良好效果，为国内中小学创客教育教学活动的开展提供了新思路。[1]

江南大学王露露《基于设计思维的小学创客教育教学活动设计研究》，分析了设计思维对创客教育的作用，整合了设计思维的特征，提取了设计思维对小学创客教育教学活动设计的指导原则：以真实问题情境为导向、以人为中心的设计、关注过程的迭代循环、注重方法的习得和思维的塑造、关注跨学科团队合作、创造开放性的环境等。根据小学的实际需求，设计了相关的校本课程内容，并进行了教学实践，构建了基于设计思维的小学创客教育教学活动设计框架：准备阶段、问题识别阶段、方案设计阶段、原型制作阶段、分享交流阶段。通过课程实践，培养了学生的设计思维、自信心、参与感和团队意识，形成完整的课程设计，取得了初步的教学成果。[2]

以上这些案例，运用创客教育理论指导美术课程的实践，以美术学科为主体，涉及服装、3D打印、定格动画、Scratch编程、绘本、玩具设计等多个领域，实施跨学科教学，开展了较为深入的研究，反映出美术教师群体有着较为开阔的视野。这些围绕创客教育展开的美术教育实践成果，从不同视角提供了创客教育多元的样本、策略与路径。

基于创客教育理念的美术课程开发，努力让创客教育与现有教育体系、学科教学融为一体，不断优化美术课程内容与教学模式以适应创客教育需求，大力培养学生的创新意识、创新思维和创新能力，逐步实现创客教育与美术教育的同频共振、和谐共鸣。这些研究与实践，正在从美术学科的独特视角探索"中国特色创客教育"，试图回答何克抗教授的这一命题。

创客教育与美术教育，各美其美、美美与共。是谓大美。

---

[1] 李彤彤. 基于设计思维的创客教育教学模式设计与应用研究——以3D设计与打印课程为例[D]. 上海：华东师范大学，2019：（摘要）Ⅰ.
[2] 王露露. 基于设计思维的小学创客教育教学活动设计研究[D]. 无锡：江南大学，2019：30-45.

叁 [第三章]

深圳中小学特色美术校本课程的特征

深圳中小学的美术校本课程"各美其美、美美与共",整体呈现出以人为本、尊重传统、追求创新、面向未来等特点,与深圳城市的多元、包容、创新等特质交相辉映。真正的教育是唤醒和激发,好的课程能够引导孩子们发现美、感受美,激发他们实现美好生活的力量,实现他们创造美好未来的愿望!敢闯、敢创、敢干,正是深圳这座城市的精神。创新与多元已经成为深圳美术教育的标签。

教育大计、教师为本，学校发展、课程为本。深圳教育重视中小学校的课程建设，通过好课程评选、创客教育实施、特色学校创建等多重举措，形成了课程建设引领学校特色、优质发展的教育格局。2015至2017年，深圳市共遴选出中小学好课程500门，委托开发好课程481门，评选出12个学校课程体系优化项目、7个精品课程优化项目和60个特色课程优化项目，极大地推动了全市中小学校本课程的建设。深圳中小学的美术校本课程"各美其美、美美与共"，整体呈现出以人为本、尊重传统、追求创新、面向未来等特点，与深圳城市的多元、包容、创新等特质交相辉映。

第一节　美术校本课程具有民族味

　　深圳教师立足传统文化研究，挖掘非物质文化遗产内涵，开发具有民族味的美术校本课程。

　　优秀传统文化是民族智慧的结晶，传承着民族基因。要想建立文化自信，必须加强传统文化的教育。深圳有着独特的传统文化底蕴，据深圳市文化广电旅游局官网数据，截至2022年，拥有市级以上非物质文化遗产项目98个，其中国家级传承项目8个、省级27个，已列入各个区级保护的项目近200个。深圳的中小学积极推动传统非遗文化进校园，龙岗区依山郡小学、宝安滨海小学的皮影课程，龙岗区职业技术学校、新亚洲学校的景泰蓝工艺，六约学校的篆刻，坪地二小、兰陵学校的书法等课程，都是在传承基础上的创新发展，让非遗文化融入学校教育，开发出各具特色的美术校本课程。

一、传统文化课程从技艺传授转向教育融合

　　传统文化课程要走出技艺传授的误区，促进传统文化与现代教育的融合。皮影是中华民族优秀的民间艺术，但受皮料成本高、动物保护等因素的影响，遇到传承与发展的瓶颈。龙岗区依山郡小学的美术教师创新皮影材料和工艺，适应了现代教育的需要。学校的皮影课程，充分利用现代信息技术手段，构建以"皮影"为核心资源的课程结构，形成以美术学科为主，语文

和科学学科辅助，以欣赏和绘画为基础，以皮影画、绘本、皮影剧、皮影设计为主要内容的跨学科、跨种类、重操作的课程结构体系。学校建立了主题式、融入式课程，从第二课堂拓展到常规美术教学，开发了皮影、服装秀、灯具、舞蹈、童话剧等创意课程，其中皮影和绘本教育相融合，培养学生的故事创作、艺术表现、语言表达、合作表演等综合素养，皮影文化有机融入美术课程体系。（图3-1）

图3-1　龙岗区依山郡小学绘本皮影剧走进社区表演　指导教师：黄俭、艾丽娜

二、传统文化课程从注重传承转向创新发展

龙岗区职业技术学校、新亚洲学校的景泰蓝工艺课程，运用新的景泰蓝材料和工具，在造型上从绘画拓展至剪纸、刺绣、书法、纹样图案等多种艺术形式，不仅有现代的卡通动漫，也有敦煌、唐卡等传统文化元素，形成景泰蓝装饰画、立体工艺画等多元形态。龙岗区职业技术学校注重学以致用，建立校企合作机制，开展工学结合的实践活动，一方面培养学生的动手和实践能力，另一方面提升学生的创新思维和设计水平，引导学生探索不同材料与景泰蓝的创意结合，从日常生活出发，从个性化需求入手，设计制作出景泰蓝屏风、茶具、挂饰等生活用品，在文化传承的基础之上培养学生的创新思维和实践能力。（图3-2）学生在传统文化的研习中，发现了生活之美，创造了美的生活，种下了生活美学的种子。

图3-2 龙岗区职业技术学校师生景泰蓝工艺画作品
指导教师：洪梅

基于传统文化开发的校本课程，让学生感受到了民族文化之美，民族自信油然而生，增强了学生对民族文化的保护意识和民族情感，培养了学生独具"民族魂"的创新精神，为提高学生的审美品位和审美素养、培养其健康人格奠定了良好基础。

第二节 美术校本课程具有地域味

深圳教师立足地方文化研究，彰显深圳城市特质，开发具有地域味的美术校本课程。

深圳是现代化的城市，更是移民文化突出、多元文化共存的城市，研究地方文化，开发地方特色课程，通过美术教育认识和理解城市的发展，是实现多元文化融合的有效途径。罗湖大望学校的行走美术馆的童年、福田园岭小学的深圳印象、光明新区公明中学的创意牛仔布拼贴画、龙岗中学的客家建筑美学、平湖凤凰山小学的城市创意海报、千林山小学画笔里的客家人等课程，从不同角度挖掘深圳地方文化资源，开发出城市生活、建筑环境、客家文化等突出地域特点的校本课程。

一、地域文化场馆是最好的美育课堂

2018年寒假，罗湖大望学校王婧老师的电子邮箱里陆续收到了学生的假期美术体验作业，图文混排的作业单上，记录的是童言童语，表现的是童真童画。大望学校的行走美术馆的童年课程由三个模块组成：一是利用美术课堂，带学生走进校园周边的美术馆；二是利用校园美术馆，将莞城美术馆、关山月美术馆等的展览引进校园；三是艺术行动之寒暑假美术馆艺术行走体验。小学校有大格局，社会就是大课堂，学校将美术教育的空间拓展到整个城市，

图3-3 罗湖大望学校行走美术馆的童年假期研学活动
指导教师：王婧

甚至全世界。从学校出发，一份份记录美术馆、博物馆艺术展览的调查表，是艺术行走的足迹；一张张观摩后再创作的作品，是童心与大师对话的痕迹。美术教育在每一个童心中留下了一座城市的记忆——一个永恒的"美"的回忆。（图3-3）

二、地域文化之美是永恒的创作源泉

在光明新区公明中学，麦氏宗祠、光明奶牛、公明老街、鹏城等富有生活气息的布贴画作品独具特色。从2014年开始，学校着力研发创意牛仔布拼

贴画课程，立足光明、展望深圳，不断挖掘人和城市的故事，逐步形成三阶段的课程体系：第一阶段，制作动物和景物花卉，熟悉材料属性，掌握布贴画的制作方法；第二阶段，表现光明本地的风土人情，创作布贴画，激发学生对家乡的情感；第三阶段，引导学生关注自己，关注城市生活，从生活中汲取艺术的灵感。当一件件旧衣物变成精美的艺术品，师生和家长不禁感叹创意之美，物尽其用、环境保护的意识也在每个人的心里生根发芽，美术教育让绿色、生态的深圳城市形象更加立体。除此之外，龙岗区的龙岗中学、千林山小学，也围绕区域的客家文化，对客家建筑、节日传统、民俗民风、饮食文化、服饰器具等进行课程开发，运用版画、线描、剪纸、动漫、软陶等多种表现形式，丰富学生的创作体验，加深学生对地方文化的理解。

这些特色课程，让师生认识到深圳不仅有高楼大厦，还有先民文化、古城老街，深圳不仅是现代的，更是独具底蕴的。美术教育让人的视野更加开阔，文化记忆更加丰富。

第三节 美术校本课程具有设计味

深圳教师立足材料创新研究，优化经典题材类型，开发具有设计味的美术校本课程。

材料是美术创作的基础，艺术的创新多是从材料技巧创新入手。了解材料特性，发现新材料，创新地应用材料，是培养学生探索精神、设计意识和动手能力的重要途径。翠园中学高中部、布心中学、福田红岭中学、南澳中心小学的纸艺和剪纸课程，龙岗区实验学校的创意软陶、花城小学的创意手工书、龙城小学的材料创客等课程，都在材料创新的基础上，注重经典题材的创意优化，开发出设计味十足的校本课程。

一、传统材料的创新应用，让手工制作更有"设计感"

深圳的中小学对纸的研究情有独钟，将这种传统材料的创意发挥到极致。翠园中学高中部的现代剪纸课程，注重中国传统纹样的创意设计，学生运用Photoshop、CorelDRAW等软件，将剪纸作品作数字化处理，之后运用激光雕刻机、3D印画机、热转印机等设备，印制在T恤、魔方、鼠标垫、书签等产品上，制作精美，设计感十足。剪纸作品不仅被产品化、系列化，还作为商品出售，售卖所得多用于捐助校园内外的慈善公益活动。（图3-4）福田红岭中学的纸艺课程包括12个主题课程，涵盖基本技巧、平面纸艺、立体创意、传统造型、现代都市、昆虫动物、大师纸艺等丰富的内容，2015年纸艺课程成果《新型纸艺教学探究》参加广东省第三届校本课程成果评展活动并荣获一等奖。龙岗区花城小学的创意手工书课程，突出基础技法+兴趣启蒙、思维风暴+自然探索、分享体验+人文生活、创新突破+玩味手工的特点，有翻花书、阶梯书、折页书等20多种设计思路，拓展了书的形态，学生的写作能力、数学思维和设计意识得到提升。（图3-5）

图3-4 翠园中学高中部的现代剪纸课程学生作品 指导教师：文章

图3-5 龙岗区花城小学的创意手工书课程成果 指导教师：马琳

二、新型材料工具的创新实践，让艺术创作更有"质感"

新材料带来新创意，新工具创造新作品。在龙城小学的艺术创客空间，存放着UV板、PVC管、麻绳、木板、玻璃、瓷板等材料，在现代工具如电锯、激光切割机、玉石雕刻机的加工下，学生的作品被雕刻在瓷板、木板上，学生也运用乐高组件和综合材料创作出富有质感的现代作品。这种综合材料课程，突破了纸、布等传统材料的局限，将学生作品作数字化加工、批量制作，分主题安放在户外空间，成为校园文化景观的一部分。龙岗区实验学校的创意软陶课程，设计了"名画欣赏与黏土浮雕画"主题，将名画欣赏与黏土浮雕制作相结合，创意材料以绘画、超轻黏土为主，从平面绘画创意转化为黏土浮雕。课程以名画欣赏为主线，引导学生通过美术语言了解名画的构图、色彩、表现等知识，了解作者生平，以及作品以外的背景故事，通过临摹、创意制作名画深入体会作品的艺术魅力，通过超轻黏土的浮雕制作体会平面到半立体的不同表现方法。在生活中探寻名画的踪迹，将课堂所学运用到创意生活中去。(图3-6)

图3-6 龙岗区实验学校学生创意名画软陶作品《星月夜》 指导教师：李春霞

第四节 美术校本课程具有人情味

深圳教师立足创作表现研究，关注个体生命状态，开发具有人情味的美术校本课程。

美术教育的本质是对人的教育，尊重个体生命意识和情感差异，发挥美育心灵的作用，教育才能真正成就孩子的未来。深圳小学、龙华区未来小学、深圳大学师范学院附属坂田学校的水墨画课程，南方科技大学实验教育集团第一实验小学的儿童原创绘本课程，都立足创作表现研究，从"童心出发"，追求"童趣表达"，形成独具人情味的美术校本课程。

一、创作表现要坚持以人为本、富有趣味

深圳小学的水墨游戏课程，旨在整体建构具有"游戏精神"的儿童水墨艺术，探寻既亲近传统文化又尊重儿童心灵体验的水墨画教学方法，侧重三个研究策略：一是让学生将彩墨画工具视为玩具的启发方式；二是让学生在游戏中学习水墨画的表现方式；三是让学生在体验中感受水墨画的独特魅力。课程从学生兴趣出发，设计八个好玩的水墨游戏：妙笔生花、标新立异、轮番上阵、千变万化、几秒成画、奇思妙想、胡涂乱抹、妙手回春。每个游戏都有"游戏规则"，突出创新性、启发性、互动性、开放性、多玩法的特点。"妙笔生花"游戏注重笔墨自由探索，"标新立异"游戏通过将宣纸揉、折、立等方式探索水墨的流动变化，"轮番上阵"游戏改变水、墨、色彩的先后顺序创作不同的画面……。通过水墨游戏，课堂变成欢乐的游戏空间，学生的创作手法更加灵活，表现效果更加多样。传统不是固守，水墨本是情感表达。正如学生所言：每次创作水墨画，都是一次展现自己内心世界与感受水墨的独特魅力的好机会！

二、创作表现要站在学生视角、从心出发

南方科技大学实验教育集团第一实验小学以"绘本"为切入点，开发儿童原创绘本校本课程，利用绘本图文共融的艺术特点，基于儿童视角，关注学生的成长故事和情绪状态，"从心出发"创作自己的绘本作品，体现了艺术教育情智并重的价值。课程通过美术与语文、戏剧与音乐链接的教学设计，融合多学科知识与技能，建立绘画与欣赏并重的绘本创作教学体系，着力培养学生的审美情趣。阅读绘本、发挥想象、自编故事、美术表现、小组合作、网络分享等构成了课程的实施链条。在教学中，开展统整学科的阶梯性培养：低段学生侧重绘画基础的培养，尝试儿童诗的创作与插图绘制；中段学生在绘画基础之上，运用数字美术软件，进行四格和多格漫画的创作；高段学生侧重故事能力，自编童话创作绘本，运用数字动画软件让绘本动起来，创作绘本动画。为了更好地展示和推广绘本课程，通过美术教师"玉琳子的绘本空间"微信公众号，定期发布绘本创作教程，展示师生绘本作品，

图3-7 南方科技大学实验教育集团第一实验小学儿童原创绘本课程成果 学生作品《我和我的妹妹》指导教师：郭玉琳

其最高阅读量有上万点击率，重要文章均有上千的阅读量，拥有了众多稳定的粉丝。充满童真童趣的原创绘本作品，从笔端走向"云端"，带给师生和家长满满的爱与温暖。（图3-7）

第五节 美术校本课程具有现代味

深圳教师立足数字美术研究，紧扣科技创新脉搏，开发具有现代味的美术校本课程。

深圳是科技之城、创新之都，中小学非常重视学生信息、创新素养的培养，以美术为核心统整信息、科技学科，开展数字美术研究，开发校本课程，是深圳教育的一大特色。深圳市高级中学的数码摄影与手工印相课程，宝安区实验学校的数字美术——SAI绘画课程，龙华民治中学、宝安中学附属小学、南头城小学、盐田外国语小学等的电脑动画课程，都紧扣科技创新的时代脉搏，形成现代味十足的数字美术教育成果。

一、数字美术从虚拟空间到现实重构

深圳市高级中学开发的数码摄影与手工印相课程，立足数码影像普及的数字时代背景，将数字摄影与古典手工印相工艺相结合，引导学生用影像记录生活、表达情感，体会手工印相的质感和快乐。课程借助数字化影像和高

精度打印技术，从"蓝晒"工艺入手，逐步开展古典影像工艺教学，采用接触印相的手法将数字负片制作成手工印相，再将手工印相和绘画结合，运用纸本素描、水彩上色等绘画形式，创作融合多种手法的现代影像作品。这一课程，实现了数字科技与手工工艺的巧妙融合，让古典摄影工艺焕发出新的时代活力，从虚拟到掌心的过程，让学生充满新奇感与期待感，数字美术不仅有创意，更让创意成为一种浪漫的体验。

二、数字美术从技术应用到学科融合

"其实你的事情，甫志高已经全部告诉我了……"，在龙华民治中学的班会课上，正在播放学生的原创2D动画《红岩》，这只是学校快乐动漫课程中的一个作品，电脑动漫已经成为学校的一张名片。2012年，民治中学开始了电脑动漫教学的探索，基于信息技术开展校本课程的开发，建设创意美术与定格动画实践室，引进了快乐动画定格制作和2D快速动画软件系统，注重文化创意，涵养美好品德，开发出感恩、红色、安全、童话等系列动画作品，形成动漫与多学科深度融合的课程体系。美术和信息技术教师打破学科界限，通力合作，先后开展"快乐动漫教育与中学生感恩情怀培养研究""动漫与多学科深度融合的研究"等国家级、市级课题研究，探索主题教学，推进项目式学习，学生的动手能力、探究精神、合作意识大大提升。如今，动漫课程已经从社团活动普及到全校，初一年级每周都上一节动画创作课，几十部学生原创的动画作品诞生，并获得全国、省市大奖。学生们说：快乐动漫制作，带给我们创意的快乐。在作品首映的时候，有一种感动——自己的作品有了回报！动漫教育的趣味性、开放性、操作性等特点，实现了玩中学、做中学，电脑动漫与多学科的深度融合，成为学校课程改革创新的一大特色。（图3-8）

图3-8 民治中学创意美术与定格动画实践室

一位哲学家说过①："教育的本质意味着：一棵树摇动另一棵树，一朵云推动另一朵云，一个灵魂唤醒另一个灵魂。"意大利文艺复兴时期，有人问米开朗琪罗，您的雕塑为什么栩栩如生充满生命力？您是如何塑造出这些伟大雕像的？这位艺术巨匠淡然地说：我没有塑造"他们"，"他们"就沉睡在这块石头里，我要做的事情，只是敲掉这些石块，把"他们"从里面唤醒而已。米开朗琪罗不仅是一位伟大的艺术家，他的艺术思想使他更像是一位哲学家、教育家。教育者不是在塑造一个生命，而是激励和唤醒。

图3-9《闯》 郑建平 深圳博物馆

真正的教育就是激励和唤醒，好的课程能够唤醒孩子发现美、感受美的眼睛，激发他们实现美好生活的力量，实现他们创造美好未来的愿望！未来的美术教育，更加注重人的艺术思维和创新能力的培养，信息技术助推课程改革，基于"核心素养"需要创新课程思路，课程开发将面临新的机遇和挑战。

敢闯、敢创、敢干，是深圳这座城市的精神。站在新时代的起点上，深圳美术教育将大踏步前进。（图3-9）

---

① 笔者在《中国中小学美术》2018年第8期发表《新课程·育未来——深圳中小学美术校本课程的特色与亮点》一文时，误认为这段话是德国哲学家雅斯贝尔斯所说，但多方查证，均不能证明。特此更正。但这段话的教育哲学和智慧依然令人深思和感动。

[第四章]

基于创客教育理念的美术校本课程开发路径

校本课程的价值应突出教师和学生双主体地位，即有利于教师发展和学生发展，有利于促进教师专业能力的提升，有利于培养学生学习素养和个性特长。从创客教育走向"创造的教育"，从成人视角走向儿童视角，从文化走向生活，从技能走向思维，从艺体特长走向学科素养，应成为新一轮校本课程开发的重点。基于创客教育理念的美术校本课程开发，联通绘画、设计制作、设计思维、文化资源、生活情境与课程之间的关系，从绘画中来到设计中去、从平面中来到立体中去、从传承中来到创新中去、从文化中来到生活中去，实现美术校本课程从传统向创新的转变。

第一节 美术校本课程开发的理解与思考

一、美术校本课程开发的基本原则

谈到课程开发，基础教育的教师马上会想到社团活动、兴趣班、四点半辅导等，往往认为这些就是课程，把它们的内容设计好，组织实施有了学生成果，就叫作课程开发。还有一些教师会把社团成果编印成册，冠以校本课程或教材的名称。这些现象反映出教师的一些认识偏差：一方面陷入了开设社团（兴趣班）课就是课程开发的误区，另一方面也陷入了校本教材就是校本课程的误区。这些都是对课程开发的片面认识。

课程开发亦称"课程编制"，也指课程的研究和制作。主要包括确定课程目标、选择和组织课程内容、课程实施、课程评价四个步骤。有三个层次：教学层次，由任课教师进行；学校层次，由学校组织相关人员进行；社会层次，由国家或地方教育行政部门和其他社会机构组织进行。[1]校本课程，是教师根据学校的实际对国家或地方课程进行的补充、修正或改编所形成的课程。有时特指以学校为主体编制的体现本校特色且适用于本校的课程。[2]综合以上概念，校本课程开发就是由学校组织和管理，以教师为主体进行课程研究、设计和制作，面向全体学生实施的完整的课程编制行为。

在实施基础教育的中小学校，校本课程的数量和质量通常代表学校品牌的含金量，而丰富、多元的特色校本课程往往是学校宣传的重要材料，学科参与度和校本课程的体系化成为体现学校办学层次的重要指标，课程开发能力成为学校特色化、品牌化、差异化发展的核心竞争力，校本课程成为学校课程领导力的重要体现。开发校本课程，首先要树立正确的课程观，有什么样的课程观就有什么样的校本课程。

（一）建立规范的课程观

1999年6月，《中共中央 国务院关于深化教育改革全面推进素质教育的决定》中首先提出要实行国家课程、地方课程和学校课程。自此，形成了国

---

[1] 解释源自《辞海》（第七版）"课程开发"词条。
[2] 解释源自《辞海》（第七版）"校本课程"词条。

家课程、地方课程、校本课程三级课程管理制度。课程，广义指为实现各级各类学校的培养目标而确定的教育内容的范围、结构和进程安排。[①]无论哪一级的课程，都应该包含：课程标准（纲要）、学生用书（教材、辅助资料）、教师指导用书（教参）、师资配备、时间保障、实施空间、配套资源等诸多要素。所以，课程开发是课程全要素设计和建构的过程，人、内容、时间、空间、资源等要素均不能少，学校是组织方与促进者，教师是开发主体和关键，学生是课程实施主体。在课程的开发过程中，课程内容是核心，内容的选择可以从国家、社会、城市、社区、个人、传统、未来等多个角度出发，但最重要的依据应当是满足学生个性化、多元化发展的需求。内容不是素材的堆叠与组合，应呈现系统性、阶梯性、结构性的组织关系。

（二）建立开放的课程观

国家课程及地方课程的教材、时间和实施要求均有具体的指引，应按照规定要求落实，但这并不是死水一潭、铁板一块。叶圣陶先生说："教材无非是个例子。"在充分理解课程标准和学科素养目标的前提下，优秀的教师并不会照本宣科，更不会死守教材教死书，他们往往会结合自己的经验，进行国家课程、地方课程的校本化融合与改造。于漪老师坚持"用教材教而非教教材"，提倡在钻研教材、吃透教材的基础上，慎重选择知识点延伸扩展，不断增强学生的知识储存，让知识面大起来，让教材活起来。课堂教学追求教无定法、学无定式的变化美。清华大学附属小学窦桂梅认为主题教学要"超越教材、超越课堂、超越教师"。优秀的教师，通常都是国家课程校本化改造和优化的高手。这正是他们之所以优秀的重要原因。

从教材中来到生活中去，从学校中来到社会中去，是优秀教师普遍遵循的课程观。

对于普通教师，一堂课的优秀是一时优秀，是精心的准备与磨炼。但有开放课程观的优秀教师，不会刻意去追求每节课都能达到完美与精彩，因为这是不现实的，也是不真实的，他们脚踏实地看得更远，注重课程内容的重

[①] 解释源自《辞海》（第七版）"课程"词条。

构与优化，注重教学设计的创新性、整体性、生活性、生成性。一节课的优秀只是一个片段，局部不能代表整体。胸怀决定视野，理念决定行为。优秀教师在落实国家课程的常规教学中就已经开始了校本化的建设，他们的创新设计是融于国家课程的，是融于常规课堂的。所以，课程开发不是开设特色兴趣班、社团活动时才做的工作，国家课程、地方课程、校本课程，都可以实施课程开发与优化。这才是开放的课程观。

（三）建立整体的课程观

有了规范的、开放的课程观，再来思考校本课程开发。校本课程开发通常是学校教师运用国家课程以外的社团活动或者四点半课后服务时间，发挥个体学科和经验特长，设计符合学生认知特点的特色内容，通过组织与实施、迭代与优化，逐步形成系统化教学内容的课程建构过程。也有学校从顶层设计入手，有组织地实施整体性校本课程开发，如：北京史家胡同小学的中华优秀传统文化·博悟课程、龙岗区依山郡小学的非遗文化课程、龙岗区千林山小学的客家文化课程等。狭义讲，校本课程主要是音、体、美、科学、劳动等综合学科的特色社团课程。广义讲，各个学科都应开发自己的特色社团课程，或进行国家课程校本化的开发与实践。优质的校本课程注重创新性、差异性，呈现特色化、体系化特征，是教师专业发展的重要抓手，是学生素养形成的重要环节，是学校课程体系的重要组成部分，是办学特色的成果体现。

（四）建立严肃的课程观

以创客教育、STEM 教育为概念的校本课程，是最近几年的热点，集中在科学、信息、美术等学科或跨学科领域，也有一些其他学科蹭热度、贴标签的现象。校本课程开发中出现了一些现象，一些所谓的校本教材，有的是剪刀加糨糊，有的是电脑拷贝、粘贴加打印，有的是软件和技术说明书改头换面，有的是与公司合作的成果体现，甚至还有涉及版权问题的现象。这如同酒店的厨师，能力差的只能做凉菜拼盘，把材料堆在一起；耍小聪明的偷偷把其他厨师做好的菜，从别人盘子里抽取一些，放到自己盘子里拼一拼、摆一摆，看起来很美，说是自己做的；更有甚者，直接把别人做的菜换个盘子重新包装，最后贴上自己的标签。如此现象，均不在少数。为什么会出现这些现象？一方面是教师专业能力不足，不想花时间，想要走捷径尽快出成果；另一方面是学校和教师对校本课程的认识和理解均不到位；更重要的是法治意识不强，缺少对知识产权的学习和认识，中了"读书人抄书不是抄"的精神毒药。课程开发的目的是应用，指向学生素养的培养。校本课程开发更是学校课程的重要一环，不能仅凭教师个人的兴趣和爱好，更不能依靠第三方机构走商业化之路，学校要整体规划、加强指导和培训。

课程开发是长期且严肃的专业性工作。

二、美术校本课程开发的价值判断和定位分析

如上所述，学校和教师要建立规范的、开放的、完整的、严肃的课程观。课程开发是长期且严肃的专业性工作，不是开了社团课和兴趣班就是开发了校本课程。所以学校与教师必须明确校本课程开发的出发点和依据是什么，应遵循正确的课程价值判断。清华大学钱颖一教授认为：在教育中如果只有工具理性，没有价值理性，不考虑现代繁荣带来的后果，教育的价值就会被质疑。工具理性是高效地培养有用的人，而价值理性是追问人生价值，追求以人为目的的价值。

何谓价值？《辞海》（第七版）的解释之一是"积极作用"，《马克思主义大辞典》解释为事物或现象对于一定的个人、群体乃至整个社会的生活和活动所具有的积极意义。校本课程开发的价值判断，就是课程对教师、学生、学校、社会的发展是否产生积极的作用和意义，特别是教师和学生作为课程开发与实施的双主体，更应该满足各自的成长需求，对教师和学生均产生积极的、肯定的意义，即有价值的。只体现教师或学生单方面的价值，都是不完整的。突出双主体地位，才突出了校本课程开发的核心价值。

（一）美术校本课程开发的价值判断

下面主要理论和经验层面、学校层面两个维度，阐述美术校本课程开发的价值依据，为学校教师在美术校本课程开发前的价值判断提供工具和方法。

1.理论和经验层面的价值判断

在中国知网搜索主题关键词"校本课程""价值",截至2022年8月,相关文献712篇,其中中等教育349篇,初等教育151篇,教育理论与教育管理118篇,以上总计618篇,约占文献总数的86.8%。自2017年以来,共发表294篇,约占文献总数的41.3%。其中,地方文化、乡土文化、非遗文化、民间艺术等方面是教育研究的热点,红色文化、诗词经典、劳动教育、自然生态、饮食文化、道德法治、体育技能等关键词出现频率次之,相关研究也较为集中,还有以学生自主学习、游戏等方面为主的课程开发研究,以上是实施校本课程开发的主题和相关领域。整体看,将各类文化资源、传统艺术、自然生态、劳动教育等作为校本课程开发主题的实践和研究较多,这些多基于成人视角,而侧重游戏探索、学习探究、心育成长等儿童视角的校本课程整体较少。基于成人视角或是儿童视角体现了校本课程开发的不同价值取向,不同的价值取向就会带来不同的开发思路和实施效果。课程开发的价值判断应该基于双主体,从教师和学生两个视角总结优秀的校本课程建设经验,那些多元的视角、丰富的主题和实践案例能够为校本课程开发提供有益的参考,能够促进教师形成正确的课程观和价值观。在课程开发之前,多对相关案例进行分析和研究,有利于学校和教师做出客观有效的价值判断。

分析以上文献可以看出,关于校本课程开发的价值研究,近年来受到研究者的关注。代表性的观点主要集中在校本课程的育人价值、创新价值、文化传承价值等方面,凸显了校本课程作为国家课程和地方课程的重要补充,能够发挥满足学生个性发展需求的独特价值。中国教育学会原副会长张志勇认为课程改革的本质就是课程民主,上一阶段课程改革取得的突出成果之一是:课程价值方面,人们更加重视创新精神、实践能力和社会责任感的培养。[1]原上海教育学会会长尹后庆认为校本课程的价值在于统整国家和地方的共性课程要求,体现学校办学的价值追求,满足本校师生发展的需要,让学生在精心设计的课程滋养下快乐成长。基于学生的发展需求而建,发挥团

---

[1] 张志勇.课程改革的本质就是课程民主[J].中国教育学刊,2014(5):3.

队优势共建共享。[①]深圳大学教授李臣之认为：依据校本课程开发现实需要，遵循课程评价发展趋势，校本课程开发评价需要坚持"持续发展"价值取向，追求"人本自然主义"学术取向。[②]面对全球化趋势和多元文化冲突，学校教育需要高度关注地方文化的课程价值。地方文化作为课程，其本体价值主要表现为：滋养学生的本土情怀，增强学生的民族认同和国家认同感，拓展学生的综合性知识，培养学生认识社会、参与社会、适应多元文化的能力。[③]乡土课程的价值在于让学生走进生活、理解乡土、热爱乡土，运用自身所学去参与乡土建设，把生活经验转化为改造身边的真实生活世界的智慧，培养学生的家国情怀。[④]这些研究者关注地方文化、传统文化的价值与意义，对这一时期基础教育的校本课程开发产生了积极的引导作用。

但在实践中，基础教育校本课程建设存在一定的实践偏差。在课程价值上关注了工具理性，而忽视了解放理性。[⑤]由于校本课程和多方面的利益关联，使得大多数学校在校本课程建设中，会有意无意地突出其工具效用。为了使校本课程建设充分发挥自身的价值意义，回到课程建设的初心，相关课程建设必须要向课程价值实现回归。明确服务学生的课程目标，确定校本课程的价值指向；坚定校本课程的建设初心，确保学生发展的价值主导。学校在校本课程建设上拥有更大的自主性，完全可以根据学生的特征开设更多个性化课程，满足学生的个性化需要。[⑥]

综上所述，基础教育的校本课程开发取得了阶段性成果，满足了师生发展的部分需求，体现了学校办学的价值追求，但同时也存在一定的实践偏差。所以，新一轮课程开发首先不是课程内容的选择，而是课程价值的选择，为什么开发比开发什么更加重要。所以，学校课程开发首先应该实施价

---

① 尹后庆. 校本课程的价值追求和实践探索[J]. 上海教育, 2013 (1): 24.
② 李臣之. 校本课程开发评价：取向与实做[J]. 课程·教材·教法, 2004 (5): 19.
③ 李臣之, 王虹, 董志香. 地方文化的课程价值刍议[J]. 教育科学研究, 2014 (9): 61.
④ 黄津成. 走进·研究·参与：乡土校本课程价值实现的实践路径[J]. 基础教育课程, 2022 (12): 4.
⑤ 魏登尖. 基础教育校本课程建设的实践偏差与矫正[J]. 中小学教材教学, 2018 (3): 24.
⑥ 王仲杰. 从工具走向价值：校本课程建设的理性回归[J]. 教育理论与实践, 2021, 41 (17): 42, 44.

值判断，回归课程的价值主体，明确价值指向。未来的校本课程开发更应该聚焦"教与学方式的变革"，为学生的高质量学习和个性化成长需求提供更加优质的课程支撑，校本课程要为学生学习和成长赋能。综合以上，校本课程开发的思路和方向有以下几个方面供教育者参考。

从宏观层面：可以聚焦社会主义核心价值观、中华优秀传统文化、革命文化、地方文化、创客教育、劳动教育等。从微观层面：可以聚焦设计思维、计算思维、项目式学习、跨学科学习、STEAM学习、艺术体育技能、科技制作等。需要注意的是，无论是从宏观层面还是从微观层面寻找课程开发的方向和主题，都应该基于学生立场和儿童视角，立足教师专业特长，提升教师课程意识和课程创新能力，探索满足学生学习素养、思维习惯、创新意识、健康生活等个性发展需求的校本课程，这应该成为教师和学校重点关注的问题。

从成人视角走向儿童视角，从文化走向生活，从技能走向思维，从艺体特长走向学习素养，应该成为新一轮校本课程开发的重点。

2.学校层面的价值判断

基础教育的学校和教师，在准备开发校本课程之前，应该多问几个为什么：为什么要开发这门课程？是基于什么价值判断？多思考、多追问、多判断，有利于减少课程开发的盲目性和不确定性，明确课程开发方向。

（1）问自己：课程是教师个人的特长与经验吗？

（2）问自己：课程可以实现团队共建共享吗？

（3）问自己：课程可以跨学科实施吗？

（4）问学生：课程可以满足学生哪方面的成长需要？

（5）问学生：课程可以提升学生哪方面的素养和特长？

（6）问学校：课程是校领导的个人喜好吗？

（7）问学校：课程能够得到学校的支持（经费、物资、场地）吗？

（8）问学校：课程受到了外部资源（家长、社区、公司、机构等）的影响吗？

（9）问过去：课程是学校的传统吗？

（10）问过去：课程体现了所在区域的地方文化（建筑、民俗民风、服饰、生活方式等）的特点吗？

（11）问未来：课程能够不断迭代优化吗？

（12）问未来：课程可能取得哪些阶段性成果？

……

实施校本课程开发的价值十二问，从问自己、问学生、问学校、问过去、问未来五个维度同时展开，问题交集越多，

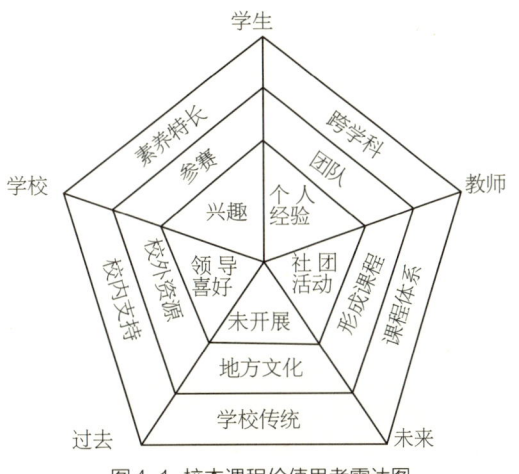

图4-1 校本课程价值思考雷达图

课程的价值目标就越清晰，未来开发与实施的可能性就越大，取得的成效就越明显。教师可以运用"校本课程价值思考雷达图"（图4-1），为设想的校本课程的相关价值建模。有清晰的价值判断，才会有正确的课程观和价值观，校本课程开发才能发挥其特有的育人功能。

（二）美术校本课程开发的定位分析

确定课程开发的价值依据之后，需要对校本课程开发做好定位分析，可以使用SWOT分析法。SWOT分析法（即态势分析法），最早提出者为美国旧金山大学韦里克教授，是被广泛运用的一种系统运筹方法。SWOT分析法由优势（Strength）、劣势（Weakness）、机遇（Opportunity）、威胁（Threat）四个要素组成。[①]通过四个要素的归类分析，为相关方案、规划和行动提供相对具体而准确的分析，可以帮助组织把资源和行动聚集在自己的强项和有最多机会的地方，并让组织的规划和战略变得明朗。SWOT分析模型最早出现在管理学，是设计学派和计划学派[②]运用的基本管理模型。

---

① SWOT分析模型. MBA智库·百科[EB/OL]. (2018-8-28) [2022-8-8]. https://wiki.mbalib.com/wiki/SWOT.

② 设计学派，管理学学派之一，形成于20世纪60—80年代，强调战略制定是一个寻找组织内部能力和外部可能性之间匹配点并进行战略设计的过程。计划学派，管理学学派之一，形成于20世纪60—70年代，强调战略是在专门的计划人员指导下、按照一定的战略计划模型（即规范）进行设计的过程。解释源自《辞海》（第七版）"设计学派""计划学派"词条。

近年来在中小学校本课程开发中，已经有不少应用SWOT分析的研究案例，其中硕士论文相关研究占到70%。代表性的有：曲阜师范大学李忠的硕士论文《S校创客教育折纸课程开发与实践》，提出在基础研究中把SWOT分析法引入S校创客教育折纸课程开发，为课程的合理开发奠定了基础。[①] 广东技术师范大学李志辉的硕士论文《初中Scratch创客校本课程开发与实践研究》，提出以校本课程开发的三种主导模式为蓝本，采用SWOT态势分析法对三种模式进行比较分析，抽取了对课程开发有效的要素用于校本背景分析中，从而可以形成更加综合全面的校本背景分析指导课程后续的开发。[②] 广西师范大学张陈燕的硕士论文《小学3D打印校本课程的开发与实践研究》，通过对校本课程开发的三种主导模式进行优劣分析，借助SWOT态势分析法设计出以需求、条件以及目标三种主导模式齐头并进的新的课程开发思路，并提出适用于本研究的3D打印校本课程开发的模式。[③] 阿坝师范学院教师教育学院的王亚以Skillbeck的"文化分析模式"和SWOT模式为理论基础和分析框架，对基于羌族非遗校本课程开发进行现实考察，建立校本课程开发的SWOT分析矩阵，尝试探究其有效路径。[④] 以上都是SWOT分析模型在创客教育、非遗文化教育中非常具有代表性的研究成果。

通过文献分析能够发现，这些研究具有共同的特征，主要将SWOT分析模型运用于校本课程开发的前端，前期对学校资源调查结果进行系统分析，可以较为清晰地了解到开发校本课程的内外部条件，为课程探寻思路、明确方向，最大限度地发挥教师、学校及所处区域的优势，形成完整的背景分析，指导课程后续的开发。所以，SWOT分析应用在中小学校本课程开发中，具有工具性、实用性、创新性特征，是一种能够帮助学校与教育者尽快明确问题、聚焦目标的课程开发的工具。

[①] 李忠. S校创客教育折纸课程开发与实践[D]. 曲阜：曲阜师范大学，2020：（摘要）1.
[②] 李志辉. 初中Scratch创客校本课程开发与实践研究[D]. 广州：广东技术师范大学，2020：（摘要）1.
[③] 张陈燕. 小学3D打印校本课程的开发与实践研究[D]. 桂林：广西师范大学，2017：（摘要）1.
[④] 王亚. 基于SWOT分析的羌族非物质文化遗产的校本课程开发研究[J]. 桂林师范高等专科学校学报，2019，33（6）：71.

运用SWOT方法演绎过程，落实校本课程开发，就是将其放置在优势（Strength）、劣势（Weakness）、机遇（Opportunity）、威胁（Threat）的基本分析框架内，聚焦核心问题，对相关问题进行归类分析，寻找课程开发的目标和方向。优势、劣势两个要素主要展示组织内部能力，机遇、威胁两个要素主要呈现外部因素。（表4–1、表4–2）

表4-1 校本课程开发的SWOT策略分析矩阵表

外部因素	内部能力	
	优势（Strength）	劣势（Weakness）
	S1 S2	W1 W2
机遇（Opportunity）	SO	WO
O1 O2		
威胁（Threat）	ST	WT
T1 T2		

表4-2 Y校3D打印校本课程开发的SWOT策略分析范例

外部因素	内部能力	
	优势（Strength）	劣势（Weakness）
	S1一位教师经过3D打印培训 S2学校有创客教室，有相关设备	W1其他教师没有培训，难以操作 W2设备老化、故障较多
机遇（Opportunity）	SO	WO
O1家长中有熟谙3D打印技术者 O2创客教育是区域品牌项目	1.聘请家长为兼职辅导员 2.积极参加区域交流与学习	1.组建团队，共同学习 2.争取学校支持，更新设备
威胁（Threat）	ST	WT
T1周边缺少3D打印服务企业	教师加强技术学习，能处理常见问题	培养电教管理人员，加强设备维护

从Y校3D打印校本课程开发的SWOT策略分析可以看出，学校如果要将3D打印项目作为特色课程，可能面临的劣势和威胁较大，学校仅有一名教师掌握3D打印技术是不够的，设备更新和维护方面也存在问题，如果要长期开展，必须要加强教师培训，增加专业教师和电教管理人员，及时维修和更新设备，这对学校的投入要求较高。所以，经过SWOT策略分析，在经费和人员有限的前提下，该校的3D打印课程很难形成特色长期开展，建议学校慎重思考，重新定位校本课程开发的目标和方向。作为课程开发的主体，如果教师本人能够充分认识到问题和挑战，提升个人的课程设计、技术应用和设备维护能力，即成为"又专又精又全"的综合型教师，同时带动团队建设，形成3D打印应用和技术支持团队，这样才能支撑校本课程开发的长期与可持续发展。这也正是校本课程开发带给教师专业成长的机遇与挑战。

SWOT模型分析和校本课程价值思考雷达图共同应用，可以概括为"五维四要素"分析法。如果将这两个工具同时用于校本课程开发的前期，通过五个维度和四个要素的综合分析，将为学校和教师提供课程开发的有效依据，明确教师发展和学生发展的双主体的价值导向，确定开发思路和方向，减少课程开发的盲目性和资源浪费。

校本课程建设是课程体系改革的重要构成部分，要使课程改革在校本课程领域真正取得成效，课程的建设必须从工具导向走向价值导向，突出课程价值的实现。校本课程的价值应突出双主体地位，即有利于教师发展和学生发展，有利于促进教师专业能力的提升，有利于培养学生的学习素养和个性特长。合理运用SWOT分析法，定位校本课程开发的可能性、目标和方向。校本课程不仅是社团活动和四点半课堂，对国家课程实施校本化的融合与优化，更体现了教师的专业能力，优秀的教师都有开放的课程观。在核心素养背景下，基于儿童立场、聚焦学科素养、注重生活体验、培养问题意识、发展创新思维、提升实践能力，应成为新一轮校本课程开发的侧重点和突破点。基于创客教育理念的美术校本课程开发，也应该遵循以上价值判断。

三、美术校本课程开发的基本思路

基于创客教育理念的美术校本课程开发，其价值判断一方面是国务院强化实施创新驱动发展的战略性布局，全国范围内"大众创业、万众创新"的社会发展新态势，形成了全国创客教育的热潮，尤其深圳又是创新之城、设计之都，已经成为创客教育的典范，这些是外部因素的价值判断。另一方面，作为教育者必须深刻理解中小学创客活动背后的教育原理和育人价值，培养学生的问题意识、创新精神和动手实践能力，更是体现了学生立场的核心价值判断。而这一点，又与新一轮课程改革的目标是高度一致的。培养创新型人才，服务于国家创新驱动发展战略，是面向未来的教育使命，更需要中小学较长时间的探索、研究与坚持。

基于创客教育理念的美术校本课程，关键在于学生设计思维、创新意识与实践能力的培养，引导学生学会创意思考和创新实践，培养学生创造美好生活的综合能力。在美术特色课程的设计中，如何发挥设计的教育价值，培养设计思维，帮助学生建立起与学习内容和过程相关的高品质思维加工能力，包括问题意识、换位思考、创意构思、循环迭代等？聚焦"设计思维"特征，指导创客课程的开发，需要将设计思维的方式、策略与课程开发的路径进行有效对接，建立新的连接路径。设计与工艺的教育价值的实现，需要凭借合适的教学内容和教学方法，经常性地进行设计与工艺的一体化学习活动，让学生经历人的行为的完整过程，将设计与工艺学习活动与社会生活和人的需要相联系，在广阔的社会情境中显示设计与工艺作为人类行为的意义，重视学生在经验的过程中体悟设计与工艺的种种精彩，引导学生从人类行为的高度看待设计工艺活动。[1]

联通主义[2]的学习观可以指导创客教育的研究与实践过程，探寻设计思维与美术课程开发的连接路径。联通主义理论认为，学习主要是一个连续的、知识网络形成的过程，联通比建构更重要。所谓联通，可以有不同的层面：一是与外部知识节点的联通，即学习者应该建立与外部知识节点的联

---

[1] 尹少淳. 尹少淳谈美术教育[M]. 北京：人民美术出版社，2016：117.
[2] 联通主义（Connectivism），又译为关联主义、连通主义等。

系，犹如建立信息与知识流通的管道，管道比管道里的内容更重要，因为管道里的内容是随时在变化着的；二是促进概念与概念在大脑内部的联通，联通发生在大脑内部神经元网络中，是概念与概念、知识点与知识点、知识单元与知识单元、学科体系与学科体系之间的联通。联通主义认为，创造性是看到"现有思想或概念之间的新联系"，并且建立新的现实的能力。创造性包括构建、改革、创造、解构和再造的能力。[1]

综合以上理论，基于创客教育理念开发美术校本课程，必须立足美术学科的特性，研究设计理论和设计思维的特征，重点运用联通主义学习理论，梳理绘画与设计、平面与立体、传承与创新、文化与生活等要素之间的关系，巧妙连接，融会贯通，将设计理论、设计思维有机融入校本课程开发，通过从绘画中来到设计中去、从平面中来到立体中去、从传承中来到创新中去、从文化中来到生活中去这四条路径，实现美术校本课程从传统向创新的转变。

第二节 课程开发路径之一：从绘画中来到设计中去

从绘画艺术的特点与价值角度看，绘画是艺术家用工具材料表达个体的体验和感受，首先画家自己喜欢，观看的人在欣赏的过程中能否共情、喜欢或是不喜欢，已经与创作者无关。与画家主要为自己创作的主观意图相反，设计更接近"己欲立而立人，己欲达而达人"的价值判断，设计者要努力去关照不同个人、群体和社会的需求，设计者要用自己的设计理念和作品去感悟、关照、服务别人的需求、体验和感受，实现需求方和使用者的想法与要求。不仅要自己喜欢，更要使用者和更多的人喜欢。一个站在自己的角度创作，另一个站在众人的角度创作。绘画与设计拥有截然不同的创作理念。更重要的是，产品或用品带给人的使用体验是非常具体和现实的，是可以相对精准而客观评价的，而这种评价的性质不是"好与不好""美或不美"的定性评价和终结性评价，而是过程性评价，是设计者必须面对的需求性评价。这种评价更像是推动设计过程运行的优化机制，目的是完善作品，最终实现

---

[1] 王竹立. 关联主义与新建构主义：从连通到创新[J]. 远程教育杂志，2011，29(5)：35.

产品化达到用户和市场的需求。市场中的用户体验就是评价和检验设计产品的"试金石",这也是常说的市场在"用脚投票"。很显然,绘画与设计确实不同。一位德国设计师说:设计和艺术有本质区别。艺术,首先是艺术家自己内心深处想要表达的,评判艺术的标准可以非常个人化。但设计不行,它一开始就是注定为他人而服务的。英国著名设计评论家、英国伦敦设计博物馆馆长迪耶·萨迪奇认为:与艺术不同,设计根植于实用性。[①]

清华大学美术学院教授柳冠中认为,设计应该是一门让我们的生活更加健康、更加合理、更加可持续、更加公平的学科,这是设计和艺术最大的区别。艺术是从自己的角度看世界,它应该是自由的、百花齐放的。但设计不同,设计要关注的是如何提升大众整体的生活水平。设计最大的特点是不从自己出发,而是为别人服务。德国、日本等国家的设计类大学或学院招生时,并不要求考生"学过绘画",只需要对色彩、图形和空间有一定的理解能力,就可以跨进"设计专业"的门槛。当然,有一定的美术绘画技能肯定更有利于学习设计专业。

所以,基于绘画艺术的平面创作、个性表达、主观审美、模糊评价等特点,其本身很难呈现出创客的特质。在现实中,一些中小学将国画、水彩、儿童画等绘画形式贴上创客教育的标签,开发出一些所谓的创客教育或者STEAM课程,是"换马甲"式的偷换概念,并没有在本质上理解绘画与设计之间、绘画与创客之间的关系。

一、绘画与设计的关系

最早的绘画用于记录原始人类的图腾、生活等,如公元前5000年左右中国内蒙古赤峰翁牛特旗的史前岩画,公元前15000—前10000年间法国拉斯科洞窟的原始部落狩猎图。随着人类社会的发展,绘画的工具性依然非常突出。在中国古代相当长一段时间里,绘画相当于一种记述工具,诸如记录史实,纪念功臣,教化人伦,等等。比如汉武帝时,就在明光殿画古烈士像;汉宣帝时在麒麟阁画功臣像;汉灵帝令人画孔子及七十二门人于鸿都

[①] 迪耶·萨迪奇.B代表包豪斯[M].齐梦涵,译.北京:东方出版社,2020:136.

门；大名鼎鼎的顾恺之，则画《女史箴图》，以训诫后宫女子。①

那么，绘画与创客教育真的无关了吗？事实上，在创客教育中，绘画这种表现形式也有其不可替代的作用。绘画可以作为产品表面的"装饰性图案和纹样"，如：陶瓷（图4-2②）、纸伞、扇子、服装服饰等生活用品。很显然，这些绘画是为产品本身服务的，是为产品的功能服务的。中国传统工艺设计中的装饰图案与纹样，亦是一个巨大的设计宝藏，如敦煌壁画、建筑藻井、少数民族服饰、青铜器和原始陶器纹饰等，都在现代设计领域中焕发出新的生机与活力。

图4-2 元青花莲池纹盘 安徽博物院藏

在设计领域，绘画是基础性或工具性内容，也是表现想法的一种过程性手段。常用于表达创作者的设想或构思过程，如草图、示意图、效果图等平面图形，其中最有代表性的有设计师手稿（如达·芬奇手稿）、建筑设计图（如梁思成手稿）、电影分镜头和故事板（如《星球大战》电影导演乔治·卢卡斯的手稿）等。刘静伟教授在《设计思维》（2014年版）一书中把这种功能描述为"设计的信息表达"，如思维导图的记录与呈现方式，能够将设计人员脑海里无法直接观察和表露出来的内容信息，提供给设计思维过程直接操作使用。而效果图或草图，作为设计人员短时记忆的补充，用以记录设计思维过程中的各种想法。这些信息，还对设计人员内部、设计人员与生产人员之间的交流和沟通发挥重要作用。③

案例一　梁思成的建筑艺术

在中国建筑领域，从1931年开始，梁思成和林徽因两位先生在专门研究中国古建筑的学术机构——中国营造学社，从事中国古建筑研究。从1932年

---

① 黄秀芳.从求真到写意[J].中华遗产，2022（8）：6.
② 图片和文字资料来自安徽博物院官网。
③ 刘静伟.设计思维[M].北京：化学工业出版社，2014：8.

梁思成首次赴天津蓟县（今蓟州区）调查独乐寺开始，于1937年在五台山找到唐代的木构建筑佛光寺大殿，至1941年因缺少经费停止了野外调查。前后近十年进行中国古建筑野外调查，除了运用摄影方式记录古建筑之外，还依靠科学的观测和记录方式，采用绘画——建筑手绘的方式（图4-3），绘制了中国最伟大、最优秀的古代建筑图样，最终完成了中国第一本《中国建筑史》，并将《营造法式》用现代绘画法将它的每一章节绘制出来。[1]以梁思成先生为代表的建筑师们的建筑绘画和设计的过程，是运用科学的观察方法和测量工具，从三维空间的真实世界转化为二维平面图形的动手实践过程，而在未来的建筑设计项目中，这种从三维到二维的思维素养和设计能力，又会反哺设计师从二维图纸映射三维空间，推演真实世界，所以这里的绘画不仅是形式的表达，更是思维的建构，这是用照片和视频等技术手段绝对无法训练和培养的，在这个意义上，拍摄技术仅仅是记录和一手资料留存，而非能力培养和思维建构。建筑师绘画和设计的过程，是整体观察、细节观察、多维观察、远景观察等多种观察能力的培养，是心手脑合一的能力建构过程，是从感性到理性的思维训练和判断的过程。从以上几点思考绘画的作用，更应该发挥其客观观察与记录的工具性——设计建构的功能，全面思维的工具性——设计思维的功能。

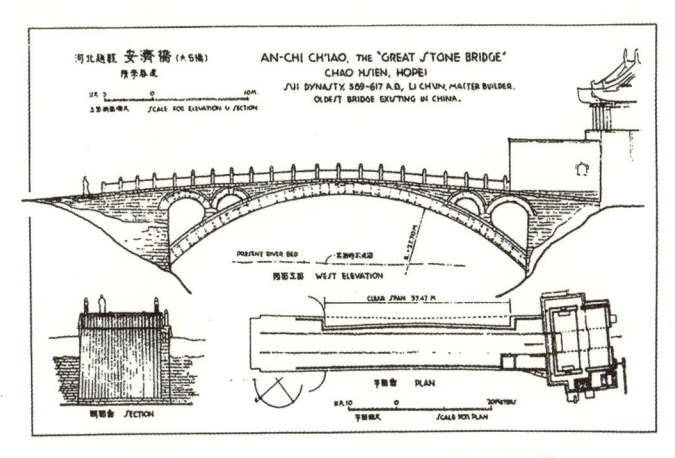

图4-3 梁思成手稿《河北赵县安济桥（赵州桥）》

---

[1] 梁思成，林洙. 大拙至美——梁思成最美的文字建筑[M]. 北京：中国青年出版社，2007：12.

所以，基于创客教育理念的美术课程，要跳出绘画的惯性形式化和形象化思维，重新建立"设计思维"，实现设计领域的美感教育功能。

案例二　鲁迅的设计艺术

鲁迅先生不仅是伟大的文学家、思想家、革命家、民主战士、新文化运动的重要参与者，更是推动中国近代版画艺术发展的导师，亦是艺术收藏家和设计家。鲁迅的一生，除了创作和翻译之外，大量精力用在美术活动上，充分展现了"从绘画中来到设计中去"的审美力、设计力和创造力。鲁迅在平面设计方面颇有建树，如校徽、书刊封面和房屋改造图等，堪称现代书刊装帧设计的先驱。他编印、翻刻了《北平笺谱》《十竹斋笺谱》等传统木刻，编辑出版了多种中外版画集，如《木刻纪程》《小说士敏土之图》《引玉集》《凯绥·珂勒惠支版画选集》《死魂灵一百图》《苏联版画集》等，[①]从精选版画到书籍版式，从内容到封面都亲自筛选、设计版面，直至印刷出版。他还大力推动书籍插画、连环图画在中国的发展。据不完全统计，鲁迅一生设计的书刊封面多达六七十种，代表性的有《域外小说集》《萌芽月刊》《呐喊》《而已集》《小约翰》《且介亭杂文》等（图4-4至图4-6）[②]。鲁迅为北京大学设计的校徽沿用至今（图4-7）。[③]在北京市西城区的鲁迅旧居，也是鲁迅购入后，亲自设计并监督施工改建成的。[④]不夸张地说：

　　鲁迅热爱设计，其热情不亚于文学。

图4-4　猫头鹰是鲁迅的经典之作，这只活泼灵动的猫头鹰的双眼隐藏了一对男女的剪影

[①] 北京鲁迅博物馆.鲁迅编印版画全集1：艺苑朝华[M].南京：译林出版社，2019（编选说明）1.
[②] 图片和资料来源：安徽博物院.文学大师鲁迅也爱画画与设计[EB/OL]．（2021-4-24）[2022-8-8].https://www.163.com/dy/article/G8BIK3UQ0514GBG5.html.
[③] 鲁迅是优秀设计师：受蔡元培委托为北大设计校徽[EB/OL]．（2015-2-3）[2022-8-8].http://culture.people.com.cn/n/2015/0203/c172318-26496804.html.
[④] 北京鲁迅博物馆（北京新文化运动纪念馆）.北京鲁迅博物馆简介[EB/OL].[2022-8-8].http://www.luxunmuseum.com.cn/bowuguanjieshao/.

第四章 基于创客教育理念的美术校本课程开发路径　57

《萌芽月刊》，鲁迅、冯雪峰主编。鲁迅设计封面，刊名美术字是鲁迅亲手所写。1930年上海光华书局发行

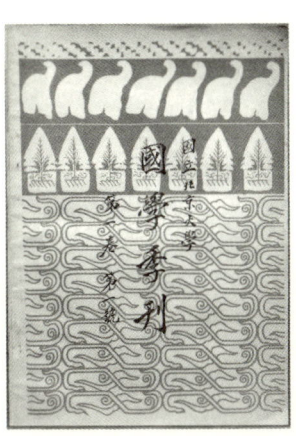

《国学季刊》，北京大学国学季刊编辑委员会编辑。鲁迅设计的封面取自汉画像石刻云纹图案，蔡元培手书刊名，图案古朴雅致，民族传统风格浓郁。1923年北京大学出版部发行

《文艺研究》创刊号，鲁迅主编。鲁迅设计封面。1930年上海文艺出版社发行

《呐喊》，鲁迅著。鲁迅设计封面并题写书名

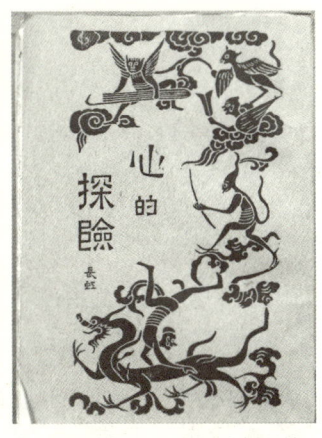

《心的探险》，高长虹著，鲁迅编校。封面鲁迅"掠取六朝人墓门画像作书面"。1926年北新书局出版

《朝花夕拾十篇》，鲁迅著。鲁迅设计封面手稿

图4-5

《两地书》，鲁迅著。鲁迅设计封面　《珂勒惠支版画选集》，鲁迅编印。鲁迅设计封面草图手稿

《桃色的云》，俄国盲诗人爱罗先珂著，鲁迅译。鲁迅设计的封面图案上部取自汉画像中的人物、鸟兽与流云作为装饰，设计简洁灵动。1923年北京新潮出版社出版

《海燕》创刊号，史青文编辑。鲁迅设计封面并题写刊名。1936年上海海燕文艺社发行

长篇童话诗《小约翰》，荷兰作家F.望·蔼覃著，鲁迅译。鲁迅设计的封面

图4-6

图4-7　左图形是1917年鲁迅受蔡元培的委托为北京大学设计的校徽。由"北大"两个篆体字创意组成，上部的"北"字是背对背的两个侧立人形，下部的"大"字是一个正面站立的人形，如一人背负二人，构成了"三人成众"的意象，予以"北大人肩负重任"的寓意

二、"从绘画到设计"对应三个领域的内容

从绘画中来到设计中去,鲁迅先生是艺术收藏家、艺术评论家,具有高超的审美思想,他亦是美术家、鉴赏家,更是一位设计家,这对创客教育产生了重要的启示意义。回到设计的主题,"设计"是创客课程的核心内容和教学策略,这里所讲的设计主要对应三个领域的内容。

(一)设计制作产品或工艺品

注重产品的创意设计、表现形式和功能,具有实用价值、创意功能、设计美感和工艺质感,创造满足人的生活需求和社会发展需要的美的生活用品。设计与工艺具有共同的教育价值:认知与体验人类的基本行为,了解行为的基本过程和方式;获得高品质行为所需要的基本素质和能力。新颖的设计令人耳目一新,精湛的工艺令人叹为观止,沉潜于追求工艺的精致品质中,学生可以发现工艺改良的可能性,逐渐形成精益求精的工作态度。[①]

杭间教授在《设计的善意》一书中,阐述了蔡元培"美育救国"与新设计思维的产生。蔡元培提出的"以美育代宗教""美育救国"等的主张,是中国近代第一次把含义复杂的"美育"上升到一个极高的层次。蔡元培提出的"美育救国"的思想,强调美化、美的原发性和普遍性。他从实践美育救国思想的高度和角度,挖掘实用艺术在社会美育和美术教育中的作用,推动实用艺术在美术院校的设立和展览的举办,从而从物质和精神上提升人们的生活品质,"借以真正地完成人们的生活",这关乎民生问题。蔡元培对美育、美术、装饰等的表述,实际上都含有今天"设计艺术"的含义,蔡元培的这些观点,实际上是中国最早传播现代设计思想的代表。[②]今天的中国,设计学已经成为一级学科,设计早已渗透和融合于社会生活的方方面面,可以说设计无处不在。正因如此,人们对设计类产品和现象反而"视而未见",从青铜器到景泰蓝,从大飞机到折叠手机,古代、现代产品和生活用品中所蕴含的审美价值、创意思维、工匠精神等在中小学教育中还未充分落实。创

[①] 尹少淳.尹少淳谈美术教育[M].北京:人民美术出版社,2016:116-117.
[②] 杭间.设计的善意[M].桂林:广西师范大学出版社,2011:107-108.

客教育正是要聚焦生活、激发创意，引导和培养学生发现产品之美、创意之美、设计之美。

课程案例一

龙岗区实验学校和上海外国语大学附属龙岗学校的软陶课程，充分研究软陶材料的特质，通过揉、团、压、切等手法，让材料呈现出色彩渐变、纹样交错等细腻丰富的变化，金属掐丝、金属片、玻璃珠被镶嵌在作品之上，丰富了软陶的造型语言，使用的水晶胶、亮光油等新材料、新工艺，让作品呈现光亮的釉面质感，制作的醒狮、麒麟、蛋糕、花卉、多肉植物都栩栩如生，视觉美感达到"工艺化"水平。（图4-8）工具材料的创新应用，让学生感受到手工之妙、匠心之美。

图4-8 龙岗区实验学校学生软陶作品《醒狮》 指导教师：李春霞

课程案例二

龙岗区职业技术学校洪梅开发的景泰蓝工艺画课程，对传统景泰蓝工艺、材料和技法进行了创新，形成了从有丝到无丝、从金丝银丝到彩丝、从平面到立体的多种类型作品，辅导学生制作了500多幅景泰蓝工艺画作品，景泰蓝多功能杯垫还申请了国家实用新型专利，这些设计类课程有效提升了职校学生的审美情趣和创新实践能力。

（二）培养设计思维

注重设计思维的培养，学会像设计师一样思考与创造。史蒂夫·乔布斯认为设计不仅是外观和感觉，更在于性能。强调右脑的开发，培养学生的设计思维意识与能力，帮助学生学会创意思考、学会创新问题解决。[1]设计帮助学生学会从功能的角度思考问题，学会创意，追求卓越和新颖。[2]设计以积极的发散式思维探索着人造物，通过人造物表达与探索着未来的生活。从思维与决策出发，从思维与设计出发，未来的生活有赖于我们的思考：积极的发散式思维、探索性思维、具有道德感等，从而使设计为未来生活所需。[3]这里的设计思维，是创造性思维和解决问题的思维方式，不仅强调艺术设计的造型美、以人为本的功能，培养人的创意思维，更具有系统思考、创意思维、创新应用、解决问题的能力品质。

课程案例一

龙岗区第二职业学校黄中文团队开发的3D打印设计发明创意课程，以三维设计思维为课程内容，以发明创新为核心。在设计思维的内容上，强调以人为本、以用户为中心的设计理念。通过产品开发设计课题的实际训练，使学生进一步掌握产品设计的方法及程序，培养学生系统思考问题的能力，增强学生对产品的认识能力和分析能力，提高学生综合运用材料、工艺、造型、色彩等知识进行产品设计的实践能力，使学生能够具备完成简单产品的开发与设计的基本技能。近年来，该校的学生在省市区各级创新大赛中屡获佳绩，其中付伟杰、杨永平共同设计的"多功能汤勺"外观简洁大方，集汤勺、漏勺、开瓶器三种功能于一体，不仅吃火锅方便，更为家庭厨房新添了一个好帮手，在广东职业院校创新创效创业大赛中，该作品荣获"创意设计类"特等奖第一名；陈丽蓉设计制作的《不用隔热垫的锅》（图4-9）、陈伟光创作的《节水环保卫生间》，获得深圳市青少年科技创新大赛一等奖。正如专家所言：获奖作品的亮点在于针对实际生活问题提出了具体实用的解决方案，作品较为完善成熟，甚至可以立刻批量生产。龙岗区第二职业学校学生的学习成果充分体现了创客教育的价值。

---

[1] 闫寒冰，郑东芳，李笑樱. 设计思维：创客教育不可或缺的使能方法论[J]. 电化教育研究，2017，38（6）：35.
[2] 尹少淳. 尹少淳谈美术教育[M]. 北京：人民美术出版社，2016：116.
[3] 刘静伟. 设计思维[M]. 2版. 北京：化学工业出版社，2018：58-59.

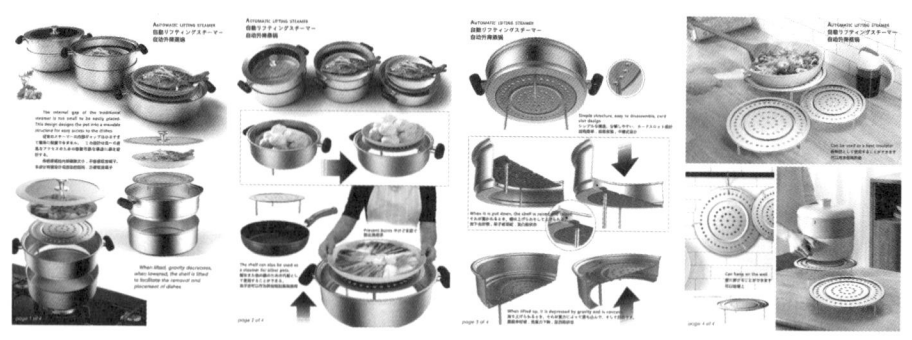

图4-9　龙岗区第二职业学校黄中文团队开发的3D打印设计发明创意课程成果　学生陈丽蓉作品《不用隔热垫的锅》

课程案例二

笔者在多年的小学美术常规教学中，运用思维导图作为激发学生创意、启迪思维、系统思考的重要工具，引导学生学习和运用发散思维、收敛思维，从形式化的绘画表现转向系统性的思考和关系表达，在感性和个性表现的基础上，实现感性与理性并重的个性表现。思维导图没有削弱学生的个性和创作兴趣，反而提升了他们思考问题和创作表达的能力，逐步培养了他们的系统性艺术思维。

在图4-10至图4-12的学生作品中，可以看到一类是对"美"是什么的思考，六年级的学生在第一学期的美术课上，在教师教学和引导之后，必须完成对"美"是什么的个人思考，这是对小学六年美术学习的总结性的思维活动，是形成最初的系统"美术观"的重要一课。还有一类是向设计师学习创新思维方式，运用思维导图设计个人毕业纪念册的封面，最后运用传统线装手工书的工艺和方法，制作一本属于自己的立体书——毕业纪念册，这是总结性的创作活动，是形成最后的"创作意识"的重要一课。六年级美术课的这两类作品，分别设计在学年初和学年末，一前一后，一个侧重设计思维，一个侧重设计思维加创作实践，实现了美术素养的有效提升。

第四章 基于创客教育理念的美术校本课程开发路径　63

龙岗区千林山小学2022届六(5)班 王妍心 　　龙岗区千林山小学2022届六(5)班 赵欣怡

龙岗区千林山小学2022届六(5)班 张欣然 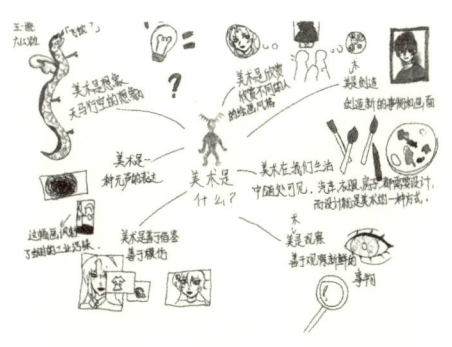　　龙岗区千林山小学2022届六(5)班 王一眺

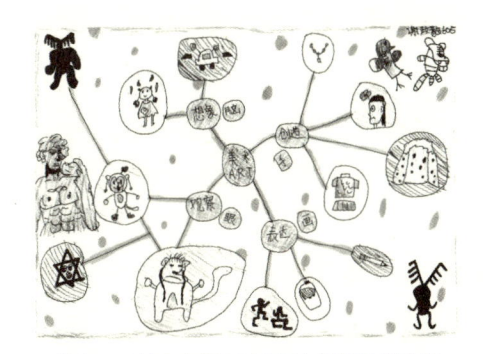

龙岗区千林山小学2022届六(5)班 谢政毅 　　龙岗区千林山小学2022届六(5)班 钟诗韵

图4-10　龙岗区千林山小学六年级第一学期初的美术课"'美'是什么?"思维导图作品(1)　指导教师:宋冰

龙岗区干林山小学2022届六(4)班 杜安琪 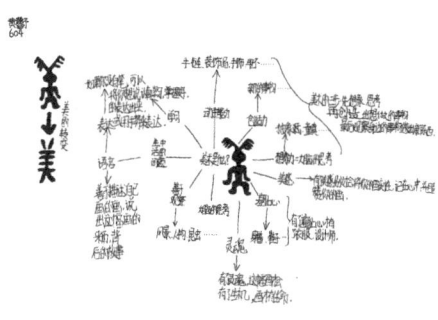　　龙岗区干林山小学2022届六(4)班 黄馨予

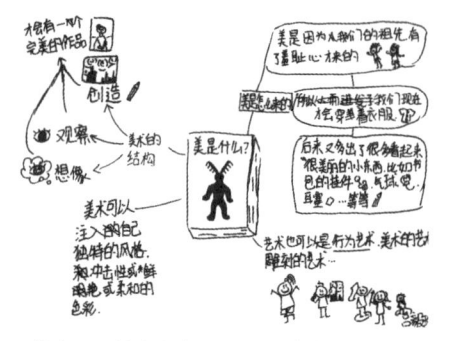

龙岗区干林山小学2022届六(4)班 吕毅玲 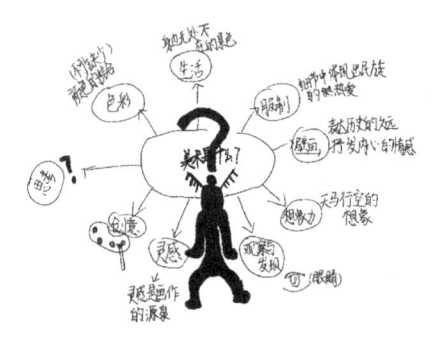　　龙岗区干林山小学2022届六(4)班 孙悦利

图4-11　龙岗区干林山小学六年级第一学期初的美术课"'美'是什么?"思维导图作品(2)　指导教师:宋冰

龙岗区如意小学六年级美术课"我的立体手工书"学生学习感受

六(4)班吴穆棋:自从这个学期学了制作手工书,让我感受到了艺术的美。<u>这个学期的教学内容和方式都与以往不同,让我从另一种角度看到了与以往不同的美术。</u>这学期特别的教学让我对美术产生了浓厚的兴趣,让我又培养起了一大爱好——美术。

六(4)班关郁乔:我觉得这学期的美术课很有趣,学习了一项新技能,在做完书后,看到自己的成果出来是十分开心自豪的,有一种欣慰感。

我认为学习制作手工书后,<u>在未来会给我带来一些帮助,比如想保存一些珍贵的回忆时,可以把那些与回忆相关的东西当成制作手工书的材料,制作成书,使回忆变成艺术品。</u>在学校有什么关于制作手工的任务,就可以把手工书作为一份不同寻常的作业。在平常更可以以制作手工书为乐,消遣时间等。

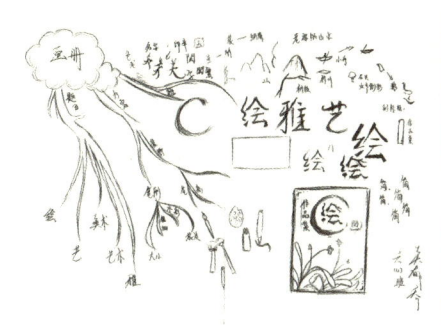

第四章 基于创客教育理念的美术校本课程开发路径 　65

龙岗区如意小学2019届六(4)班 关郁乔

龙岗区如意小学2019届六(4)班 陈铠然

龙岗区如意小学2019届六(4)班 罗晨

龙岗区如意小学2019届六(4)班立体手工书作品内页

图4-12 龙岗区如意小学六年级第二学期末的美术课"我的立体手工书"思维导图创意和手工实践作品 指导教师:宋冰

六（4）班陈铠然：这一学期我学习做了手工书，这一次活动让我的动手能力变强了很多，也让我学到了耐心和耐力是什么。我从一开始的不耐烦，到可以耐心地教别人，我也感到我正在慢慢成长。虽然我做的手工书没别人做得那么精细、那么好看，但我觉得我已经是尽了全力了。<u>我个人认为对于一部分喜欢或向往美术的人来说，美术也许是一种信仰甚至是职业，可对于我来说美术是一种全新的体验，也是一种可以打发时间的兴趣。</u>

六（4）班罗晨：我觉得这学期的美术课比之前的有趣，让我感受到了艺术的魅力和艺术带给我们的快乐。我们并没有学美术课本的知识，而是制作了一本属于自己手工书，这让我颇有成就感。<u>我看着自己的手工书，心里既快乐又自豪。我制作了手工书后，感觉自己的动手能力增强了，对艺术也更加感兴趣了，这些会让我在未来的发展当中有很大的优势。</u>我认为只要我继续努力，艺术将会成为我的一大优势。我也会愈加热爱艺术的。

六（4）班徐能：校长上课很有意思，第一节课给我们讲"女娲伏羲图"的故事，给我们的第一印象很好，觉得很有趣，所以我们越发越喜欢上美术课了。<u>校长还给我们讲解了"美"的意义，让我们大开眼界，让我印象最深的是校长说的"左脑思维"和"右脑思维"，让我们知道原来思维是有分别的，让我树立了一个新的审美观。</u>

六（4）班林沛：对比以往的美术课，<u>这一个学期的美术课让我的逻辑思维、动手能力有大大的提升，您的课让我们的观察能力大大提升了，我的设计能力也在您的课上得到提升。</u>

六（4）班马佳城（马大哈）：宋冰校长，谢谢您！让我从笨手笨脚，变成了心灵手巧。长话短说，我来简单评价宋冰校长：言语通俗、字字幽默、口吐妙言、暗藏玄机！再来评价一下上课的内容，其实没什么！<u>您也是让我们体会到了动之乐趣，做之快乐。</u>说实话，在毕业之际，还是很舍不得您的！①

具有设计思维的学生都是设计师，像设计师一样思考与创造。感受设计

---

① 以上摘自笔者在如意小学任教2019年级六（4）班时，学生撰写的美术课学习感受。其中六（4）班马佳城（马大哈），"马大哈"是学生自己写的原文。

的魅力，体验创意的方法，享受创造的快乐。

（三）基于设计的学习

基于设计的主题式合作学习，突出任务驱动，具有迭代循环式学习特征。DBL[①]的学习模式，是包含"调研分析、制定方案、动手制造、评估反思"四个环节在内的迭代循环式学习模型[②]。无论是中国传统的青铜、陶瓷工艺品或砖木建筑，还是当代建筑、家具或工业产品的设计，其设计和制作都充分体现了设计思维特征。而在教育领域培养学生的设计思维，可以运用DBL的学习模式：基于现实问题的解决，根据具体项目组建团队，要进行知识统整（跨学科融合），创新地使用工具、研究材料和工艺，一定要动手操作，不断地修正思路、反复试验、突破关键点，经历迭代优化的过程，最终解决问题、形成成果。这些环节和流程，可以培养学生的设计思维，而设计思维正是设计的关键能力，也是创客教育的要素。

课程案例一

龙岗区外国语学校陈楚洪开发的玉兰花开——唯美纸艺特色课程，从学校文化出发、从校园景观入手，将玉兰花作为主题和内容，设计玉兰花的历史故事、生物构造、造型之美、材料探索等多个课时内容，系统学习立体纸艺技巧，在观察理解玉兰花的线条、形状、色彩、肌理等基本造型元素的基础上，创作纸质玉兰花，并运用多种材料创意制作玉兰树纸艺装置，形成立体的校园艺术景观。让学生体验纸艺制作活动的乐趣，提升学生的创新思维和动手实践能力。（图4-13）

课程案例二

在本章第二节"我的立体手工书"案例中，笔者还设置了"六（4）班毕业展览"的真实任务和项目，运用任务驱动学生完成毕业作品和展览。由学生自主组建团队，在学校火车博物馆中进行布展准备工作——即在真实的情境中学习。经过一个月的时间，五名学生利用课余时间，自主完成了前言撰写、作品收集、展览布置、参观流程、家长邀请等全部工作，学生们将本学年和之前

[①] 基于设计的学习，Design Based Learning，DBL。
[②] 陈刚，石晋阳. 创客教育的课程观[J]. 中国电化教育，2016（11）：14.

图4-13 龙岗区外国语学校陈楚洪开发的玉兰花开——唯美纸艺课程学习单和制作过程

龙岗区如意小学火车博物馆外景(2019) 　龙岗区如意小学火车博物馆内部(2019) 　六(4)班毕业展览之前策展和布展的学生在工作中

六(4)班毕业展览布展完成现场(2019-6)

六(4)班毕业展览布展完成现场(2019-6) 　六(4)班学生和家长参观展览

图4-14

的作品，以及利用课外时间创作的美术作品都布置在火车博物馆展厅内，广泛邀请同学、好友和家长观展，毕业展览取得圆满成功。（图4-14）这正是基于设计的学习，面对真实任务和项目、真实的情境、真实的问题，组建团队、自主探究、分工协作，最终完成任务，提升自身的审美素养和综合实践能力。

> **亲近中华文化　融入世界历史**
>
> 中华文化博大精深，老祖宗留下来的记忆经历了数千年的洗礼，依然不会褪色。穿针引线是古人伟大智慧的结晶，用法极其广泛，其中手工书最好地体现了这一点。今天我们有幸感受手工书的乐趣以及魅力。……我们班个个都是人才，不仅做到了古今结合，内容封面更是五花八门，无奇不有呢！同学们把天马行空的想象运用到了手工书里面，只有你想不到，没有你做不到！
>
> 六（4）班
2019-6-20

图 4-15　六(4)班毕业展览前言部分内容

看着学生们为展览写的前言《亲近中华文化 融入世界历史》（图4-15），我们发现基于设计的学习，将任务目标交给学生，把学生投入真实的情境中，把学习的主动权交给学生，学习就变成了学生自己的事。美术的任务式学习，不仅是美术素养的生成，更是语文、道德与法治、信息技术等多学科素养的生成，这样的学习效能一定会远远超出老师的预期，这就是"教无定法""不教而教"。

这类课程，立足于学校生活情境，基于项目开展合作学习，以任务为驱动，以设计具有独特性的小品、较大型景观作品或者美术作品展览作为核心任务，不断调整、优化作品效果，展现校园文化的特点和内涵，形成代表性的文化景观，正是"设计思维"的充分体现。

第三节　课程开发路径之二：从平面中来到立体中去

长期以来，各个学科的教学思考问题的方式常是线性思维，其实，世界不完全是线性的，而是多维立体的，我们的思维方式应该是多维的思维。[①] 设计思维更多用于解决问题，问题的复杂性源于人的复杂性，对人的多维度理解能更好地解决问题。设计思维一定是立体思维，这里所强调的"立体"，不仅是立体空间的概念，也包含人思考与解决问题需要具备多角度、多维度、多向度的复杂能力。课程开发必须要有多维思维、立体思维。

[①] 于漪. 超越[M]. 南宁：广西教育出版社，2008：72.

一、向文艺复兴时期的艺术家学习

在美术创作中,大致会呈现平面、立体、动态三种形态。具有平面特征的作品是把三维空间在二维空间中"压缩呈现",空间感、画面感和故事感强烈。文艺复兴时期艺术领域的重大发现与创新,如空间透视、光影表现、人体研究等方法影响至今,将平面绘画推向艺术史的高峰。在艺术史上,绘画不仅是最重要的造型方式和艺术形式,具有丰富的"人文性",更是必不可少的记录方式和表达方式,具有不可替代的"工具性"。

米开朗琪罗和达·芬奇从小就被意大利的设计深深感染。在意大利的设计世界里洋溢着自由和独创的奔放气息,这种活力成为设计的另一种迷人魅力。[1]达·芬奇不仅是绘画大师,还是天文学家、发明家、工程师,致力于解剖学、科学、音乐、戏剧创作等研究,通晓数学、生理、物理、天文、地质等学科,他的创造力渗透绘画、雕塑、建筑、工程、机械、医学等诸多领域。保存至今的达·芬奇手稿大约有4000多张,除了人物速写、人体解剖等绘画作品,还有他设计的飞行器、自行车、坦克、水利装置等草图手稿。达·芬奇是跨越艺术、科学和设计领域的最伟大之艺术家。[2]米开朗琪罗是画家、雕塑家,亦是优秀的建筑师,善用雕塑的手法来处理建筑,为文艺复兴时期意大利的多个城市创新性设计了建筑作品,如劳伦齐阿那图书馆楼梯、罗马卡比托利欧广场、梵蒂冈圣彼得大教堂(参与设计)等。达·芬奇、米开朗琪罗等艺术家,既是绘画大师又是设计大师,他们的艺术创作有平面形态的绘画,更有立体形态的造型和建筑空间等,艺术性、人文性、创意性和工具性高度统一,展现出非凡的想象力、创造力。后人称他们为天才,不仅是因为他们的作品伟大,更是因为他们面对现实世界和"甲方"需求,所表现出来的解决复杂现实问题的能力,这种多角度观察、多维度思考、多向度建构的创新创造能力,正是创客教育的培养目标。

---

[1] 原研哉. 设计中的设计[M]. 朱锷, 译. 济南: 山东人民出版社, 2006: 28.
[2] 列奥纳多·达·芬奇. 达·芬奇手稿[M]. 郑勤砚, 译. 北京: 化学工业出版社, 2019: (前言) 1-3.

二、向建筑师学习

正如梁思成所说：建筑师的知识要广博，要有哲学家的头脑、社会学家的眼光、工程师的精确与实践、心理学家的敏感、文学家的洞察力……但最本质的他应当是一个有文化修养的综合艺术家。这就是我要培养的建筑师。[1]建筑师、中国美院教授王澍在《造房子》一书中，详细阐释了建筑艺术中二维和三维之间的关系，绘画与建筑之间的关系，他认为"如画观法"是一种设计方法，他提出设计者如何观园，如何观山水画，尤其是宋画，在观和想的过程，去揣摩、去尝试、去实现空间的建构。他主张园林设计的方法，要在观画中实现二维和三维空间的转化，用山水绘画本身所示的方式去观看空间，并记录下一系列相对空间的位置，建筑将如此生发形成，于是观法同时也是设计方法。把人置身于古画中，进入古画–山水画的建筑中去体验建筑与环境，建筑与自然之间的关系。[2]所以，从平面中来到立体中去，不仅是创客教育的研究思路，更是一种设计方法论。

三、向设计师学习

基于创客教育理念的美术课程，更强调设计感和立体感，探索作品动态表达方式，注重创作的现实性和成品性，引导学生将脑中构建的"虚拟产品"，通过工具、材料的应用，手眼脑的协调运作，反复迭代优化设计方案，创作出具有一定应用价值的作品或产品，这就决定了作品具有明显的"立体性"。

在设计领域，就有服饰研究者提出：运用多种手法探索少数民族代表纹样从平面转向立体化的创新手段，在保护和传承羌族服饰的基础上完成羌族服饰从"平面"到"空间"的转变，从视觉和触觉两方面形成崭新的感官体验，使羌族服饰呈现出多维度、多元化的审美效果。在平面基础上赋予了图案较为立体的视觉特征，赋予了其更强的装饰性和鲜活感。[3]在设计实施相关课程，培养师生设计思维的过程中，探索从平面到立体的手段，运用分解

---

[1] 梁思成，林洙．大拙至美——梁思成最美的文字建筑[M]．北京：中国青年出版社，2007：14．
[2] 王澍．造房子[M]．长沙：湖南美术出版社，2016：134-135．
[3] 陈姗姗．羌族服饰纹样立体化创新研究方法实践[J]．纺织导报，2020（9）：90-91．

法、组合法、肌理法、填充法和堆叠法等呈现的立体效果，拓展了作品的空间感，具有更强的视觉表现力。

美国设计师维克多·帕帕奈克提出设计师和学生要形成一种全新的思维模式，解决此前从来没有解决过的、出离正常人类经验的问题。他认为用绘画的方式设计一种动物，把马的身体、大象的腿、狮子的尾巴、长颈鹿的脖子……组合在一起，这幅画看起来很奇幻、很有想象力，但这种方式不是在解决问题，这种设计没有太多价值。

维克多·帕帕奈克提出：当幻想和科幻联系到一起的时候，这是探讨创造性解决问题的一种严肃的方法。

他讲述了一段自己的经历，在麻省理工读书时他的导师是约翰·阿诺德教授，教授培养学生时做了一些开拓性的工作。其中一个经典教育案例就是"大角星Ⅳ项目"，教授首先为学生发了大量报告，内容是关于大角星系统中的四颗行星以及对上面居民的想象。报告中设定了一种身材特别高大、行动迟缓的生物，他们从鸟类进化而来，有非常特别的体格特征：卵生，有喙，有鸟一样中空的骨骼，每个手掌上长三根手指，有三只眼睛，中间那只眼睛是X射线眼，反应速度是人类的1/10，呼吸的空气是纯甲烷。在这个报告的基础上，学生要大胆想象，创造性地设计出一辆交通工具。很显然，这种想象不是单纯的幻想，而是基于科学的、有逻辑的、合理且大胆的想象。这个教学设计，放在今天的学校依然充满创新和挑战性。维克多·帕帕奈克也反思了当时的学校教育，通过传播大量目前被认为是"真理"的知识而倾向于保持文化现状。教育自身很少关注个人的大脑，而发明和原创性的思考都是重新创造文化的行为。设计创新必须下大力气构建一个环境，有了这个环境，各种新方法才能茁壮成长。[①]

这段经历和案例，为教育者提供了一个重要的创新思维方法论：艺术必须和科学相联系，正如幻想和科幻联系到一起，是探讨创造性解决问题的一种严肃的方法。帕帕奈克认为艺术必须和科学相联系，设计师提升创新思维

---

① 维克多·帕帕奈克.为真实的世界设计[M].周博，译.北京：中信出版社，2013：190-193.

方式和设计工作方法的途径之一就是学习仿生学和生物力学，组建跨学科团队，实施跨领域、跨学科的合作，也是创新解决问题的有效方法。所以，从平面到立体也是艺术加科学的多学科思维、跨学科思维，更是综合的、立体的思维。在中国的基础教育中，设计思维、科幻教育的意义和价值应该得到充分重视，需要更多的教育者研究、实践、探索。

课程案例一

2022年，深圳市龙岗区千林山小学围绕法国作家儒勒·凡尔纳的科幻小说《海底两万里》，开展了两个月的跨学科融合教育活动：从阅读整本书开始，开展联结语文、美术、科学、数学等学科的跨学科主题学习，运用仿生学复原鹦鹉螺号，用数学比例尺绘制潜艇，动手开展潜艇浮力实验，创作科幻短文……从文学到幻想，从科幻到科普再到科学，不断培养学生的创新意识、思辨精神、科学精神。[①]（图4-16、图4-17）。此案例正是对以上观点的积极回应，是穿越时空、跨越领域的共振与共鸣。

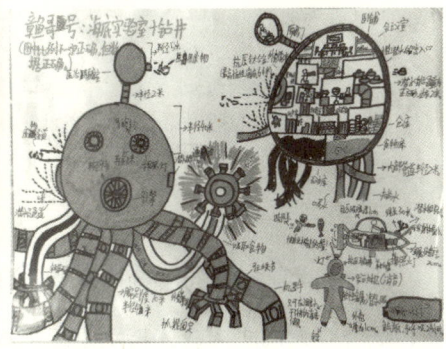

图4-16　龙岗区千林山小学《海底两万里》科幻主题跨学科学习成果展

图4-17　龙岗区千林山小学《海底两万里》科幻主题跨学科学习中，学生运用仿生学设计的潜艇作品　指导教师：祁光德

课程案例二

龙岗区辅城坳小学刘建伍开发的3D创绘科幻画特色课程，在开发初期，仅仅表现二维平面科幻绘画作品。在笔者的指导下，学校教师突破平面绘画

[①] 深学·校园. 海洋+科幻会有怎样的惊喜？千林山小学告诉你[EB/OL]. （2022-6-10）[2022-8-9]. https://appdetail.mwassist.com/web/2022/06/08261955e4329730d3a98c8764b498c1.html.

的限制，创造性地设计和开发了3D创绘科幻画课程，在平面科幻画的基础上发展出"立体科幻画"。运用3D打印笔特有的工具、材料与方法，组织学生进行由立体制作到创意制作，再到创造发明活动的系列化课程。学生在学习活动中，运用3D打印笔立体塑形、添加有动感的电子元器件和创造性的编程模块安装，建构丰富的科幻场景，使作品体现出具有创造力的思维活动。（图4-18）

图4-18 龙岗区辅城坳小学3D创绘科幻画课程成果 学生作品《仿生智能家》
指导教师：刘建伍

课程案例三

罗湖布心中学的叹为观纸——创意刻纸课程，由纸源、纸工、纸技、纸韵、纸境五大模块构成，特别是纸境模块，突出设计思维的培养，将二维刻纸作品结合声、光、电等手段，制作出台灯、落地灯、壁灯等纸质灯具，光影层次丰富、充满设计美感。平面绘画或设计作品，作为记录信息、厘清思路的方式，只是创造的第一步。从平面到立体，不仅能培养学生思维的连贯性，更能提升学生的空间想象和立体构造的能力，以及从不同角度观察世界和看问题的能力。

课程案例四

当你看到精心制作的作品立起来的那一刻，心里顿时被满足感和自豪感充满了……做完手工书后，我感觉我打开了新世界的大门。……老师教了我们做立体物的方法后，我觉得"万物皆可立体"。

——李晨曦 如意小学六（4）班

在本章第二节"我的立体手工书"案例中，学生制作完成后写下的学习感受（图4-19），让笔者更坚定了美术课程的创新要从平面中来到立体中去，因为这不仅是学生动手实践能力的培养，更是立体思维、设计思维的培养，为学生"打开了新世界的大门"，这正是使学生终身受益的审美素养和正确的审美观。

以前，上美术课时，我的内心毫无波澜。因为美术课只能画画，看美术书。因为手工书，我开始期待美术课了。因为我想知道更多关于手工书的技巧。当你看到你精心制作的作品立起来的那一刻，心里顿时被满足感和自豪感充满了。这时，你会不满足于现状，再寻找更多的制作方法来完善你的书。

做完手工书后，我感觉我打开了新世界的大门。因为手工书可以做的东西太多了。以后我送别人礼物都可以做一本手工书。虽然不是很名贵，但是很有纪念意义。老师教了我们做立体物的方法后，我觉得"万物皆可立体"。当打开书的那一刻，作品就像活了一样，栩栩如生地站在我的面前。我很欣慰，因为自己又掌握了一项新的技能。

李晨曦
2019-6-27

图4-19 "我的立体手工书"龙岗区如意小学学生学习感言

第四节 课程开发路径之三：从传承中来到创新中去

设计思维注重创意思维和创新问题的解决能力，不是脱离现实、剥离传统的创新，不是削弱知识与技能体系，而是在继承的基础上发展，在传承的基础上创新。

创客教育强调创新性，但避免对各学科原有知识体系结构的劣构化，这种基础知识的结构性偏差对于中小学生而言是个很大的问题。创新精神与实践能力培养的可持续性，其根源还在于学习者有良好的知识结构，并能不断自我完善和发展。基础教育领域知识的结构性缺失，会给儿童一辈子的成长带来障碍。[1]上述观点说明了基础知识与技能对学生创新意识和能力长期可持续发展的影响。从传承到创新的学习过程，亦包含了学生必须具备的"双基"——基础知识和基本技能，以及对中华传统文化的完整认知——良好的知识结构有利于创新思维的培养。创新是在传承基础之上的优化与发展，这也是中华文化绵延万年的宝贵经验与智慧。

一、陶行知先生的观点

陶行知先生认为"生活教育"之特质包含了：生活的、行动的、大众的、前进的、世界的、有历史联系的六个方面。人类从几千年生活斗争中所得到，而留下来的宝贵的历史教训，我们必须用选择的态度来接受，必须把历史的教训和个人或集团的生活联系起来。历史教训必须通过现生活，从现生活中滤下来，才有指导生活的作用。这样经生活滤过的历史教训，可以使我们的生活倍上加倍的丰富起来。[2]

二、鲁迅先生的观点

鲁迅先生对中外艺术有着深切的研究，收藏了大量的中外版画作品，对于如何建立民族艺术形式，他认为：采用外国的量规，加以发挥，使我们的作品更加丰满是一条路。择取中国的遗产，融合创新，使将来的作品别开生面也是一条路。中国的长期封建社会中，创造了璀璨的古代文化。因此清理古代文化的发展过程，剔除封建性的糟粕，吸收其民主性的精华，是发展民族新文化，提高民族自信心的必要条件，但决不能无批判地兼收并蓄。中国现时的新文化也是古代的旧文化发展而来，因此，我们必须尊重自己的历史，决不能割断历史。但是这种尊重，是给历史以一定的科学的地位，而不是颂古非今。中国应该大量吸收外国的进步文化，作为自己文化食粮的原料。把它分解为精华与糟粕两部分，决不能生吞活剥地毫无批判地吸收。中国文化应该有自己的形式，这就是民族形式。[3]鲁迅先生对民族艺术形式的

---

[1] 余胜泉，胡翔.STEM教育理念与跨学科整合模式[J].开放教育研究，2015，21（4）：18.
[2] 周洪宇.陶行知教育名篇精选[M].福州：福建教育出版社，2013：155-157.
[3] 陈烟桥.鲁迅与木刻[M].上海：开明书店，1949：33-43.

论述，可以概括为"尊重历史、融通中外、取其精华、融合创新"，至今，依然有着现实的指导意义。创客教育更应该从传承中来到创新中去，更应该融合创新。

三、以柳冠中教授为代表的观点

在中国知网搜索主题关键词"设计""传承与创新"，截至2022年8月，有1813篇专业文献从绘画、雕塑、工艺、建筑、装饰、家具等不同角度，分类阐述了传承与创新的关系。中国设计学科的学术带头人柳冠中教授认为：中国文化中的"传统"不是继承的，而是历代祖先不断创造出来的。沉淀下来的生活方式就是当代的、社会主义的、中国的传统，也就会沉淀下中国的21世纪、22世纪的风格，我们的后代也会说，这就是中国的"传统"。从设计学的角度看，无论是现代工业产品还是传统手工艺品，优秀的设计和产品创意，一定是从传承中来到创新中去。所以，在创客课程中，在传统知识与技能体系上的结构化改造和跨学科统整，要从传承中来到创新中去，这是创新能力可持续发展的重要途径。

课程案例一

皮影是中华民族优秀的民间艺术，但受到皮料成本高、动物保护等因素的影响，遇到传承与发展的瓶颈。龙岗区依山郡小学的美术教师，创新皮影材料和工艺，适应了现代教育的需要。学校的皮影课程，充分利用现代信息技术手段，构建以"皮影"为核心资源的课程结构，形成以美术学科为主，语文和科学学科辅助，以欣赏和绘画为基础，以皮影画、绘本、皮影剧、皮影设计为主要内容的跨学科、跨种类、重操作的课程结构体系。学校建立了主题式、融入式课程，从第二课堂拓展到常规美术教学，开发了皮影、服装秀、灯具、舞蹈、童话剧等创意课程，其中皮影和绘本教育相融合，培养学生的故事创作、艺术表现、语言表达、合作表演等综合素养，皮影文化有机融入美术课程体系。（图4-20、图4-21）

课程案例二

在本章第二节"我的立体手工书"案例中，学生陈慧敏写下这段感受：

图4-20 龙岗区依山郡小学创新皮影的材料和工艺 学生作品《海洋童话》(静态展示+动态表演) 指导教师：黄俭

图4-21 龙岗区依山郡小学学生原创绘本皮影剧表演 指导教师：黄俭、艾丽娜

制作手工书，过程很有趣，也很复杂，我常常因为穿错孔、拿错线而懊恼，但这也练就了我的耐心，<u>使我从中更了解中国文化，感受了一把中国传统的魅力。</u>我相信，这会对我的未来大有帮助。俗话说"技多不压身"，<u>要是我有了孩子，我一定要教他制作手工书，毕竟中华之本不能忘，而且我还可以传授他人，这使我快乐！</u>（图4-22）张子程感叹道：不管是手工还是画画，都让我感叹：中国的艺术真是博大精深啊！杨浩锐说：一个学期做一本手工书，却让我们感受到了中国悠久的历史。乔嘉怡认为：我感受到了中国古人

学习手工书之旅

老师，这学期您带我们制作了手工书，这让我觉得很惊奇，我知道您点子多，但没想到这么有趣。您上课的方式与别人截然不同，别的老师很死板，只关注教书上的内容，上课枯燥无味。而我从您的课堂中感受到了快乐，您教给我们的知识也是与众不同的。

制作手工书，过程很有趣，也很复杂，我常常因为穿错孔、拿错线而懊恼，但这也练就了我的耐心，使我从中更了解中国文化，感受了一把中国传统的魅力。

我相信，这会对我的未来大有帮助，俗话说"技多不压身"，要是我有了孩子，我一定要教他制作手工书，毕竟中华之本不能忘，而且我还可以传授他人，这使我快乐！

陈慧敏

六（4）班

嘿嘿（以上都是实话，没有拍马屁哦）

图4-22 我的立体手工书龙岗区如意小学学生学习感言

的智慧，这种有趣的工艺品，翻开每一页都是一个惊喜。刘子滨：我们从中体会到了古人的无穷智慧和善于发现的热情。美术真好玩！！！曾诚誉：学习了做手工书后，我感受到：手工文化的魅力与博大精深，让我感触颇深……

这些课程的设计与实施，运用设计思维解决了传承与创新的问题，让过去的传统沉淀成为当下的美术课程，成为未来的"传统"。学生深切感受到中国传统文化的魅力，激发了他们学习、传承与创新的动力。

第五节 课程开发路径之四：从文化中来到生活中去

一、陶行知先生的观点

陶行知先生说：生活即教育，是生活便是教育。

在1940年《育才学校教育纲要草案》中，陶行知认为政治教育、文化教育在集体生活中有其总的意义。人类历史上的文化遗产浩如瀚海，欲浩如瀚海之文化遗产全部为儿童所接受，匪特不可能，抑且与教育原理不相合。学校文化教育必须确定以下三点：（1）压缩地反映人类历史上重要而有代表性的文化遗产；（2）着眼哲学科学（社会与自然）与艺术之历史的发展及其在社会实践的意义；（3）着重人类进化史及中国历史的认识。同时他还强调，认定文化教育，用文化生活来教育，给文化生活以教育。[1]从以上观点不难看出，陶行知先生针对文化教育的内容给出了非常具体的界定，我们当下所提倡的加强人类文化遗产、中华文明优秀传统文化、革命文化、中外艺术史等教育，充分体现了这一教育思想。"从文化中来到生活中去"不仅是一种设计思维的策略路径，更是对陶行知教育思想的继承和发展。

二、设计思维研究者的观点

设计思维研究者刘静伟认为，在设计全程中，设计思维与设计行为、设计结果都深受文化的影响，甚至可以说，设计是在设计文化，设计是在设计生活。主张设计活动中以文化为资源，采用文化再生产技术开展设计与设计

---

[1] 周洪宇.陶行知教育名篇精选[M].福州：福建教育出版社，2013：175-176.

思维的探索与训练。从人们的生活出发，审视生活的状态，审视文化成果，探索生活的概念从何而来。将文化视为设计的资源、发展的资源，遵循文化的内在规律进行设计，遵循文化再生产的方式与方法，从制造到创造的方式与方法。[①]所以，设计思维培养人解决问题的能力，更是立足于传统与当代文化，创造美好生活的能力。在美术核心素养中，文化理解力非常重要。中华文化博大精深，世界文化多元并存，各种文化交织在一起，教师和学生生活在一个复杂的文化场域之中。学生对中国文化的理解，将影响其世界观和价值观，最终影响个人及家庭生活的状态和品质。中国提倡文化自信，首先要了解文化自信是什么。我们现在的文化创意产业需要引导，一方面要做好非遗的活化，让传统的东西传承下去；另一方面就是创新，"用现代的土壤来培育新品种的花朵"。时代变了，需要设计师研究生活，研究13亿人。要引导对"美好生活"的定义，绝非占有、炫耀，以及奢侈。[②]

三、以博物馆"文创"经验为例

创客教育作为一种独特的创新学习模式，可以有物质生产领域的创客课程，也可以有精神生活领域的创客教育，可以有与生活物品优化相关的课程，也可以有与文化产品改造相关的创客教育。这就为文化和生活之间架起一座桥梁，对文化的理解和文化资源的运用，从关注技术到技术为创意服务、为生活服务，会提升创客行为的文化品质和精神内涵。从文化中来到生活中去，正是为了更美好的生活。

这几年非常热门的博物馆文创产品，正是从传统文化走向现代生活的典范。如：三星堆博物馆的考古盲盒，内含多款文物，其中藏着迷雾重重的青铜神树、惊世骇俗的纵目面具、熠熠生辉的黄金权杖……每一款文物的背后都有着悠长神秘的故事，激发人们的探秘欲望。巴黎卢浮宫博物馆3D立体复古冰箱贴，有古希腊女神维纳斯、古老尼罗河畔的法老、文艺复兴时期蒙

[①] 刘静伟. 设计思维[M]. 2版. 北京：化学工业出版社，2018：68-71.
[②] 李杰，李叶，苏亚轩，柳冠中. 柳冠中：设计是协调者要兼顾各方利益[J]. 设计，2019，32(2)：68.

娜丽莎神秘的微笑……涵盖了五大罗浮宫镇馆珍藏。陕西历史博物馆根据"唐粉彩仕女俑",开发了唐妞不倒翁盲盒,无论是粉色、绿色还是黄色,都是萌萌的,既可以做首饰收纳盒,也可以做桌面收纳品,非常实用。从文化中来到生活中去,让文化活起来,让文化热起来,让现代生活融合传统文化的气息,彰显了中外优秀文化的生机与活力。

课程案例一

龙岗区如意小学钟碧如开发的童趣剪纸与创意服饰特色课程,是以二十四节气为主要内容的主题性学习课程,在理解二十四节气知识和剪纸基本技能的基础上,设计创作出二十四节气和节气字体的形象,从剪纸技巧入手,学习运用热转印的方法,创意制作生活中的服饰(衣服、抱枕),并在艺术节活动中集中展示,和家长一起进行舞台表演,让全校师生感受独一无二的服饰之美。(图4-23)通过学习,学生了解了传统剪纸与现代剪纸的关系,感受了美术与传统文化、美术与社会生活、美术与表演艺术融合的魅力,大胆尝试了新材料和新工艺,在传承传统文化的基础上创新发展,将艺术创意落地,为美好生活服务,不断提升自身的创意实践和文化素养。

图4-23 龙岗区如意小学童趣剪纸与创意服饰特色课程成果 学生作品《二十四节气创意服饰》在艺术节舞台上展示 指导教师:钟碧如

课程案例二

龙岗区职业技术学校洪梅开发的景泰蓝工艺画课程,在优化工具材料的基础上,广泛吸收国画、书法、漆画、剪纸、刺绣、戏剧脸谱、纹样图案等艺术形式,开发出景泰蓝装饰画、工艺画。通过建立工学结合的模式,培养学生的动手和实践能力，内化学生的设计水平和创新思维，引导学生探索景泰蓝工艺和竹、木、金属材料之间的关系，关注生活现象和日常需求，设计制作出景泰蓝杯垫、手机壳、茶具等生活用品，建立起从平面到立体、从文化到生活的课程体系。（图4-24）

图4-24 龙岗区职业技术学校洪梅开发的景泰蓝工艺画课程成果

课程案例三

在本章第二节的"我的立体手工书"案例中，有三位学生在制作完成自己的立体手工书后，又非常用心地各制作了一本手工书——充满了设计感和创意，送给了班主任张悦老师，祝贺他新婚之喜！这一份饱含温度的手工小书，见证了最美好的童心、最温暖的师生之情，成为每个人心中最宝贵的生命记忆。（图4-25）

正如李晨曦同学所说：以后我送别人礼物都可以做一本手工书。虽然不是很名贵，但是很有纪念意义。美育是人的教育，更是人性的教育，美是道德的，美亦是一种教养。美的教育让人更美，让人更善，让人更淳，让人更智慧。学生在传统文化的研习过程中，发现了生活之美，创造了美的生活，种下了生活美学的种子。

基于创客教育理念的美术特色课程，运用联通主义理论，用设计思维连

图4-25 龙岗区如意小学六(4)班学生为新婚的班主任老师制作的立体手工书(2019-7)

通过绘画与设计、平面与立体、传承与创新、文化与生活等要素之间的关系，在培养人的创新意识和创造能力方面具有独特的作用。

正如英国国立维多利亚与艾伯特博物馆（V&A）在中国首展"设计的价值"（2018）序言中的这段话：设计花样百出，从巧夺天工的手艺到独一无二的材料，从戏剧化的形式到技术革新，使我们赞叹不已。（图4-26、图4-27）设计拥有令人惊艳的力量，它能引发敬畏感，刺激我们的感官，让我们意识到原来还存在更多可能。对惊艳的欲求，是历史上艺术和科学成就的动力之一，它不断拓宽着人类局限的边界。

设计的价值独特而有力，在基础教育领域，特别是创客教育领域，需要持续、深入、系统的挖掘，以发挥其独特的教育价值。

图4-26 英国国立维多利亚与艾伯特博物馆(V&A)中国首展"设计的价值"(2018)展览图片（深圳·蛇口）

图4-27 2013年，深圳中学生的校服作为深圳的代表元素，被英国国立维多利亚与艾伯特博物馆(V&A)永久收藏。图为"设计的价值"(2018)展览现场（深圳·蛇口）

陶行知先生在《生活教育提要》中提出：生活教育要从学校到社会、从书本到生活、从教到做、从被动到主动、从士大夫到大众、从轻视儿童到信仰儿童、从平面三角到立体几何。他特别强调，现在是要立体几何的教育呢！因为"生活即教育"，是有的生活要手脑联盟起来一起干，有的要用脚一起干，有的要运用全身的力量来干，才干得好，才干得出色。[1]今天，创客教育的关键在于学生设计思维、创新意识与实践能力的培养，引导学生学会创意思考和创新创造。基于创客教育理念开发美术校本课程，可以从绘画中来到设计中去、从平面中来到立体中去、从传承中来到创新中去、从文化中来到生活中去。

创客教育是"创造的教育"，更是"生活教育"的当代表达。

没有设计的智慧，技艺便成了一潭文化死水。[2]

——（英）迪耶·萨迪奇 伦敦设计博物馆馆长

---

[1] 周洪宇. 陶行知教育名篇精选[M]. 福州：福建教育出版社，2013: 278-279.
[2] 迪耶·萨迪奇. B代表包豪斯[M]. 齐梦涵，译. 北京：东方出版社，2020: 127.

伍 [第五章]

基于创客教育理念的美术校本课程特征

通过对创客教育理论、课程开发、模式研究、美术课程实践等文献的综合分析,课程开发聚焦五个方面的核心问题,形成一套具有创客教育理念的"创客式"的美术校本课程开发的范式和模型。设计"面向生活 手脑并用 审美创造"的创客式学习框架和模型,将分布式学习与自主建构结合起来,将实践探究与合作学习结合起来,在"问题探究、项目推进、创新设计、跨界融合、动手实践、协作分享、美感创造"的框架下,是一种回归生活和指向"创造"的教育,是发现生活之美、创造美好生活的审美课程。

第一节 课程开发聚焦核心问题

创客教育首先培养人的问题意识。如何观察、思考、发现问题,并提出合理有效甚至创新的解决方案,不仅是学生的素养,更是教师的素养。问题意识是学生和教师都应该具备的。很难想象,没有问题意识的教师能够培养出有问题意识的学生。基于创客教育理念的美术校本课程开发,要解决什么问题、突破什么瓶颈、创新什么方法、达成什么目的……在开发课程之前,必须将以上问题想清楚,这也是课程价值判断的重要一环。

一、运用SWOT分析法寻找问题

在这个阶段,可以运用初级SWOT分析法[①],即对比分析法。对两个对象进行比较,对之后的判断和规划做出分析。这里将传统美术课程与创客教育课程进行比较,能够清晰地梳理出课程开发聚焦的核心问题。(表5-1)

表5-1 用SWOT分析法比对传统美术课程与创客教育课程

SWOT	课程	
	传统美术课程	创客教育课程
优势 (Strength)	·艺术种类多,传统技艺多 ·教师具备某方面的专业技能 ·课堂容易组织教学,学生容易操作 ·成果作品化,展示和呈现效果多元 ·评价较直观,容易操作	·应用新设备、新技术、新工艺 ·教师"一专多能" ·创新思维和动手实践能力的培养 ·体现学习过程和思维流程 ·作品和成果形式多样
劣势 (Weakness)	·教师会什么,学生学什么 ·缺少课程创新,师教生练的模式僵化 ·以临摹、技巧练习为主,缺少思维和能力训练 ·作品表现形式较单一,缺少创意	·不强调作品的形式性和完整性 ·评价标准和操作较复杂 ·教师需要掌握一定新技术和新工艺 ·教师要学习项目式学习、设计思维等新的课程理论 ·课程空间需要重构,操作复杂

---

① SWOT分析法的概念和案例,请参考本书第47-50页。

续表

SWOT	课程	
	传统美术课程	创客教育课程
机遇 （Opportunity）	·进入新一轮课程改革 ·推动学科核心素养的实施 ·落实"双减"政策 ·体艺2+1政策，学生掌握一门艺术技能	·进入新一轮课程改革 ·推动学科核心素养的实施 ·落实"双减"政策 ·跨学科学习、项目式学习成为新趋势
威胁 （Threat）	·教师囿于专业技能和爱好，专业动力不足 ·缺少创新的课程思维和相关案例	·学校需要投入新空间和新设备 ·学校要加强教师专业培养 ·教学教研组织方式面临较大挑战

通过四个要素的对比，可以看出，传统美术课程与创客教育课程各自具有非常显著的特点，有相似性也有交叉性，更有独特性和不可替代性。但两类课程都面临着共同的发展机遇：进入新一轮课程改革、推动学科核心素养的实施、落实"双减"政策等。国家政策和社会发展的外部要求，正是一种巨大的推力，这将有利于推动相关课程的开发。在这个机遇下，很显然传统美术课程面临的挑战较大，因为新一轮课程改革的目标更强调核心素养的培养，更突出学生在具体情境中解决问题的能力，更注重创新思维和动手实践能力的培养，这对美术教师群体的专业要求更高。对比创客教育课程，优势和机遇元素高度重叠，代表了未来课程发展的方向。但两者都需要面对的共同问题就是：教师专业化能力的提升，特别是教师创新课程思维和教学教研组织方式是教师专业化发展的重点。这两者在教师队伍建设方面都将面临巨大挑战。找到这两类课程的交集点，寻找突破点，各取所长融会贯通，运用创客教育理念优化或改造美术课程，实施融合开发策略，从教师熟悉的领域和项目入手，融入项目式学习、设计思维等理念，在循序渐进的过程中提升美术教师的专业能力和课程建设能力，正是创客类课程开发研究的重点。

以上SWOT对比分析法，不仅可以用在课程开发的问题聚焦环节，也可以用在课程研讨与开发、学科组研讨、学生思维训练等环节。充分发挥思维工具的作用，对于厘清思路、明确观点意义重大。

二、聚焦五个方面的核心问题

通过以上对传统美术课程与创客教育课程的四要素对比分析,明确了课程开发中要解决的具体问题。只有改变才能促进,只有融合才能优化。

(一)改变传统美术课程单一"画种体系"的课程结构

传统美术课程的结构,往往是以国画、油画、版画、壁画、雕塑、陶艺、剪纸、纸艺等艺术形式为课程分类,注重单一艺术种类的实践,知识与技能的碎片化现象严重,呈现出艺术技能专业化学习的倾向,影响学生对艺术价值的完整认知,审美偏向技能的培养。新的课程开发思路,就是要改变这种单一课程结构,建立"美术资源"的课程结构,基于生活情境,实施项目式学习。

(二)改变传统美术课程狭隘"学科本位"的资源意识和技术手段

传统美术课程,注重学科本位的资源运用和技巧技法,如国画使用国画资源,书法使用碑帖资源,在技术手段上,以常规技巧和材料为主,对现代媒体和技术手段运用不足。新的课程开发思路,必须突破学科本位意识,将美术资源半径扩大,向地方文化、科技发明、自然科普等领域拓展和延伸,尝试和"博物"教育融合;在教育技术上,充分运用现代3D打印、激光切割、光敏印章等新技术,结合AB水晶胶、PU皮影纸、沙子、软陶等新材料,探索PAD、VR、AR等新媒介的应用。

(三)改变传统美术课程侧重"教授和演示"的教学方法

传统美术课程,教师侧重对某些艺术种类、材料、工艺和技法的讲授,往往采取教授和演示法,教学方法传统单一,形成了"师讲生听、师演生练"的课堂模式,这种线性思维的教学方式,学生的学习路径单一,难以养成主动探究的精神,学习的主动性和创造性受到限制。新的课程开发思路,探索基于生活情境,以问题为导向,实施项目式学习的教学组织方式,以小组为单位组织教学,提倡学生的研究性学习,注重交流、分享和质疑精神的培养,力求提升学生的创新思维品质和团队协作能力。

(四)改变传统美术课程注重"效果和结果"的评价方式

传统美术课程,师生都非常关注作品最终的效果,往往以此来评价教是否达到目标、学是否有成效。这种结果式的评价方式，不能有效呈现学生的创意能力和思维品质。新的课程开发思路，坚持过程性、全面性、多元化、激励性原则，在评价内容上运用三层评价指标系统：核心层是"问题发现和方案规划能力"；中间层是"工具应用和问题解决能力"；外表层是"信息沟通和资源协作能力"。在评价方式上运用任务单、观察访谈、成果展示等形式，建立科学、客观的评价体系，对学生实施成长性、发展性评价。

（五）改变创客教育偏重"技术和工具"的刻板印象

创客教育最早在科学、信息技术等学科领域开展，往往伴随着科技发明、机器人制作、编程创新、创意制作，与STEAM活动有一定的交叉。有一段时间创客教育甚至变身为某种科技工具或手段，如激光切割机、3D打印机、编程、电动木工台、无人机等，使用新技术、新工具成了创客教育的首选项。于是，一些中小学的创客室摆满了各种各样的新机器、新设备，学生参加相关比赛还要使用指定设备和软件。这些都是创客教育的异化，严重背离了"创客"的本质和初衷。有一段时间，创客教育的投入成本非常高，超常规投入的创客室，机器、设备、课程的综合配套高度市场化，表面热火朝天，实则乱象丛生，最终影响了创客教育的发展。这样的创客教育，不是面向人人的教育，不是面向未来的教育，不是真正的创客教育。

创客教育是人的教育，是创造的教育，是学生发现生活中的问题，并使用适合和恰当的工具，或者发明新工具，创新性解决问题，让生活更美好的教育。创客教育培养人的创新思维和动手实践能力，两者缺一不可。创新思维并不意味着一定要在新技术和新工具中培养。在创客活动中，工具是必须要使用的，但不一定要使用新技术和新工具，能够用普通的技术和工具创新性解决问题的人，一定是"创客"，并且是非常优秀的"创客"。美术课程提倡运用身边的材料、废旧的材料，进行创造性的加工，变废为宝、化丑为美，具备在生活中发现美、创造美的能力，才能提升自身的审美素养和创新能力。这些都是创客教育应该重点研究的内容。

第二节 课程开发的目标与创新

一、课程开发的目标

美术校本课程开发的总体目标是：在创客教育理念的指导下，为创客教育在美术学科的应用提供新思路，完善创客教育的学科应用体系；初步形成一套具有创客教育理念的、"创客式"的美术校本课程开发的范式和模型；基于创客教育理念的美术校本课程，将为提升学生美术核心素养提供新路径和新做法。

在创客教育理念的指导下，实验校开展美术校本课程的开发或优化工作，形成课程开发体系和相关研究模型。围绕美术学科素养目标，聚焦"设计思维"的特征，系统总结"创客类"美术校本课程开发的规律，梳理特色课程建设路径，打破传统的单一学科课程体系，以"美术资源"为核心，以欣赏和绘画为基础，形成向绘画、绘本、剧本表演、综合材料（纸、布、泥等）、设计、装置等扩展和衍生的跨学科、跨种类、多媒体的课程结构体系，以单元形式设计跨学科学习内容，基于生活情境，以问题为导向，推进项目式学习实施，实施发展性评价，突出学生审美素养的培养，提高学生的创新创造能力，促进教师的专业成长。

二、课程开发的创新思路

基于创客教育理念的美术校本课程开发，聚焦设计思维的特征，梳理特色课程建设路径。它有别于传统"以画种为中心""侧重单项技巧"的美术课程，突破传统美术创作的个人实践习惯，遵循建构主义教育理念，将分布式学习与自主建构结合起来，将实践探究与合作学习结合起来，在"问题探究、项目推进、创新设计、跨界融合、动手实践、协作分享、美感创造"的框架下，是一种回归生活和指向"创造"的教育，是发现生活之美、创造美好生活的审美课程。

基于以上理念，笔者设计了"面向生活 手脑并用 审美创造"的创客式学习框架和模型，由三层结构组成，从下向上分别是教师能力层、创客式学

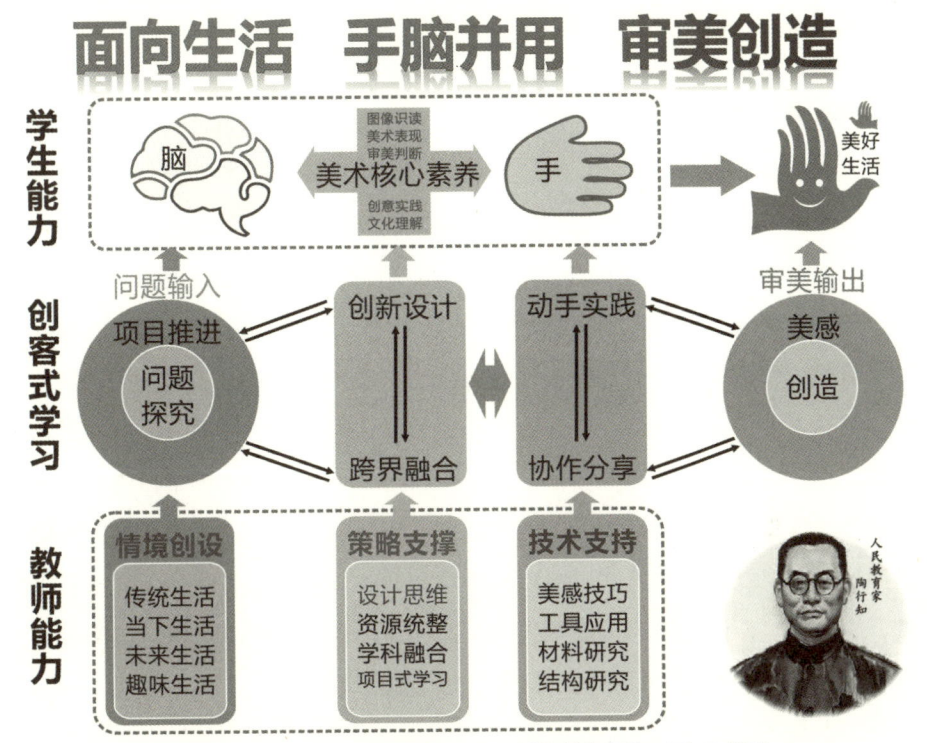

图5-1 "面向生活 手脑并用 审美创造"的创客式学习框架和模型

习层、学生能力层。（图5–1）

（一）教师能力层

教师能力层是创客式学习的底层，决定了课程实施质量和最终的学习品质。它由三个主要模块组成，分别是情境创设、策略支撑、技术支持，对应创客式学习层的问题探究、项目推进、创新设计、跨界融合、动手实践、协作分享、美感创造。

1.情境创设模块

情境创设模块包含传统生活、当下生活、未来生活、趣味[①]生活四个方面。这四个方面共同指向人的问题意识和生活敏感性，分别指向过去、现在、未来三个时空维度，立足于学生的年龄特点和兴趣爱好，坚持儿童立

---

① 关于"趣味"的理解，可以参考以下内容：刘静伟.设计思维[M].2版.北京：化学工业出版社，2018：44-45.

场，紧紧围绕生活的核心主题，引导教师构建立体的创客式学习情境。有了立体的学习情境，能够有效激发学生的学习兴趣，培养学生发现问题、思考问题的能力。情境创设模块主要对应创客式学习的问题输入环节。

2.策略支撑模块

策略支撑模块包含设计思维、资源统整、学科融合、项目式学习四个方面。这四个方面共同指向人的创新思维和学习方式。其中设计思维是核心策略，培养人的创新思维、发散思维、收敛思维、思考和解决问题的思维路径。资源统整指向教师对课程资源（包括信息技术）的认识、理解和开发能力，培养人的信息敏感性、资源意识和资源联通方法。学科融合是指构建跨学科课程，形成以美术课程为核心，融合科学、信息、语文等学科内容的课程形态，培养人的思维开放性、异质同构性和团队协作性。项目式学习主要是指运用项目式学习的方式，组织实施学习活动，实施任务驱动，开展自主式、探究式、合作式学习，培养人的主动性、合作性和作品意识。策略支撑模块主要对应创客式学习的创新设计和跨界融合环节。

3.技术支持模块

技术支持模块包含美感技巧、工具应用、材料研究、结构研究四个方面。这四个方面共同指向人的动手实践能力。其中美感技巧体现美术课程的特点，体现作品的形式美和内容美，培养人的审美意识和美感创作技巧。梁思成先生认为，艺术研究可以培养美感，用此驾驭材料，不论是木材、石块、化学混合物或钢铁，都同样的可能创造有特殊富于风格趣味的建筑。[①] 工具应用主要指运用工具、改造工具、发明工具的能力，能够使用传统工具、现代工具进行创作，培养人的工具意识和应用能力。材料研究是指研究创造性的活动必须使用的材料，充分发掘和利用材料特性，善于运用常见的或废旧材料进行合理巧妙的创作，培养人的材料意识和环境保护意识。结构研究主要指从事物的本质出发，聚焦事物的功能特征，运用合适的材料实现造物功能，培养人的结构思维和整体思维。技术支持模块主要对应创客式学

---

① 梁思成，林洙.大拙至美——梁思成最美的文字建筑[M].北京：中国青年出版社，2007：34.

习的动手实践和协作分享环节，指向最终的审美输出。

以上三个模块指向对教师能力的要求，更指向对学生创客式学习方式的培养。整体来看，对教师的创新思维能力、学科专业能力、教学组织能力和跨学科的统整能力提出了更高的要求。

在《设计思维手册：斯坦福创新方法论》一书中，创新型的团队和成员需要"T型人才"，那些同时具备纵向和横向知识与技能的人，其技能的可视化档案就像一个"T"。"T"的一竖代表垂直的专业技能，包括专精于系统、专精于学科、专精于文化（分析型思考、问题解决者）；"T"的一横有两个特征，一是同理心，二是合作能力，包括多种文化、多种学科、多种系统（具备同理心和交际能力）。"T型人才"是开放的，对他人的角度和主题感兴趣，并对其他人、环境和学科感到好奇。对他人的思考和行动方式理解得越好，在设计思维过程中就越能取得更快更佳的共同进步乃至成功。[①]对比模型中的教师能力层，创客教育的教师应该努力成为"T型人才"，也就是尹少淳教授所期待的"一专多能"或"多专多能"教师。

深圳中小学实施创客教育的美术教师群体较多，他们思维活跃、善于创新、技能扎实、视野开阔。经过多年的研究与实践，开发创客教育课程的美术教师在情境创设、策略支撑、技术支持等方面的能力得到明显提升。如：龙岗区职业技术学校洪梅老师，自学现代景泰蓝工艺，掌握新技术和全流程工艺，创新景泰蓝工艺表现形式和应用场景，探索工学结合教学模式，开发校本课程，编著《景泰蓝工艺画》（图5-2）一书；龙岗区第二职业技术学校黄中文老师，工业设计、3D建模专业能力突出，掌握3D打印技术，开设创意设计课程，突出设计在生活中的价值，开展"生活发明"研究，连续四年获得"广东省技术能手"荣誉称号，被评为"岭南最具价值设计师"，培训中小学教师和中职学生，辅导学生工业设计作品获得广东职业院校创新创效创业大赛特等奖；上海外国语大学附属龙岗学校李春霞老师，软陶、超轻黏土制作和创意能力突出，联通名画欣赏和软陶制作，开发名画欣赏与黏土浮

---

① 迈克尔·勒威克，帕特里克·林克，拉里·利弗. 设计思维手册：斯坦福创新方法论[M]. 高馨颖，译. 北京：机械工业出版社，2019：133.

图 5-2 龙岗区职业技术学校洪梅的《景泰蓝工艺画》,2021年正式出版 　　图 5-3 上海外国语大学附属龙岗学校李春霞的《名画欣赏与黏土浮雕画》,2019年正式出版 　　图 5-4 宋冰的《非遗文化与儿童美术融合教育课程——以深圳鱼灯舞为例》,2020年正式出版

雕画课程,开设全区继续教育课程,培训中小学教师开展创意软陶研究,辅导学生软陶作品获得市、区一等奖,编著《玩捏软陶》、《名画欣赏与黏土浮雕画》(图5-3)。笔者开展近十年非遗文化融入小学教育的研究与实践,第一阶段课程成果《非遗文化与儿童美术融合教育课程——以深圳鱼灯舞为例》(图5-4)2020年正式出版。龙岗区平湖街道辅城坳小学刘建伍老师,3D打印笔制作和科幻创意能力突出,聚焦"仿生动物主题",开展美术与科技的跨学科教学实践,开发3D创绘科幻画课程,辅导学生作品获得市、区一等奖。

(二)创客式学习层

创客式学习层是创客式学习的中间层,决定了教与学的组织方式和学习过程,主要包括问题输入和审美输出两大环节。经历从问题输入到创新设计,再到动手实践,最终实现审美输出的完整过程。其中的问题探究、项目推进、创新设计、跨界融合主要在问题输入环节,而动手实践、协作分享、美感创造主要在审美输出环节。

1.问题输入环节

问题输入环节包含问题探究、项目推进、创新设计、跨界融合四个要素。激发学生的问题意识，即在不同生活情境下思考和发现问题的意识，运用项目式学习方式不断思考并尝试解决问题，在学习策略上需要运用创新设计的方法和跨界融合的思维。这一环节的重点是培养学生的问题意识和创新思维。需要强调的是，这一阶段的问题意识，不是书本和教材中的问题或疑问，而是在具体生活情境中的真问题和现实问题，不是仅仅为了美的、创意的创新思维，而是为了解决问题的创新思维，即在实践中观察生活、发现问题、提出解决思路和方案的行动式思考和创造性行动。问题输入环节基于教师能力层的情境创设和策略支撑模块，情境创设的设计对学生的问题意识和问题质量起到导向作用，策略支撑对学生的思维方式、创新策略和协作能力起到决定性作用。

2.审美输出环节

审美输出环节包括动手实践、协作分享、美感创造三个要素。它要求提升学生的动手能力，遵循美术技巧和规律，运用合适的工具材料，开展个体探究或小组协作，动手实践，敢于试错，最终创造出作品或产品。这一环节的重点是培养学生对工具材料的运用和动手实践能力。

问题输入和审美输出之间是双向联通机制，在项目式学习的基础上，尝试发现和解决问题，不断动手实践，迭代优化，应用于生活，形成具有创意和美感的作品，感受美好生活。尹少淳教授在论述美术教育时提到人类行为的两个阶段——构想阶段与实施阶段。[1]这一观点与创客式学习模型中的两个环节的设计不谋而合。审美输出环节是基于教师能力层的技术支持模块，教师对实践技术的理解和应用能力，将对学生使用工具创造性解决问题的能力起到重要影响。

（三）学生能力层

学生能力层是创客式学习的最上层，呈现了学生最终的学习素养、学习成果和结果，体现了"面向生活 手脑并用 审美创造"的特征，"手"主要指学生的动手实践能力，"脑"主要指学生的创造性思维，两者并重共同指向

---

[1] 尹少淳.尹少淳谈美术教育[M].北京：人民美术出版社，2016：114.

人对美好生活的向往，创造活动让未来生活更美好。以上对应的正是美术学科的五个核心素养：图像识读、美术表现、审美判断、创意实践、文化理解。

> 正如苏霍姆林斯基所说：儿童的智慧在他的手指尖上。

基于创客教育理念的美术课程，运用创客式学习方式能够丰富学生的学习体验，优化学生的学习方式，形成立体的学习成果。创客式学习更要突出美术学科的课程属性和学科价值，必须培养学生的审美素养，以及学生的创新创造能力，这也是学科价值的重要体现。

整体看来，"面向生活 手脑并用 审美创造"的创客式学习过程，突出教师的课程创新能力和综合实践能力，培养学生的创新思维和动手实践能力，教师和学生之间不仅是教与学的关系，更需要建立一种新型的师生关系，即"教学做合一"的师生成长共同体。这是回归生活和指向"创造"的教育，是发现生活之美、创造美好生活的审美课程，体现和发展了陶行知先生"生活即教育"的教育思想。笔者将在下一章中详细阐述两者的关系。

第三节 美术校本课程的结构与内容

课程，指为实现学校的培养目标而确定的教育内容的范围、结构和进程安排。课程结构是课程中的重要元素。基于创客教育理念的美术校本课程，课程结构呈现资源中心式特征，课程包含跨学科的内容，适合开展主题式教学和项目式学习，在课程结构、课程资源、课程主题、课程内容、课程课时等方面，需要建立一套稳定的、有效的课程范式，以此来指导教师开发或优化校本课程。

笔者带领团队成员在2011—2017年期间，开展非物质文化遗产融入学校美术教育的研究与实践，研究报告《利用"非物质文化遗产"创建美术特色学校的研究与实践——以国家级非物质文化遗产"鱼灯舞"为例》获得由教育部主办、厦门市政府承办的全国第四届中小学生艺术展演活动艺术教育论文评比一等奖。作为研究成果的趣味非遗：鱼灯舞和趣味非遗：皮影两个校本课程被深圳教科院评为2015、2016年中小学好课程，并完成优化评审。在探索过程中，形成了课程结构、课程资源转化思路、课程"形态树"、课程创作类型和主题内容以及课程实施学时、内容和计划五要素的课程"基本式"，并通过鱼灯舞、皮影、扎染三个课程开发与六年的课程实施，验证了"基本式"的效果。后又推广至十所学校，共同开展课程实践研究。参与研究的实验校认为，课程开发五要素的"基本式"具有一定稳定性，也具有适用性，可以尝试在更多学校的特色课程开发过程中予以推广实践，探索和优化开发路径，形成"基本式+变式"的课程开发模式。

一、课程结构

结构是系统内各组成要素之间的相互关系、相互作用的方式，是系统组织化、有序化的主要标志。（图5-5）系统的结构可分为空间结构和时间结

图5-5 高层建筑对比图。可以看出，最里面的钢筋混凝土就是建筑的内部结构，而外面拓展出来的钢结构就是外部结构。这两者组成了这座建筑的主体，决定了建筑的整体样貌和功能性，也决定了建筑最终的质量。而右侧的建筑，是已经竣工并投入使用的建筑，因为安装了外墙玻璃幕墙，显得大气、美观，但已经无法看到其主体结构。所以，结构是建筑的内核和本质。对比这张图更容易理解结构的概念

构。任何具体事物的系统结构都是空间结构和时间结构的统一。结构既是系统存在的方式，又是系统的基本属性，是系统具有整体性、层次性和功能性的基础与前提。研究系统的结构和功能，既可根据已知对象的内部结构，来推测对象的功能；也可根据已知对象的功能，来推测对象的结构。[1]

梁思成先生认为，我们的祖先创造了骨架结构法这个伟大的传统。在地形、地质和气候都比较不适宜于穴居的地方，我们智慧的祖先很早就利用天然材料——主要是木料、土与石——稍微加工制作，构成了最早的房屋。这种结构的基本原则，最迟在公元前一千四五百年间大概就形成了，一直到今天还沿用着。[2]这正是结构的重要之处和伟大之处，结构是创新创造的核心。

课程结构就是课程内容要素的组织方式和内部构造。也可以理解为课程的"骨架"。课程设计者按照课程目标和内容的需要，运用一定的组织方式，把不同的领域（学科或跨学科）、主题、活动等元素厘清轻重主次，合理而匀称地加以安排和组织，使其成为一个有机的课程整体。没有合适的结构，就不会有明确的课程形式，课程就缺乏逻辑性和整体性。课程结构与功能密切相关，不同的结构方式，可以产生不同的美感效应。在课程开发的初期，可以设计、参考和借鉴相关的结构图形，形成合适的课程结构，有利于开发者把握课程的整体性。

课程结构是课程的核心骨架，决定了课程开发的基础与特征。资源中心式的课程结构"基本式"，以"美术资源"为核心，以美术学科为主，科技和综合（语文）学科辅助，基于生活情境，以问题为导向，以设计思维为核心培养目标，实施项目式学习。形成以欣赏和绘画为基础，向设计、综合材料（纸、布、泥等）、装置、想象故事（绘本、故事板、思维导图等）、展示表现（剧本表演、科技展示等）、3D打印、编程等拓展和延伸的跨学科、跨种类、多媒体的课程结构体系。（图5-6）参与研究的实验校教师在"基本式"的基础上，探索课程结构的"变式"，形成了自己的校本课程结构，如：

---

[1] 解释源自《辞海》（第七版）"结构"词条。
[2] 梁思成，林洙. 大拙至美——梁思成最美的文字建筑[M]. 北京：中国青年出版社，2007：88.

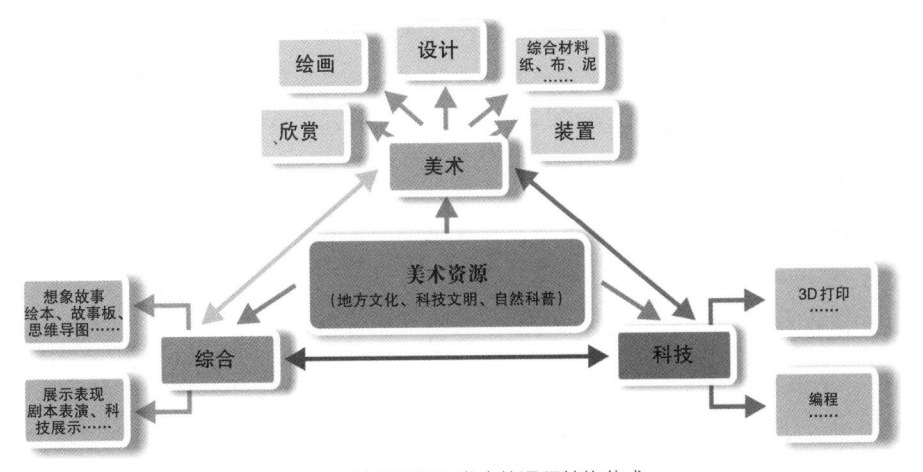

图5-6 校本课程开发中的课程结构范式

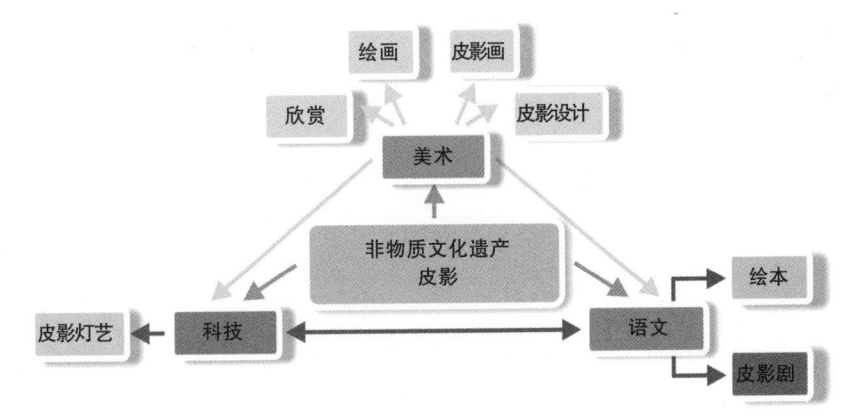

图5-7 龙岗区依山郡小学的趣味非遗:皮影课程结构

龙岗区依山郡小学的趣味非遗：鱼灯舞、趣味非遗：皮影（图5-7）、龙岗区吉祥小学的童趣环创："濒危动物保护"综合材料创作、龙岗区外国语学校的玉兰花开——唯美纸艺等课程都具有独特的结构特点，丰富和完善了课程结构"基本式+变式"的成果。

龙岗区依山郡小学的趣味非遗：皮影课程结构说明：

本课程是资源中心式的课程结构，以"皮影"为核心资源，以美术学科为主，科技和语文学科辅助，以欣赏和绘画为基础，向皮影画、皮影设计、皮影灯艺、绘本、皮影剧等扩展和衍生的跨学科、跨种类、多媒体的课程结构体系。这种课程开发思路具有较强的示范性和普适性，在2015深圳好课程

"鱼灯舞"中，课程组建立了金字塔式的课程开发结构，在此框架下开发出"皮影"校本课程，验证了课程结构的有效性和稳固性，具有较强的应用价值。

龙岗区吉祥小学童趣环创："濒危动物保护"综合材料创作课程结构说明：

本课程突出主题式的课程结构，以"濒危动物保护"为主题，以"环境创意设计"为目标，以创意生活、环境保护为价值理念，在学习方式上注重生本模式和学科融合。以美术学科为主，科学、信息、音乐、文学等学科辅助，运用钉子、棉线、木板、衍纸、颜料（如水彩、油画、丙烯、湿拓、流体）、油画棒、马克笔、瓶子、灯泡、废弃物等材料进行综合探究和实践，呈现综合实践的课程结构特征。课程开发具有较强的示范性和延展性，如果"濒危动物保护"研究主题更换为"植物保护""水资源保护"等环境资源保护内容，同样可以指导开发出系列校本课程，且具有较强的应用价值。（图5-8）

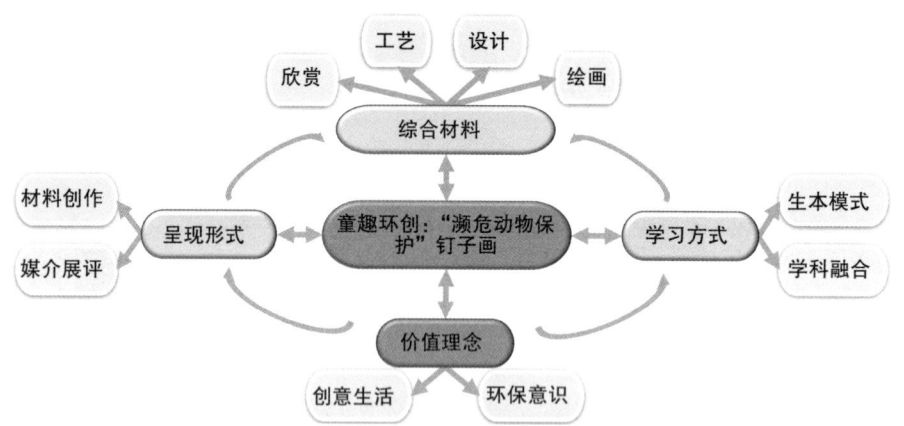

图5-8 龙岗区吉祥小学童趣环创："濒危动物保护"综合材料创作课程结构图

龙岗区外国语学校玉兰花开——唯美纸艺课程结构说明：

本课程是主题中心式的课程结构，是以"玉兰花"为主要内容，以美术学科为主，历史和科学学科辅助，以欣赏和绘画为基础，向剪纸、折纸、刻纸、立体纸工等扩展和衍生的跨学科、跨种类、多媒体的课程结构体系。这种课程开发思路具有较强的示范性和普适性，如果将"玉兰花"研究主题更换为其他任一主题等具有历史文化故事、内容的项目，同样可以指导开发出系列校本课程，具有较强的应用价值。（图5-9）

图5-9 龙岗区外国语学校玉兰花开——唯美纸艺课程结构图

二、课程资源与课程转化思路

课程资源与课程转化思路并不是传统课程论中的内容，在教育实践过程中，笔者发现课程开发中常常涉及课程资源的选择和运用问题。于漪老师注重课程资源的运用，坚持"用教材教而非教教材"，提倡在钻研教材、吃透教材的基础上，慎重选择知识点延伸扩展，不断增强学生的知识储存。如她讲授古诗的意境，就会选择绘画、音乐等领域的资源，还会带学生到花园、美术馆上课，创设立体生动的学习情境。只要是有利于教学的资源，从语文到美术，从校内到校外，她都会巧妙地选择使用。这里的"慎重选择知识点"就是在选择课程资源的切入点，"延伸扩展"就是寻找适合的课程资源，慎重的选择就意味着有原则、有方法、有路径。

在中国知网搜索主题关键词"课程资源""开发"，截至2022年8月，有5061篇文献。如：运用某某资源开发某课程、某某课程资源开发策略、某某资源在某课程中的开发与实践等，都是文献和研究中常见的标题，也是核心的研究与实践路径。课程资源的开发能够促进教师教育认识水平的提升、专业能力和技能的发展、知识结构的优化、合作意识的增强和教学方式的转变，成为教师专业成长的重要推动力，为教师专业成长找到新的途径。[①]研究中小学校本课程资源开发和设计的理论和实践问题，探索具有规律性意义的原理、原则、方法和实践模式，有利于获得和建立校本课程资源开发与设计的理论架构。[②]可见课程资源在校本课程开发中的重要性——课程资源是校本课程开发的重要内容和开发策略。分析相关文献发现，常见的课程资源有中华优秀传统文化、非遗文化、地方文化、革命文化、自然生态、研学旅行、博物馆（美术馆）、体育技能、民间游戏、科技发明等。不难发现，以上资源多是一些文化现象、传统技艺或环境资源，很多都属于人文类和社科类内容，不是系统化、结构化的知识和技能，必须进行课程化的建构。

何克抗教授关注"人文类和社科类"课程的创客教育如何开展，以及这些学科的教学内容与教学模式应如何改革以适应创客教育需求，并非常期望教育者努力去探索、去创造。所以，在校本课程开发中如何将课程资源与学校教育相联系、如何将课程资源与课程内容相联系、如何将课程资源转化在教学过程中，这些都是需要重点研究的问题。

课程资源与课程转化思路决定了课程的建构脉络和发展空间，资源要素的丰富性和联通机制，将影响课程设计的复杂性和完整性。正如联通主义的观点，学习是一个知识网络形成的过程，联通比建构更重要。课程资源与校本课程之间更需要联通，有了联通才能更好地构建，让创客式学习在联通中发生。

（一）创客教育中的课程资源

如上所言，课程资源有很多。如何从诸多的资源中选择或发现适合的，能够运用于创客教育的资源，能够转化为创客课程的资源，就需要对这些资源进行梳理和分析。

如果回顾美术校本课程开发的从绘画中来到设计中去、从平面中来到立体中去、从传承中来到创新中去、从文化中来到生活中去四条路径，我们不

[①] 李定仁，段兆兵. 论课程资源开发与教师专业成长[J]. 教育理论与实践，2005，25（6）：42.
[②] 张廷凯. 校本课程资源开发的整合策略和案例分析[J]. 教育科学研究，2007（1）：37.

难发现，跟设计有关的资源，如建筑类、服装类、环境艺术类、工业类（车辆、机器人、装置等），主要集中在与生活密切相关的设计领域，而绘画、平面设计的资源不适合作为创客教育内容，在前文中已经有详细的论述，这里就不再赘述。跟手工制作有关的资源，如陶艺（软陶）、纸艺（立体书、衍纸、折纸等）、布艺、编织等，跟传统民间艺术或非物质文化遗产有关的资源，如皮影、景泰蓝、鱼灯、风筝、剪纸、泥塑等，跟新技术、新工具有关的资源，如3D打印、激光切割等，都可以转化为创客课程的资源。联通主义认为学习中的联通比建构更重要。同理，课程资源的联通比建构更重要，没有恰当的资源联通可能无法产生良好的学习联通。对比课程资源与开发路径关系图，能够发现设计类资源、传统民间艺术或非遗文化类资源与四条路径都能够联通，联通越多意味着可能性越大，开发的空间就越大。这个关系就可以作为选择资源的重要依据。它们之间的关系如图5-10所示。

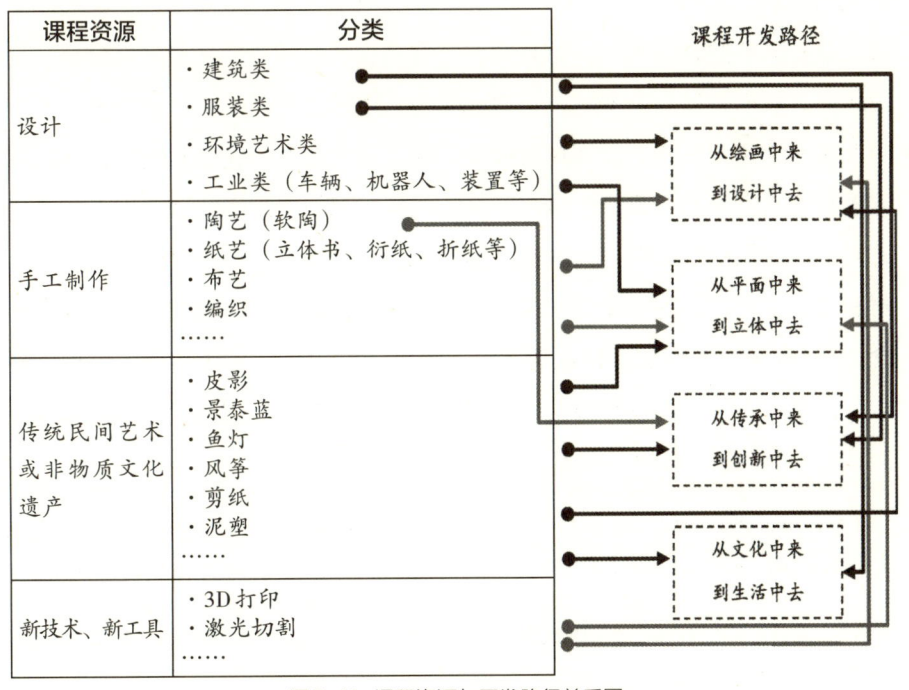

图5-10 课程资源与开发路径关系图

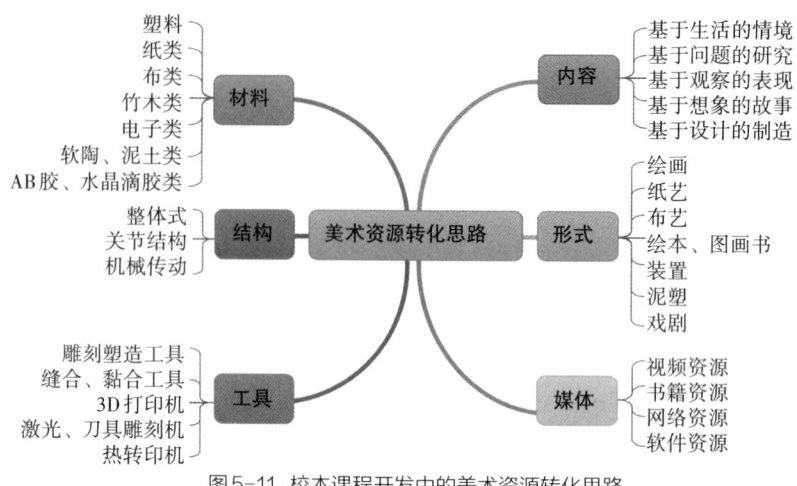

图5-11 校本课程开发中的美术资源转化思路

（二）课程资源转化思路

运用创客教育的理念，整合地方文化、科技发明、自然科普等作为美术资源开发校本课程时，需要从材料、结构、形式、内容、工具、媒体六个方面进行转化。（图5-11）中国古代设计美学重要文献《考工记》[①]中的美学观点是：天有时，地有气，材有美，工有巧，合此四者，然后可以为良。材美工巧，然而不良，则不时，不得地气也。中国当代哲学家、美学家刘纲纪对此阐述：工业设计不但要材料精美、加工技艺巧妙，还要和地气结合。不同的地方有不同的气候，所以有不同的材料，每一个地方的设计都有它的地方特点。[②]中国的陶瓷、实木家具等艺术就充分体现了"天有时，地有气，材有美，工有巧"的中华美学观点。笔者认为，基于创客教育理念的课程理念，"材有美"体现在材料运用之妙、之美，"工有巧"，则包含了结构、形式、内容、工具、媒体等要素，而"天有时，地有气"在当代可以理解为空间、时间、地理、环境等要素。

[①]《考工记》，又称《周礼·考工记》，是先秦古籍中的科学技术著作，是目前所见年代最早的手工业技术文献，是研究中国古代科学技术的重要文献。据考证，是春秋末齐国人记录手工业技术的官书。书中提出"天时，地气，材美，工巧"四要素的技术观，明确标志了中国古代技艺的价值判断，堪称中国古代造物评判的重要标准。以上参考：戴吾三.考工记图说[M].济南：山东画报出版社，2020：1.

[②] 刘纲纪.设计美学寄语[J].设计艺术研究，2018，8（6）：1.

以北宋时期景德镇窑青白釉注子注碗（图5-12）为例①。在安徽博物院官网中，这件器物的介绍文字如下：

景德镇窑青白釉注子注碗

年代：北宋

尺寸：高27厘米，壶底径8.5厘米，壶口径3.5厘米，温碗底径8.5厘米，口径17.1厘米

1963年安徽省宿松县北宋元祐二年（1087年）墓出土

温壶是宋代盛酒和温酒用具，由注子和注碗组成。注子为小口、直颈，颈下肩上饰一周覆莲瓣纹，斜折肩，六棱形腹，前置上扬的细流，与壶口齐平。

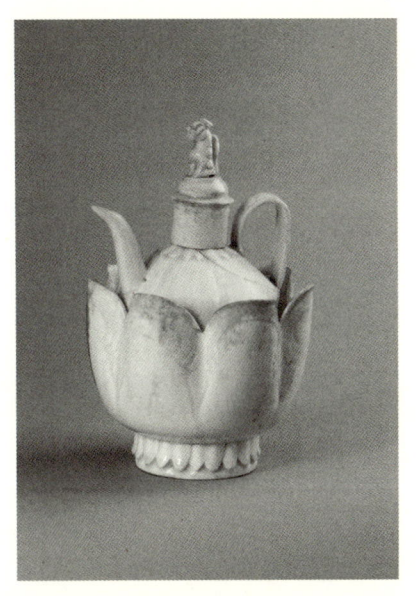

图5-12 北宋景德镇窑青白釉注子注碗 安徽博物院藏

后置带式曲柄，高圈足。套盖，盖顶蹲一狮，昂首翘尾，富于装饰趣味。注子表面施青白釉，釉色光润明亮，有冰裂纹。注碗为一朵仰开的莲花，共计七瓣，在相邻两个莲瓣接合处饰如意纹。碗下承以高圈足，圈足外装饰覆莲纹。温碗内底尚留有五个支钉痕，正好与注子底部的支烧痕吻合，说明执壶与温碗是成套烧制的。执壶坐于温碗中，肩以下均没于碗体之中，肩以上露出碗外，可以看到前翘的注嘴与后仰的高把手和直口及盖，以及突出盖上的蹲狮。器型稳重，构图富于变化，整体呈现出和谐完美的艺术造型。

笔者将这段文本进行分解重构后，感觉更容易理解这些元素之间的关系。

1. 材有美。指材料以陶土、釉料为主。施青白釉，釉色光润明亮，有冰裂纹。

---

① 图片和文字资料来自安徽博物院官网。注子注碗，也名"注子温碗"，是流行于五代至宋代的温酒器具，由注子（执壶）和温碗配套使用，将盛酒的注子放入装着热水的温碗内，起到温酒的作用。

2.工有巧。主要有结构、形式、内容、工具、媒体五个要素。

（1）结构，理解为温壶由注子和注碗两部分组成，这是关键结构，也决定了它的功能。注子为小口，直颈；前置上扬的细流，与壶口齐平；后置带式曲柄，高圈足；套盖，盖顶蹲一狮。注碗为一朵仰开的莲花，共计七瓣；执壶坐于温碗中，肩以下均没于碗体之中，肩以上露出碗外。这里是两个器物之间的高度差，是为了让注子的大部分能够浸泡在温水中，起到良好的温酒功能，这正是关键的结构和功能。温碗内底有五个支钉痕，正好与注子底部的支烧痕吻合，说明执壶与温碗是成套烧制的。这里既是结构关系，又体现了烧制的工艺。前翘的注嘴与后仰的高把手和直口及盖，这里描述的是注嘴和把手的高度关系，从结构上来讲，这两者的高度差也决定了注嘴出水的流畅性，以及持壶时手指和手腕稳定但又不用太费力，其中隐含了重心、力矩、连通器等科学原理——好的设计一定是让人用起来更加舒服的。结构对应的是功能，没有好的结构就无法实现好的功能。这正是结构和功能的难点问题，因为需要经验和反复地试验和试错，才能找到最佳的解决方案。

通过以上分析，结构才是造物过程中"成品"环节的核心问题，这也验证了笔者在之前提出的假设：结构不仅是物的关键，更是思维的关键。

（2）形式，理解为主要形制和纹样，整体以莲花为主要的造型元素。即为了结构和功能，起到美化作用的造型手法。如果改变这些形式元素，不会对结构和功能产生重要影响。具体如下（图5-13）：

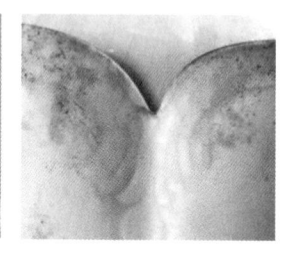

图5-13 景德镇窑青白釉注子注碗(局部)

·注子，直颈，颈下肩上装饰一周覆莲瓣纹。斜折肩，六棱形腹。在这里都是与注碗莲花的造型相呼应，保持统一性。试想，如果把莲花的元素换成其他，如桃花、牡丹、菊花等，亦不会影响温壶的功能与使用。

·套盖，盖顶蹲一小狮子，昂首翘尾，富于装饰趣味。如果把小狮子换成其他动物或者形象，如朱雀、玄武等，不影响温壶的功能与使用。

·注碗为一朵莲花，共计七瓣，在相邻两个莲瓣接合处装饰如意纹。最下方是高圈足，圈足外装饰覆莲纹。

·整体看这个器型稳重，构图富于变化，呈现出和谐完美的艺术造型。这更是典型的形式美感描述。

在保证结构和功能的基础上，对形式元素进行改变和创新，亦可以形成新的设计产品。从古人的设计中汲取智慧，更是中国人的设计思维。

（3）内容，在这里可以理解为功能的设计思路与理念，即为什么这样设计。它是宋代盛酒和温酒用具，为了方便人们饮酒，可以保持酒的温度，让人喝得更有暖意、更加惬意。这正是"以人为本"的设计理念，从古至今从未改变。思维导图中"内容"下的"五个基于"：基于生活的情境、基于问题的研究、基于观察的表现、基于想象的故事、基于设计的制造，在这里体现得非常充分。

人在生活中有需求，然后就产生了问题，通过观察思考，做出初步的判断，进行大胆的想象，实施不断的尝试，通过一定的迭代优化，最终完成了设计制作，满足人的生活需求。

这就是古代匠人的思考和制作过程，也正是今天创客活动的全过程！同根同源，异曲同工！什么是工匠精神？除了精益求精、追求极致之外，不要忽略了其中所蕴含的"师法自然"的中华美学精神和"以人为本"的设计智慧。

设计思维从中华传统文明中来，走向现代与未来！

无论古今中外，设计都是为人的需求服务的。所以，"工有巧"中的内容可以理解为以上观点，这也是设计思维的核心价值。

（4）工具，是制作陶瓷器的关键。大型工具如轮车、陶车、拉坯机、釉缸、窑炉等，小型工具如木杵、木臼、木拍、木刮、毛笔、竹刀、针刀等，这些都是制作陶瓷器的必备工具。无论是古代还是现代，工具都是发展的重要元素。

使用工具、优化工具、创造工具，是磨砺双手、锤炼品格、训练思维的第一步，是达成"心手合一"的关键所在。

（5）媒体，可以理解为工具书或图样。在古代，工匠学习技艺主要以口授相传，除了动手制作之外，还必须研究和学习器物的造型样式，成为工匠也要经过一定的知识学习，如拉坯方法、制作流程、烧制工艺、釉料配置等。特别是古代官窑的瓷器供宫廷所用，必然对器形、形制、用途等有着规范而系统的要求。遵照这些要求，将器形、形制、纹样等以图样的方式绘制成册，供工匠参考学习制作，供监工对照审查验收。据说，宋徽宗非常推崇夏商周三代的青铜器，他把宋瓷的器形设计成青铜器的形状。不难想象，皇帝设计的器形，必然会先制作出设计图样，然后才能送到官窑供工匠对照烧造，没有图纸肯定是不可能的。所以，为了技艺的传承，一部分工具书和图样才能够流传至今。《考工记》一书中有先秦大量的手工业生产技术、工艺设计资料，记载了一系列的生产管理和营建制度，也包含当时的思想文化观念，是研究中国古代科学技术的重要文献。[1]中国古代最有名的百科全书式的著作——《天工开物》[2]，也被外国学者称为"中国17世纪的工艺百科全书"，这是世界上第一部关于农业和手工业生产的综合性著作，全面系统地记述了中国古代农业和手工业的生产技术及经验，是中国古代一部综合性的科学技术著作，具有重要的科学价值。《天工开物》中就记述了中国古代陶瓷、砖瓦、钢铁等的制作技艺和流程。（图5-14）

书籍是古今社会传播知识、技能与文化的重要媒体，今天的书籍早已超越了纸质和实物的样态。在教育中，数字媒体成为现代化的、重要的学习资源。

---

[1] 戴吾三. 考工记图说[M]. 济南：山东画报出版社，2020：1.
[2]《天工开物》，明宋应星著。初刊于崇祯十年（1637年）。分三编，较全面系统地记述了中国古代农业和手工业的生产技术及经验，并附有大量插图。上编包括谷类和棉麻栽培、养蚕、缫丝、染料、食品加工、制盐、制糖等；中编包括制造砖瓦、陶瓷、钢铁器具、建造舟车、采炼石灰、煤炭、矾石、硫黄、榨油、制烛、造纸等；下编包括五金开采及冶炼、兵器、火药、朱墨、颜料、曲药的制造和珠玉采琢等。对原料的品种、用量、产地、工具构造和生产加工的操作过程等记载都很详细。作者通过实地观察研究，对古代的生产技术成就进行了总结，具有重要的科学价值。解释源自《辞海》（第七版）"天工开物"词条。

图5-14 《天工开物》中的陶瓷烧造技艺：瓶窑连接缸窑

3.天有时，地有气。其一，理解为"一方水土造一方物"，不同的地方有不同的气候，所以有不同的材料和制作工艺，每一个地方的造物都有它的地方特点。于是，就有了汝窑、官窑、哥窑、定窑、钧窑宋代五大名窑，就有了洮砚、端砚、歙砚、澄泥砚四大名砚。其二，就是常说的"天时地利"，在古代烧制陶瓷器必须要看天、看火、看人，择日入窑、择机点火、择时开窑，无不体现了"天有时，地有气"的概念。其中的"看"和"择"，基于匠人师傅长期的实践经验和积累，是人对外部因素和环境的认识和理解，在"天有时，地有气"中抓住时机，以达成造物之成功。"师法自然"也好，"天人合一"也好，都是中国工匠最朴素、最本质的造物观。放在今天，即使是用高度现代化的烧制窑炉，也不能保证每一件器物都能烧制成功。其中有人为的因素，有机器设备的因素，也有无法完全掌握的天时与地利。现代科技已经是如此发达，但无论中外航空航天计划中发射火箭、飞行器，每一次都要寻找"发射窗口"[1]。所谓窗口，就是在天地之间寻找最合适的时机。

---

[1] 航天器发射窗口，亦称"航天器发射时机"。允许航天器发射的日期、时刻及其时间区间。主要决定于航天器任务和条件因素。条件因素主要有：天体运行轨道、航天器轨道、地面跟踪测轨、航天器工作条件（如太阳能电源供电量、热控制、姿态控制），以及遥感目标的太阳高度角等。分析各种条件因素的效应后，经综合平衡而确定。解释源自《辞海》（第七版）"航天器发射窗口"词条。

"天有时，地有气"是大环境，"顺天应人"是真功夫。

于是，天有时，地有气，材有美，工有巧，合此四者，然后可以为良。这是中国古人的智慧。用好古人的智慧，激发出新的智慧活力和创新潜力，也是中国创客教育的使命所在。

（三）课程资源的六个核心要素分析

在创客教育中，材料、结构、形式、内容是核心要素，决定美术课程的主要框架、内容和实施路径，工具和媒体是辅助要素，可以为课程转化和实施提供有力支撑。

学校在开发课程的过程中，立足于校情（空间、师资、学生、硬件、经费），可以先从材料、结构、形式、内容四个核心要素中选择切入点，之后选择合适的工具和媒体，不断优化美术校本课程开发的思路。

1.校本课程中的"材料"研究

材料，就是可以直接制为成品的东西。创客教育有一个重要的目的，就是创造性地"造物"。造物就必须研究材料，会用材料，用好材料。《考工记》中的"材美"，是肯定人对材料质地品性的选择，要求工匠根据实际需要去主动地认识材料的美（包含物理、化学性质）。而"工巧"，就更多的是对人的创造才能的肯定。[1]20世纪美国建筑大师赖特说：每一种材料有自己的语言，每一种材料有自己的故事。对于创造性的艺术家来说，每一种材料有它自己的信息，有它自己的歌。中国美术学院教授王澍认为，只有理解材料的本质的人，才能使用材料并创作艺术。设计师赋予材料以形式，使其具备实用功能，并发展出新的表现风格。材料与设计密切相关，材料呈现出设计的物质实体，设计使材料具有功能和新的价值。[2]所以，以材料作为课程资源转化的第一要素，其重要性不言而喻。材料是现实生活中所有发明创造、生活用品的物质基础，对材料的研究和使用，不仅能培养学生的材料意识和动手能力，更能培养他们的经济意识、责任意识和环保意识。在真实的

---

[1] 戴吾三.考工记图说[M].济南：山东画报出版社，2020：136-137.
[2] 2018年2月，英国国立维多利亚与艾伯特博物馆（V&A）在深圳海上文化艺术中心举办"设计的价值"展览中的观点。

企业中，材料是成本控制的关键要素，没有一个创新型企业不重视材料的研发和成本的控制，没有材料研发和成本控制，手机、汽车、家电等产品不可能量产普及，不可能让多数人都用得起。更加急迫的问题是，现代社会已经面临严峻的污染问题，其中最关键的就是大量浪费和生产生活垃圾，一方面要提倡节约减少浪费，另一方面还要从根源上解决材料问题，使用可降解、可回收的材料。伦理和道德因素使材料与设计的关系变得愈加复杂。设计师必须更全面地考虑材料可能造成的后果，包括开采和生产过程是否合乎准则，材料回收和再利用的前景，及其对环境的整体影响。（图5-15）[1]这些正是将材料作为课程资源和研究对象的教育意义。

图5-15 设计工作室 Studio Formafantasma 在"园艺容器"项目中对树脂、橡胶、虫胶、木材和动物产品等天然聚合物进行试验，以生产出独特的"天然"塑料制品

何克抗教授提出，在中西部经济欠发达地区和贫困地区，即使在没有创客空间或目前暂时还没有条件建设创客空间的地区、学校，也要充分利用开放性资源及身边（或本校）的可重复使用元器件来积极开展创客活动与创客教育。[2]这对材料和资源的使用提出了客观、中肯的指导建议。在学校教育中，不考虑材料因素，让学生不计成本，甚至浪费材料进行创新创造，均背离了创客教育的初衷。

课程案例

在区域代表性的校本课程中，挖掘新旧材料特性进行创新应用的有龙岗区天誉实验学校钟惠娜的变废为宝：废纸的创意制作、龙岗区龙城小学杜少华的

---

[1] 2018年2月，英国国立维多利亚与艾伯特博物馆（V&A）在深圳海上文化艺术中心举办"设计的价值"展览中的观点和图片。
[2] 何克抗. 创立中国特色创客教育体系——实现"双创"目标的根本途径 [J]. 中国教育学刊，2017（2）：54.

图5-16 龙岗区天誉实验学校钟惠娜开发的变废为宝：废纸的创意制作课程，学生演示废纸回收过程

材料创意、龙岗区外国语学校陈楚洪的玉兰花开——唯美纸艺、龙岗区依山郡小学黄俭与艾丽娜的趣味非遗：皮影和黄曼的印染花布——扎染、龙岗区甘李学校林玲的创意编织、龙岗区职业技术学校洪梅的景泰蓝工艺画、上海外国语大学附属龙岗学校李春霞的创意软陶等课程。这些课程都充分体现了材料创意，多数课程使用的材料都是成本较低的纸、毛线、布料等，还有回收的废旧材料。其中，黄俭、艾丽娜的趣味非遗：皮影，寻找到价廉质优的"皮影纸"代替传统动物皮质，材料可画、可剪、可刻，拓展性很强。钟惠娜的变废为宝：废纸的创意制作，开发了一套纸张回收再制作的工艺流程，用常见的碎纸工具、搅拌机、乳胶等实现废纸回收再利用，创作出各种创意作品。（图5-16）

　　2.校本课程中的"结构"研究

　　这里的结构，指的是造物过程中的联结构架。结构对应的是功能，没有好的结构就无法实现好的功能。榫卯结构主要用于木材，各个木质构件之间的节点借助榫卯相吻合，构成富有弹性的框架，广泛用于中国木结构建筑和中式家具，是中国人的智慧。蒸汽机主要由汽缸、底座、活塞等部分组成，是将蒸汽的能量转换为机械功的往复式动力机械，它是第一次工业革命时代最伟大的创新。潜艇结构运用了仿生学的原理，海洋中的鹦鹉螺内部有许多腔室，这种独特的结构决定了鹦鹉螺的沉浮，这启发了潜艇的发明，正因如此，世界上第一艘核潜艇被命名为"鹦鹉螺号"。在中国载人航天工程中，

航天服的设计体现了材料、结构、人体工程等综合学科知识。在舱内航天服的关节结构设计上，运用了仿生学的原理，据说设计师就是从虾的背部结构获取灵感，设计了既安全又具有灵活性的肩部结构。2021年7月，中国空间站航天员首次出舱活动，穿着第二代舱外航天服。中国航天员中心航天服工程室主任、航天员系统副总设计师张万欣在央视的采访中介绍，舱外航天服相当于一个微型的载人航天器。航天服最上面是一个头盔，面窗有四层结构，从内往外，内部两层是压力面窗，中间充氮气，起到防结雾、隔热的作用，第三层是防护面窗，受到损伤还可以在轨更换，最外面是滤光面窗，航天员可以根据阳照区、阴影区分别放下和打开。[1]以上设计充分体现了结构的重要性，结构与功能相对应，目的是实现更好的功能服务。

人类文明发展至今，这些发明创造推动着社会的发展与进步。难以想象，发明创造中如果没有结构研究与创新，人类在地球上会是怎样的生存和生活状态。从建筑到家电，从航天器到潜水艇，都无法立起来、动起来、亮起来、飞起来，无法为人类提供更安全、更舒适的生活和工作体验。所以，研究物的结构，不仅能培养人的动手实践能力，更能培养人的结构思维、整体思维和创新思维。

乐高类玩具为什么深受儿童喜欢？就是抓住了结构多变的特征，发挥组建标准化、模块化的优势，让孩子成为结构师、建造师。大量相同或相似结构的乐高组件，通过结构件连接，造型千变万化，再通过滑轮、齿轮、传动轴等传动结构件，就可以动起来、转起来。这就是结构的独特魅力。中国空间站以天和核心舱为中心，连接问天实验舱、梦天实验舱，三舱形成"T"字结构，不正如一个大型的乐高吗！（图5-17[2]）"结构"研究是创客教育的重要内容，值得教育者长期深入探究。

---

[1] 东方时空. 中国空间站航天员首次出舱活动圆满成功·舱外航天服[EB/OL].（2021-7-4）[2022-8-8]. https://tv.cctv.com/2021/07/04/VIDE8G7JM0oMDHseQCqRnV3D210704.shtml.
[2] 新闻频道."问天"启航筑梦天宫 | 中国空间站建造阶段将经历多次"变型"[EB/OL].（2022-7-25）[2022-8-8]. https://news.cctv.com/2022/07/25/ARTIgk9r0J8kDQlCTrUB5EdC220725.shtml.

图5-17 中国空间站三舱形成"T"字结构

课程案例

在区域代表性的校本课程中，探索产品结构功能，进行创意制作的有龙岗区辅城坳小学刘建伍的3D创绘科幻画课程、龙岗区第二职业学校黄中文团队的3D打印设计发明创意课程、龙岗区丹竹头小学蒋智文的3D打印与创意发明、龙岗区依山郡小学黄俭与艾丽娜的趣味非遗：皮影和黄曼的印染花布——扎染、龙岗外国语学校陈楚洪的玉兰花开——唯美纸艺、龙岗区甘李学校林玲的创意编织（图5-18）、龙岗区职业技术学校洪梅的景泰蓝工艺画等课程。其中刘建伍的3D（打印笔）智创美术运用3D打印笔这种易于操作、成本较低的现代工具，培养学生的立体思维，从平面设计图到立体科幻造型，探索作品结构功能，让作品动起来、亮起来，充满创意。黄俭、黄斌的趣味非遗：皮影，探寻皮影的结构魅力，让皮影通过结构连接动起来，与绘本结合动起来，与3D打印结合立起来。（图5-19）这些案例都充分展现了结构研究的可能性与创新性。

3.校本课程中的"形式"研究

形式，在这里主要是指作品的创作呈现形式。形式通常为内容服务。形式与材料有密切关系，往往材料也决定了艺术的呈现形式。这里主要包含常见的几种艺术造型形式，如绘画、纸艺、布艺、绘本、陶艺、装置、泥塑等。在美术类校本课程中，通常都会选择各类艺术造型作为重点，因为这也是美术教师最擅长和最容易把握的。从学生角度看，儿童多形象思维，首先

图 5-18 龙岗区甘李学校林玲开发的创意编织课程成果　图 5-19 龙岗区依山郡小学的趣味非遗：皮影课程成果　学生作品：《和平灯》(皮影+3D打印)　指导教师：黄俭、黄斌

对事物是感性认知，形式美的、精妙的艺术表现形式最有可能受学生欢迎，能够激发他们的兴趣，吸引他们的注意。在中小学教育中，课程的吸引力很重要。所以，常见的或者新颖的艺术造型形式，都可以作为创客类课程进行开发。多数美术类创客课程，也都是从这里切入的。需要注意的是，美术课程要体现创客式学习，必须要加入"材料""结构"的研究和创新，这能够帮助教师和学生打破思维定式，在材料和结构的探索中持续思考和创新。所以，形式研究不是形式化，不以美或不美的造型为单一评价标准，而是以结构、功能和内容作为评价标准。

之前案例中都涉及艺术形式，如纸艺、绘本、陶艺等相关内容已经有描述，这里就不再展开。

4.校本课程中的"内容"研究

内容，这里主要是指课程设计的主题和内容。内容应该具有长期性、阶梯性、整体性，也应该注重生活化、儿童化、趣味化，站在儿童的角度思考内容的设定。在美术校本课程中，一旦有了明确的材料和形式，主要就是考虑课程内容的设定。可以进行"五个基于"的发散思考，围绕基于生活的情境、基于问题的研究、基于观察的表现、基于想象的故事、基于设计的制造等内容要素，进行优化组合，设计出创作主题和内容。

（1）基于生活的情境。如为亲人设计制作纪念品，为同学生日设计制作礼物，为某个节气或传统节日设计制作一件物品等。

（2）基于问题的研究。如改造家庭中的一个用品让它更实用，关注身边的环境污染现象并提出改造计划等。

（3）基于观察的表现。如欣赏世界名画并尝试用多种材料表现出来，或者进行Cosplay、戏剧表演，对小区的树木做一份自然观察笔记，观察一种昆虫并用黏土或者其他材料制作出来等。

（4）基于想象的故事。如了解区域文化或者神话传说并据此创作绘本或连环画，看科幻小说并用多种材料创作一个小说中的场景等。

（5）基于设计的制造。如为自己设计并制作一件服装，用3D打印为班级改造粉笔盒，等等。

这些内容的设定，都可以作为课程开发的思路。"五个基于"帮助教师拓展思维，从不同的角度思考课程内容，它们之间也可以相互交叉，形成焦点，提供更多选择的空间。

课程案例

在区域代表性的校本课程中，从单一内容要素出发，开发主题课程内容，开展主题性教学和项目式学习的有龙岗区外国语学校的玉兰花开——唯美纸艺，开展学校校花玉兰花的主题式学习；龙岗区吉祥小学的童趣环创："濒危动物保护"综合材料创作，开展濒危动物保护的主题式创作；上海外国语大学附属龙岗学校的创意绘画：名画欣赏与黏土浮雕画，开展中外名画欣赏与制作的主题性学习；龙岗区如意小学的二十四节气童趣剪纸与创意服饰，以二十四节气为主题开展项目式学习与制作；龙岗区依山郡小学的趣味非遗：皮影课程，实施绘本创作与皮影表演的项目式学习。

模型分析

以上是从五个具体问题分别来看，如果把"五个基于"看作一个整体，正如"景德镇窑青白釉注子注碗"案例分析中所阐述的那样，我们发现基于生活的情境、基于问题的研究、基于观察的表现、基于想象的故事、基于设计的制造形成了完整的设计思维流程：人在生活中有需求，然后就产生了问题，通过观察思考，做出初步的判断，进行大胆的想象，实施不断的尝试，通过一定的迭代优化，最终完成了设计制作，满足人的生活需求。（图5-20）

图5-20 "五个基于"整体化实施线性流程图

这也是笔者所理解的创客式学习的学习流程，从生活出发最终又回到生活，一切创客活动都应该从生活出发，为了更美好的生活，这才是创客教育的最大价值。（图5-21）

需要注意的是，这里的生活并不是狭隘的个人生活和日常生活，而是包含了一切为了现在和未来人类发展、国家强盛、社会进步、个人和家庭幸福的劳动与生产生活。

培养学生从"小我"的生活着眼，向"大我"的生活探索，实现个人与家国命运的一体，共担"构建人类命运共同体"的美好愿景，共同创造美好的生活、美好的未来。

从"五个基于"整体化实施螺旋式流程图（图5-22）可以看出，从生活出发最终又回到生活，不是简单和重复的活动，而是螺旋式上升。这恰恰体

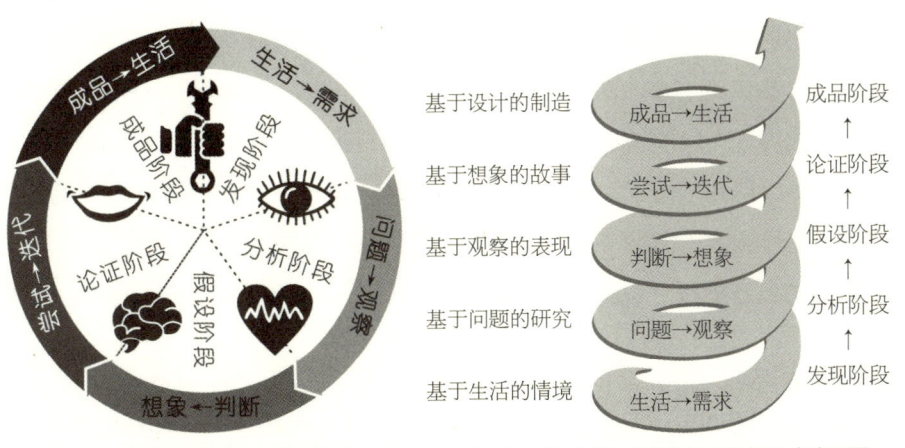

图5-21 "五个基于"整体化实施环形流程图　　图5-22 "五个基于"整体化实施螺旋式流程图

现了辩证唯物主义的基本规律:

事物由于内部矛盾所引起的发展是螺旋式、波浪式前进上升的过程。任何事物的内部都有肯定和否定两方面,在事物发展的总过程中,一般经过两次否定,即从肯定到否定,又从否定到否定之否定,才能反映出发展的周期性。这时往往重复出现肯定阶段的某些特征、特性。这不是简单的重复,而是在更高基础上的重复;不是单纯的循环运动,而是由低级到高级、由简单到复杂的无限发展过程;不是直线式的,而是曲折的、螺旋式、波浪式的前进上升运动。[①]

创客教育要想培养人的创新思维和动手实践能力,必然要遵循辩证唯物主义的规律,这样才能实现真正意义上的提升——螺旋式、波浪式前进上升。

设计案例

在中国航天服的研发过程中,就充分体现了"五个基于"整体化实施的流程。在神舟十一号载人飞行任务中,航天员景海鹏、陈冬在地面穿上了新设计的秋冬常服、常服大衣和夏靴,在太空穿上了新设计的休闲服、实验服和运动服。普通人看到的是航天服的外观,设计师却更关心材料、结构、功能、舒适性等看不到的地方。舱外航天服设计成白色,是为了反射太空中的各种辐射,保证航天员的生命健康。航天员秋冬常服上V形图案的角度和S形嵌条的弧度、颜色搭配、材质选用,经历了数十轮的修改。航天员反映常服靴子有点沉,设计师通过更换材质、打孔处理等手段,给每只靴子减重;穿着舱内压力服训练结束后,有航天员说通风管有点压身体,设计师推翻原有设计,重新选材,规划管路,解决了这个问题,还提高了气密性和安全性;在舱内工作服的地面设计中,由于重力下垂,航天员穿着的连体服非常美观合体,但到了太空失重环境,服装却随之飘起来,对此,设计师在航天员在轨工作服内部增加了可调节松紧装置,既不影响工作服功能,又展现了航天员的良好形象。[②]从需求出发,发现问题、分析问题、解决问题,这正

[①] 解释源自《辞海》(第七版)"否定之否定规律"词条。
[②] 科技频道. 揭开中国航天服鲜为人知的"秘密"[EB/OL].(2016-11-10)[2022-8-8]. http://news.cctv.com/2016/11/10/ARTIK3ahNg0rCII8GEsi4nHl161110.shtml.

是创客教育的目的所在。

课程案例

在区域代表性的校本课程中，龙岗区辅城坳小学刘建伍的3D创绘科幻画课程，带领学生开展了完整的创客式活动：引导学生思考现实生活中的污染问题，绘制科幻画作品；仿照动物的特征设计造型，用超轻黏土制作动物模型，操作3D打印笔制作模型，设计静态场景，安装电子元器件形成声光动融合，完善设计创意作品；运用编程设计动态场景，安装仿生动物编程模块，优化仿生机器人设计。（图5-23）龙岗区第二职业学校黄中文团队的3D打印设计发明创意课程，带领学生围绕生活中的日用品，从用户需求和使用体验出发，发现吃火锅时用勺子与漏勺的频率很高，桌子上多个勺子很影响用餐，展开大胆想象设计出左边漏勺右边汤勺各一半的造型，之后在电脑上运用3D软件建模，3D打印模型后对照修整电脑中的模型，不断迭代优化，制作原型手板，最后成功申请了产品外观专利，并投入公司量产。

图5-23 龙岗区辅城坳小学3D创绘科幻画课程学生作品绘画稿(左)、3D打印作品《海底智能收集器》(中)、计算机编程模块安装(右) 指导教师：刘建伍

5.校本课程中的"工具"研究

工具，即生产过程中用来加工制造产品的设备、器具。人之所以为高级动物，是因为人能够制造和使用工具。传统工具有剪刀、刻刀、雕塑刀等，新工具有热转印机（图5-24）、3D打印机（图5-25）、激光雕刻机、热熔枪、粉碎机、烤箱等。设计制作不同的物品，使用不同的材料和结构，亦需使用不同的工具。陶行知先生说：教育是什么？教育是教人发明工具、制造工具、运用工具，这才是真教育，才是真生活。[①]所以，"工具"研究作为课

---

① 周洪宇.陶行知教育名篇精选[M].福州：福建教育出版社，2013：58.

图5-24 龙岗区如意小学童趣剪纸与创意服饰使用的热转印机（2019）

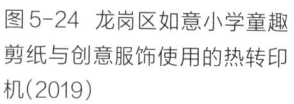

图5-25 龙岗区依山郡小学使用的3D打印机（2017）

程开发的一个要素，在课程开发与实施环节，不仅要引导师生使用工具，还要引导他们学会改造工具、创造新工具。需要注意的是，不能狭隘地认为创客教育就是要使用新工具和新设备。运用传统工具的创新创造，与运用新工具的创新创造同样重要。

课程案例

在区域代表性的校本课程中，运用现代工具和设备进行创新应用的有龙岗区辅城坳小学刘建伍的3D创绘科幻画、龙岗区第二职业学校黄中文团队的3D打印设计发明创意、龙岗区如意小学钟碧如的童趣剪纸与创意服饰、龙岗区丹竹头小学蒋智文的3D打印与创意发明等课程。其中，童趣剪纸与创意服饰主要运用的是热转印机和热转印纸张材料，改变了传统剪纸艺术的材料和工艺，并将其运用于服装服饰的创意设计和制作。

6.校本课程中的"媒体"研究

媒体，指交流、传播信息的工具。在这里是一个广义的概念，包括互联网资源、数字媒体、书籍、软件等。当今社会已经进入5G时代，数字媒体是主流，运用好数字媒体，是优化课程设计的重要手段。数字媒体不仅是课程资源，也指向教师、学生的媒体意识和信息素养的培养。互联网+数字媒体已经成为不可或缺的教育平台和资源。这里讨论媒体，不仅是获取和使用的概念，还包括制作"自媒体"，成为资源的制作者和传播者。我们看到，抖音、快手等短视频占据了人们的休闲生活，不仅有大量的官媒，如：人民日报、中国美术馆、中国人民革命军事博物馆、中国国家地理等开设抖音号或快手号，发挥宣传、教育、推广等功能；还有诸多的艺术家、收藏家等，如史国良、方力钧、马未都等，开设自媒体传播艺术作品、艺术精神，普及艺术知识；还有更多的普通人，如李子柒、木匠哥、手工耿、朱炳仁等，利用自媒体平台传播民族文化、地方民俗、传统技艺，甚至是脑洞大开的奇思妙想。让数字媒体更好地发挥教育功能，成为新时期教育者的新课题。一方面，教师要善于制作微课和微视频，特别是技巧性的、操作性的、过程性的教学内容——适合用微课或微视频的方式呈现，形成个人的教学资源库；另一方面，教师可以关注自己感兴趣的官方公众号、专业短视频平台和自媒体平台，通过对这些资源的筛选、梳理和加工，将各类长短视频变成学习资源；除此之外，在教师的指导下，学生还可以在学校或者家里录制作品的制作视频、介绍视频，将这些视频上传至班级圈、云课堂。以上这些，都是基于"媒体"的研究，我们应充分运用好数字媒体资源，进行分类设计、制作、整理和优化，逐步形成运用于校本课程的数字课程资源库。正如日本设计师原研哉所说：媒体数量增多并向多元化方向发展，交流的方式也随之多样化。交流设计的使命就是要把这些媒体合理整合。设计要做的，是将它们放到一个宽阔的视野中综合地加以利用。设计的作用在于探寻媒体的本质。[1]

课程案例

在区域代表性的校本课程中，运用信息化媒体资源辅助教学，开展微课教学和视频展示的有龙岗区天誉实验学校的变废为宝：废纸的创意制作、龙岗区辅城坳小学的3D创绘科幻画、龙岗区依山郡小学的趣味非遗：皮影等课程案例。它们均制作了微课教学视频，录制了学生作品展示视频，形成了课程资源库。天誉实验学校的学生录制变废为宝造纸的微课，辅城坳小学的

---

[1] 原研哉. 设计中的设计[M]. 朱锷，译. 济南：山东人民出版社，2006：35.

学生录制3D创绘科幻画课程创作的解说视频，不仅丰富了课程资源库，同时也培养了学生的媒体意识和信息素养。

以上这些特色课程，善于运用各类资源开发校本课程，普遍具有多重联通的转化要素，如：龙岗区依山郡小学的趣味非遗：皮影课程，在材料、结构、形式、内容、媒体五个要素方面相互联通，龙岗区第二职业学校的3D打印设计发明创意和辅城坳小学的3D创绘科幻画课程在材料、结构、形式、内容、工具、媒体六个要素上相互联通。

参与研究的实验校教师在"基本式"的基础上，探索课程资源与课程转化思路的"变式"，形成了新的课程资源与课程转化思路，如：龙岗区依山郡小学的趣味非遗：皮影、龙岗区吉祥小学的童趣环创："濒危动物保护"综合材料创作、龙岗区外国语学校玉兰花开——唯美纸艺、龙岗区职业技术学校的景泰蓝工艺画、龙岗区第二职业学校的3D打印设计发明创意等课程都呈现出清晰的资源与教学转化思路，丰富和完善了"基本式+变式"的成果。

（1）龙岗区依山郡小学的趣味非遗：皮影课程资源转化思路图说明

在把握文化内涵的基础上，对课程结构、创作表现、评价展示等形式进行创新，实现文化传承与课程创新的和谐统一，以符合现代学校教育规律。运用艺术创作中的"解构"手法，从"皮影"和"剧"两个要素入手，将"皮影"分解为"材料、结构"，将"剧"分解为"形式、内容"，在此基础上，梳理传统文化的材料、结构、形式和内容四个要素，基本保留结构和内容的传统要素，同时对材料、内容和形式等要素进行创新发展。用现代皮影材料代替动物皮；在传统故事的基础上，学生自己创作和改编童话故事，创作绘本故事，形成表演剧本；最后用便携式皮影幕布进行表演。（图5-26）

（2）龙岗区吉祥小学童趣环创："濒危动物保护"综合材料创作课程资源转化思路图说明

在"濒危动物保护"主题下，对课程结构、创作形式、展评方法等进行创新，实现环保意识与课程创新的有机融合。从"濒危动物保护"的"内容"、"综合材料创作"的"材料、形式"等方面突出体现环保意识，并将这

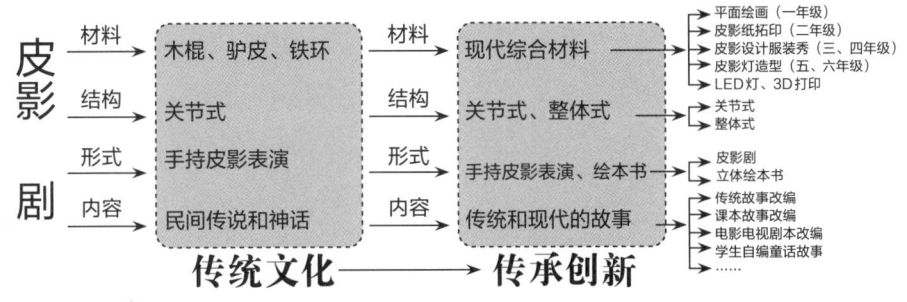

图5-26 龙岗区依山郡小学的趣味非遗:皮影资源转化思路图

些要素融合创新，用不同的形式呈现。在"濒危动物保护"主题课程中，课前以导学案引导学生自主搜集与濒危动物有关的自然科学、文学、音乐等学科资料，以小组分享导入，开展跨学科学习活动，鼓励学生探究钉子、棉线、木板、衍纸、废纸、废弃铁丝、瓶子等综合造型材料装饰钉子画，通过编写动物信息卡、录制宣传小视频，分享学习感受，开展互评活动，特别是在展评环节，通过线上、线下的方式联通家、校、生，拓宽学生的艺术作品交流平台，帮助其树立正确的世界观、价值观，让更多的学生在美术创作和欣赏过程中感受艺术，提高环境保护意识。本课程的资源与教学转化思路具有创新性，充分发挥了课程"运用综合材料创意"传递"环境保护意识"的美育功能。（图5-27）

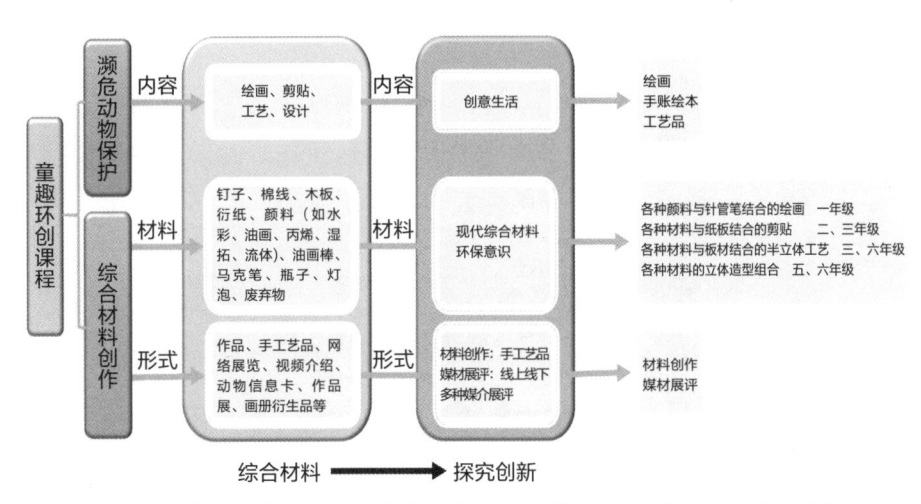

图5-27 龙岗区吉祥小学童趣环创:"濒危动物保护"综合材料创作课程资源转化思路图

（3）龙岗区外国语学校玉兰花开——唯美纸艺课程资源转化思路图说明

在把握文化内涵的基础上，必须对课程结构、创作表现、评价展示等形式进行创新，实现文化传承与课程创新的和谐统一，以符合现代学校教育规律。运用艺术创作中的"解构"手法，将玉兰花分解为"材料、结构、形式、内容"。在此基础上，梳理传统文化中材料、结构、形式和内容四个要素，基本保留结构和内容的传统要素，对材料、内容和形式等要素进行创新发展。用现代立体纸艺，在传统故事结合时令花卉、学校文化的基础上，学生自己设计创作主题性装置作品，创作符合当下生活情境的玉兰树艺术装置造型、服饰等，运用玉兰花进行艺术解读和重新设计再创造，具有极强的创新性，呈现出传统与现代结合的艺术形态和课程形态。（图5-28）

（4）龙岗区职业技术学校景泰蓝工艺画课程资源转化思路图说明

在把握传统文化内涵的前提下，必须对课程结构、创作形式、评价展示等进行创新，实现文化传承与课程创新的和谐统一，以符合现代学校教育规律。对"景泰蓝工艺画"的"材料""形式"和"内容"三个方面进行融合创新，用不同的"要素"形式呈现。将传统的景泰蓝工艺画进行不同材料的创新，以景泰蓝工艺画教学为中心，以工学结合为目标，切实提高学生的学习能力、实践能力、专业素质和创新精神。通过非遗文化的创新应用，来培

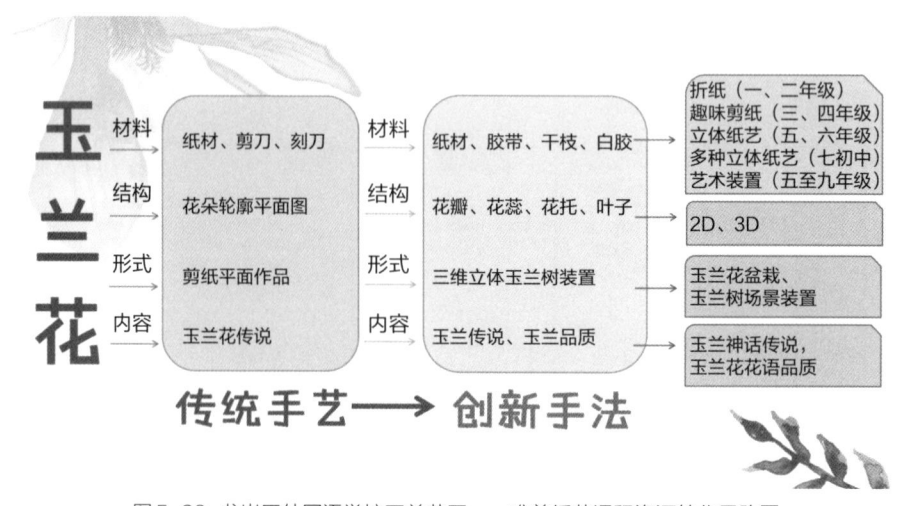

图5-28 龙岗区外国语学校玉兰花开——唯美纸艺课程资源转化思路图

景泰蓝工艺画

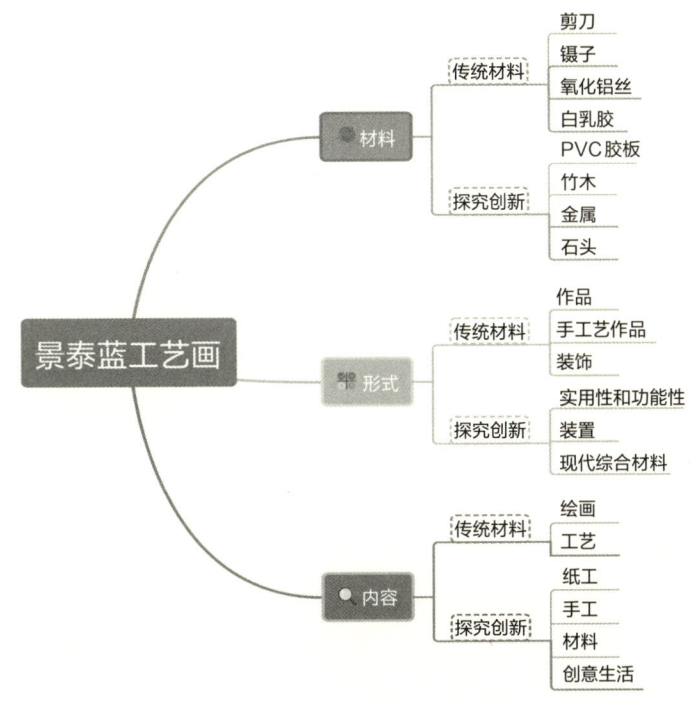

- 材料
  - 传统材料
    - 剪刀
    - 镊子
    - 氧化铝丝
    - 白乳胶
    - PVC胶板
  - 探究创新
    - 竹木
    - 金属
    - 石头
- 形式
  - 传统材料
    - 作品
    - 手工艺作品
    - 装饰
    - 实用性和功能性
  - 探究创新
    - 装置
    - 现代综合材料
- 内容
  - 传统材料
    - 绘画
    - 工艺
  - 探究创新
    - 纸工
    - 手工
    - 材料
    - 创意生活

图5-29 龙岗区职业技术学校景泰蓝工艺画课程资源转化思路图

养学生的创新意识和产品设计能力，在传承的基础上，创新运用非遗文化进行创新产品的设计与创造。（图5-29）

在指导实验校课程开发的过程中，笔者发现转化要素联通得越多，越容易形成丰富的课程内容和形态。因为材料、结构、工具、内容、形式、媒体等要素，均包含相应的知识节点、体系或新内容，与常规课程相比，创客类美术课程的知识结构、呈现方式、形态和内容都发生了改变，所以学习不可能不发生改变。这一发现，可以运用联通主义的理论解释：学习是一个知识网络形成的过程，联通比建构更重要。学习者应该建立与外部知识节点的联系，犹如建立信息与知识流通的管道。所以，课程要素越具有时代性，相互之间联通越多，课程形态和学习方式自然会发生积极的变化。

三、课程"形态树"

如果说课程结构是课程的核心骨架，决定了课程开发的基础与特征。那么课程"形态树"就决定了课程的整体样态，呈现出各种表现形式，相关内容和要素之间具有递进和层级关系，内在逻辑关系将影响课程的系统性和科学性。

根据课程结构，"形态树"的基本式具有欣赏、绘画、设计、想象故事（绘本、故事板、思维导图等）、展示表现（剧本表演、编程、电子元件等）、综合材料（纸、布、泥等）、装置等综合课程形态。本课程包含欣赏、绘画、设计、想象故事、展示表现、综合材料、装置七类课程，欣赏是基础性课程，绘画是工具性课程，设计是功能性课程，想象故事是创意性课程，展示表现是互动性课程，综合材料是操作性课程，装置是综合创作性课程。以展示表现和装置为两大主题，它们均具有文化欣赏、绘画表现、动手制作的学习要素，以"设计"为节点，分别向"动起来""立起来"两种形态和两个方向发展（在本章节"校本课程中的'结构'研究"中，充分论述了这一观点，发明创造中如果没有结构研究与创新，从建筑到家电，从飞机到潜艇，都无法立起来、动起来、亮起来。所以，研究物的结构，不仅能培养人的动手实践能力，更能培养人的结构思维、整体思维和创新思维），想象故事为展示表现提供脚本素材，综合材料创作为装置创作积累作品和经验。七种课程之间建立起完整的关系链，课程开发的学科操作点得以系统化、系列化，形成课程"形态树"。（图5-30）

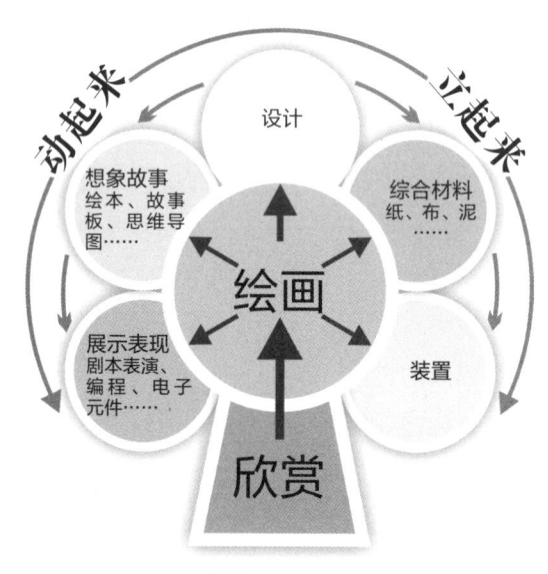

图5-30 美术类创客课程"形态树"

课程案例

参与研究的实验校的美术教师在"基本式"的基础上,探索课程"形态树"的"变式",形成了丰富的课程"形态树",如:龙岗区依山郡小学趣味非遗:皮影和趣味非遗:扎染、龙岗区辅城坳小学的3D创绘科幻画、龙岗区外国语学校的玉兰花开——唯美纸艺、龙岗区吉祥小学的童趣环创:"濒危动物保护"综合材料创作等都形成了独特的"形态树",丰富和完善了"基本式+变式"的成果。

(1)龙岗区依山郡小学趣味非遗:皮影课程"形态树"说明

根据课程结构,设计了从静态到立体再到动态的立体课程"形态树"。包含欣赏、绘画+制作、绘本、皮影剧、皮影画、皮影设计六类课程。欣赏为基础性课程;绘画+制作为关键性课程、皮影系列为创意性课程,以皮影剧和皮影设计为两大主题,它们均具有文化欣赏、绘画表现、动手剪刻、创意制作等学习要素;在绘画的基础上,运用"绘画+制作"的方法,分别向"动起来、立起来"两个方向发展;绘本为皮影剧提供故事和脚本素材;皮影画是立体皮影设计作品的基础。六类课程之间建立起完整的关系链,课程开发的学科操作点得以系统化、系列化,形成课程"形态树"。(图5-31)

图5-31 龙岗区依山郡小学趣味非遗:皮影课程"形态树"

(2)龙岗区依山郡小学趣味非遗:扎染课程"形态树"说明

根据课程结构,设计出欣赏、绘画、扎染、服装表演、电脑设计、立体布艺、生活装置等综合课程形态。本课程包含以上七类课程。欣赏为基础性课程,绘画为关键性课程,以扎染为转换节点,形成立体布艺和服装表演两大主题,分别向"动起来"与"立起来"两个方向发展,形成资源相互利用、环环相扣的"形态树"。(图5-32)

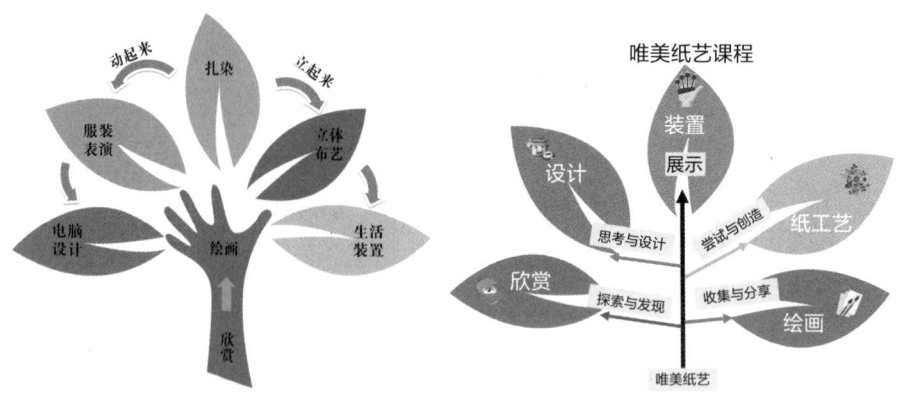

图5-32 龙岗区依山郡小学趣味非遗:扎染课程"形态树"　　图5-33 龙岗区外国语学校玉兰花开——唯美纸艺课程"形态树"

（3）龙岗区外国语学校玉兰花开——唯美纸艺课程"形态树"说明

根据课程结构，设计出欣赏、绘画、纸工艺、设计、装置综合课程形态。本课程包含以上五类课程，欣赏为基础性课程，绘画为关键性课程，以纸艺创作和空间艺术装置为两大主题，它们均具有文化欣赏、绘画表现、动手剪刻的学习要素。在"纸艺"的基础上，包含纸工装置和生活场景两大内容。欣赏类课程通过学生的探索与发现，加强审美感受；绘画类课程通过学生的收集与分享，加强绘画表现能力；设计类课程通过学生的思考与设计，加强设计创意能力；纸工艺课程通过学生的尝试与创造，加强手工制作能力；装置课程通过学生的创意展示设计，加强综合实践能力。五种课程之间建立起完整的关系链，课程开发的各个操作点得以系统化、系列化，形成课程"形态树"。（图5-33）

（4）龙岗区辅城坳小学3D创绘科幻画课程"形态树"说明

根据课程结构，突出平面科幻画、3D立体科幻画两大主题，在太空、海洋、能源、环境、生活、生存等科幻内容上都具有延展空间，运用科技零件和材料突破平面科幻画的限制，科技材料和立体作品结合在一起，静态场景和动态场景使学生更好地发挥想象力，展开科幻想象的翅膀。从课程之间的关系看，平面科幻画贯穿于各个课程内容，是基础性课程，3D立体科幻画决定了作品创新的形式和内容，为关键性课程。本课程包含绿色能源（太阳能、风能)、机械结构(转动、升降、开合、晃动)、触摸设备(触摸后产生光、声音等)、感应设备(感应时产生的光、声音等)、智能装置(编程物联后运用语音控制发光、声音、运动等动态效果)五个类型。平面科幻画为基础性课程,3D立体科幻画为关键性课程,以科幻想象和创新制作为两大主题,呈现立体、发光、有声、动态等科幻要素,在3D制作的基础上,由"静态场景"向"动态场景"方向发展,绿色能源、机械结构、触摸设备、感应设备的应用,最终指向智能装置的创新创造。五个要素之间既相互关联又各自独立,以科幻画为主题的课程开发得以系统化、系列化,形成课程"形态树"。(图5-34)

图5-34 龙岗区辅城坳小学3D创绘科幻画课程"形态树"

四、课程创作类型和主题内容

创客课程的教学实施必须突破"课时主义"和"成就测验"的窠臼,而以"单元设计""表现性评价"作为课程设计和教学评价的核心理念。[①]课程创作类型与主题内容展示课程的具体内容,主要以大单元结构呈现。基本式是在绘画、设计、综合材料(纸、布、泥等)、装置、想象故事(绘本、故事板、思维导图等)、展示表现(剧本表演、科技展示等)、3D打印、编程等创作类型基础上,可以围绕基于生活的情境、基于问题的研究、基于观察的

---

① 陈刚,石晋阳.创客教育的课程观[J].中国电化教育,2016(11):15.

表现、基于想象的故事、基于设计的制造等内容要素，进行优化组合，设计出创作主题和内容。在课程开发中，课程结构、课程资源转化思路、课程"形态树"这三个核心要素已经决定了整个课程的样态，所以课程的创作类型与主题内容自然随之而变。

校本课程的内容设计，以学期为单位设定目标和内容。一般采用主题、单元、学习点的三层结构，主题即主题化，一般每个学期可以有一至三个主题，确定本学期的主要教学内容和目标，突出主题任务和集体任务。一个学期也可以只设计一个主题。单元即大单元，在主题之下，每个主题一般有一至四个单元，突出子任务和小组任务。学习点即具体学习内容，在单元之下，每个单元根据实际需要设计学习点。注意学习点不是每节课的内容，不是每节课都需要学习点，一个学习点可以多个课时，一个课时也可以多个学习点。学习点更多体现的是学习内容和目标指引，根据学习点设计的小任务，通常以作品形式出现，可以是学生个体或者小组的作品。最终，通过一学期的学习，运用集体作品或者大作品的方式，实现学期学习目标。教师最好在学期初，就设定好期中和期末的任务，让学生在目标和任务驱动下学习，如：参加某个比赛的作品，期末展示和分享，学校各类活动周或主题节日展示，家长会展示，公益拍卖会，等等。课程内容设计参见图5-35所示。

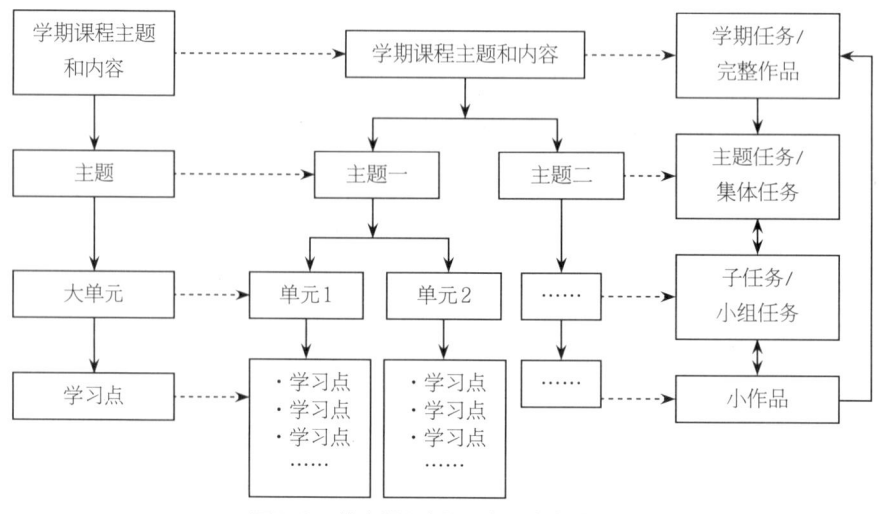

图5-35 校本课程主题和学习内容关系图

五、课程实施学时、内容和计划

课程实施学时、内容和计划是课程实施的必要保证，主要以阶段计划表的形式呈现。一般情况下，校本课程的开发与应用，第一阶段，主要在第二课堂兴趣班实施，可以安排每周2课时，每学期18周计36学时，通常三年为一个周期设计，应包含学习阶段、创作主题、主要学习内容、创作形式四个要素。第二阶段，在课程应用较为成熟后，尝试将特色课程融入常规美术课堂，开展普及性的教育。可以尝试设计渗透式课程，即在常规美术课中，以教材内容为主，在一个单元或一堂课内有机渗透创客课程的内容和文化事项，不改变主流课程的基本结构、目的和明显特征，完成全校层面的普及教育。研究教材和原课型，从主题内容和创作形式两个角度入手，将特色内容融入美术教材，形成渗透式内容。

在此基础上，实验校的课程实施学时、内容和计划普遍以第二课堂为开发实施主体，在常规课堂中渗透和融入特色课程内容，实施国家课程的校本化建构，保证特色的普及性和国家课程的落实，形成规范的"基本式"。除此之外，课程实施学时、内容和计划均根据课程的整体设计和学校的具体情况，有着灵活的安排，体现出"变式"特征。

课程案例

表5-2、表5-3为龙岗区依山郡小学的趣味非遗：皮影校本课程第二课堂课程设计和常规教学课程整合设计。

表5-2 趣味非遗：皮影校本课程第二课堂课程设计

（二至三学年144—216课时）

学习阶段	创作主题	主要学习内容	创作形式
第一学期 36课时	皮影工艺	1. 皮影艺术欣赏 2. 皮影新型材料和工具 3. 皮影绘画线条和色彩练习 4. 皮影基本造型练习 5. 小皮影剧表演	个人创作

续表

学习阶段	创作主题	主要学习内容	创作形式
第二学期 36课时	国画皮影	1.运用国画材料和方法创作皮影 2.国画皮影造型练习 3.小皮影剧表演	个人创作
第三学期 36课时	皮影设计	1.皮影画的工艺和技巧 2.皮影画的构图和造型 3.皮影画、皮影绘本的创作 4.皮影设计（3D打印+科技制作）	个人创作 集体合作
第四学期 36课时	绘本皮影	1.经典绘本欣赏 2.运用绘本造型创作皮影形象 3.改编绘本故事进行皮影剧表演	个人创作 集体合作
第五学期 36课时	皮影绘本创编和制作	1.绘本艺术和故事创作 2.绘本皮影造型创作 3.绘本皮影故事创编与表演	个人创作 集体合作
第六学期 36课时	皮影绘本表演	1.皮影的配音和配乐（iPad+MIDI音乐） 2.皮影表演小品练习（四至六人） 3.皮影剧表演（十人以上）	个人创作 集体合作

说明：本课程设计为第二课堂每周2课时，每学期18周计36学时，通常三年为一个周期。

表5-3 趣味非遗：皮影校本课程常规教学课程整合设计（六学年42课时）

教材	原课型	主题内容	皮影融合	整合主题
一年级 第1册	造型表现 综合探索	我心中的太阳（2课时） 月亮的故事（2课时） 雪孩子（2课时） 遥远的星空（2课时）	皮影绘本 皮影画（静态）	雪孩子奇遇记 （8课时）
二年级 第3册	造型表现	美丽的叶子（2课时） 给树爷爷画像（2课时） 巧救小昆虫（2课时）	拓印皮影 皮影画（静态）	森林故事 （6课时）
三年级 第6册	设计应用 造型表现	春天的消息（2课时） 冬日的乐趣（2课时） 小魔盒（2课时） 小舞台（2课时）	皮影剧（动态）	四季幻想 （8课时）

续表

教材	原课型	主题内容	皮影融合	整合主题
四年级第7册	设计应用	可爱的童帽（2课时） 我设计的童装（2课时） 我们的小超市（2课时）	皮影设计 （平面动态）	我的服装秀 （6课时）
五年级第10册	造型表现 设计应用	烽火岁月（1课时） 我们爱和平（2课时） 别致的灯（2课时） 生动的纸造型（1课时）	皮影设计 （立体静态）	和平之灯 （6课时）
六年级第11册	造型表现 综合探索	写意蔬果（1课时） 写意花卉（2课时） 写意动物（2课时） 走近传统戏曲人物（1课时） 有声电影的鼻祖皮影（2课时）	皮影剧（动态）	国画皮影 （8课时）

说明：本课程以岭南版美术教材为基础，一至六年级每学年设计一或两次整合课程，总计42课时。

开展非遗文化研究，必须将特色课程融入常规美术课堂，开展普及性的教育。本课程设计了渗透式课程，即在常规美术课中，以教材内容为主，在一个单元或一堂课内有机渗透"皮影"的内容和文化事项，不改变主流课程的基本结构、目的和明显特征，完成全校层面的普及教育。本课程从主题内容和创作形式两个角度入手，将特色内容融入岭南版美术教材，形成皮影绘本、皮影画、拓印皮影、皮影剧、皮影设计五类共六个渗透式内容。

本设计提供了基本的课时参考，可根据实际情况调整，创造性地设计教学，进行国家和地方课程校本化的创新融合。

总体看，校本课程应该注重宏观和中观层面的设计与实施，在微观层面注重问题意识、设计思维和动手能力的培养。基于创客教育理念的美术校本课程，具有典型的主题式教学、学科延展、跨学科融合、校本研修、校外实践等创客课程形态。

第四节 校本课程的形成与评价

基于创客教育理念的美术校本课程开发，实施完整过程的课程本体性评价（CIPP课程评价模式），与学科核心素养的理论高度一致，培养目标指向中小学生美术核心素养，探索将美术课程的理念、结构、内容和评价体系建立在美术核心素养基础之上，不以"美术创作"为唯一和终极评价目标，树立审美素养导向，坚持过程性、全面性、多元化、激励性原则，对学生实施成长性、发展性评价。

　　基础教育的课程改革从双基阶段，发展到三维目标阶段，当下已经全面进入核心素养阶段，课程改革由知识本位转向素养本位。2017年版的《普通高中美术课程标准》（以下简称《课程标准》），确定了美术学科的五个核心素养：图像识读、美术表现、审美判断、创意实践和文化理解。《课程标准》没有将"美术创作"作为公民的美术学科核心素养，原因除了美术表现的外延更广，包括美术创作，更重要的是其更加"公民化"。一个不从事美术专业的人，同样可以运用传统或现代媒介，通过造型活动表达自己的意图、思想和情感。①从世界美术教育发展的趋势看，经济合作与发展组织（OECD）教育研究与创新中心"学习科学研究成果"——《回归艺术本身：艺术教育的影响力》中的关键结论指出：艺术教育存在的意义在于艺术思维习惯的获取，这里的艺术思维习惯不仅指的是对手艺和技巧的掌握，还包括诸如仔细观察、想象、探索、坚毅、表达、合作和反思等能力，比如艺术中开发的思维和创造性能力以及社交和行为能力。②艺术思维、创造性能力、社交和行为能力等均指向学生的综合素养，对应美术学科的五个核心素养，而非单一素养维度的美术创作（手艺和技巧）。

　　所以，传统美术课程所注重的"美术创作"和美术教师擅长的"作品效果"，在课程理念、结构、内容和评价目标上，均具有片面性和滞后性。课程改革进入核心素养阶段，必须建立对应的校本课程内容和评价体系。基于创客教育理念的美术课程，在课程理念、课程内容和评价目标上，具备了美术核心素养的基本特征，具有现实操作性。

　　课程评价包含了多维度的评价体系，发挥评价促进学生、教师、学校等发展的功能，包括基于完整过程的课程本体性评价、基于学科核心素养的学

---

① 尹少淳.尹少淳谈美术教育[M].北京：人民美术出版社，2016：163.
② 艾伦·维纳，塔利亚·R.戈德斯坦，斯蒂芬·文森特-兰克林.回归艺术本身：艺术教育的影响力[M].郑艳，译.上海：华东师范大学出版社，2016：（概要）4.

业质量评价、基于专业发展的教师课程素养评价、基于课程关注点的学校发展评价等四个维度[1]。基于创客教育理念的美术课程评价，主要从基于完整过程的课程本体性评价（CIPP课程评价模式）和基于学科核心素养的学业质量评价两个方面构建评价要素。

一、基于完整过程的课程本体性评价

基于完整过程的课程本体性评价，指导校本课程开发的全过程，是对课程价值、课程内容及操作技术的评价，主要包括课程目标与课程计划、课程准备与投入、课程实施过程、课程实施效果等四个方面的评价[2]。

（一）基于课程价值的评价

基于创客教育理念的美术校本课程，注重完整过程的课程本体性评价。本书第四章第一节已经阐述了校本课程开发的价值判断是第一位的，明确了价值就明确了意义、目标和方向，基于创客教育理念的课程价值，与传统美术课程的课程价值有相关性，但更具有独特价值。所以，课程价值判断是课程开发的首要任务，更是课程评价的第一指标。在实践中，实验校的教师在开发或优化校本课程时，通过集体研学、课程研讨、专家引领等方式，提升了对创客教育理念、设计思维、跨学科课程融合、项目式学习等课程开发要素的理解，明确了创客教育理念在美术教育中的价值定位，在实验校的校本课程结构、内容和形态图谱，以及资源转化路径中，均呈现出鲜明的课程价值特征。

课程案例

童趣环创："濒危动物保护"综合材料创作课程通过综合材料创作，传递濒危动物保护的意义，将濒危动物保护融入中小学生教育中，做到在提升学生自身美术技能的基础上解决生活实际问题，实现"艺术创新实践能力提升"与"现实环保意识宣传"的共融共生。A-STEM创意课程：甘坑镇凤凰谷曼陀罗花的魔力课程利用"元素替换组合"的方法引导学生绘制曼陀罗纹饰，体验运用简单元素完成复杂图形的成就感。层层递进的曼陀罗纹饰的

---

[1] 杨学为. 中国高考报告（2020）[M]. 北京：社会科学文献出版社，2020：209-212.
[2] 杨学为. 中国高考报告（2020）[M]. 北京：社会科学文献出版社，2020：210.

绘制，使学生在艺术的创作空间里实现自我疗愈、缓解情绪焦虑，唤醒内在的生命动能。学生根据学案指引，在多学科融合的思维方式引导下，将纹饰编织成温暖的纤维艺术品，体验艺术创作"慢即是快"的心灵放松和情感愉悦。3D创绘课程从科幻画发展而来，发挥3D打印笔工具和材料的优势，实现科技与艺术的有效融合。学生们充分发挥想象力，有二维空间的创作，注重色彩搭配和形式美感，也有三维空间的构建，强化整体构建和结构组合，培养了学生的整体意识和结构思维，空间想象力、构建能力、审美素养、创新思维和动手能力得到提高，体现了创客精神和STEAM课程的理念。

这些课程案例，充分证明了"基于创客教育理念的"校本课程的价值定位的重要性。

（二）基于课程内容及操作技术的评价

资源中心式的课程结构和跨学科的课程内容，在课程内容的设计和组织上，需要建立新的结构关系，遵循课程五要素（课程结构、课程资源转化思路、课程"形态树"、课程创作类型和主题内容以及课程实施学时、内容和计划）的"基本式"，探索本校特色课程的"变式"，指导校本课程的系统开发和优化。围绕学校形成的课程成果，从课程目标与课程计划、课程准备与投入、课程实施过程、课程实施效果四个方面，对校本课程的全面性和有效性实施评价。

课程评价采取CIPP模式，由四个关键环节组成：背景（价值）评价、输入评价、过程评价和结果评价。背景（价值）评价重点对课程的目标本身进行评价，确定课程目标是重要的和有价值的；输入评价是对课程方案、计划可行性的评价，供决策者选择最适合本校的课程方案；过程性评价是一种形成性的评价，以诊断过程、发现问题、提出改进意见为目的，用于课程计划的不断改进和提高；结果评价即测量、解释和评判课程计划的实际成效和目标达成度，意味着课程评价一个循环的完成，也是新的一个循环的开始[①]。依据CIPP课程评价模式，实验校课程开发的推进思路是：在开发顺序上首先

---

① 陈玉琨，等.课程改革与课程评价[M].北京：教育科学出版社，2001：133-134.

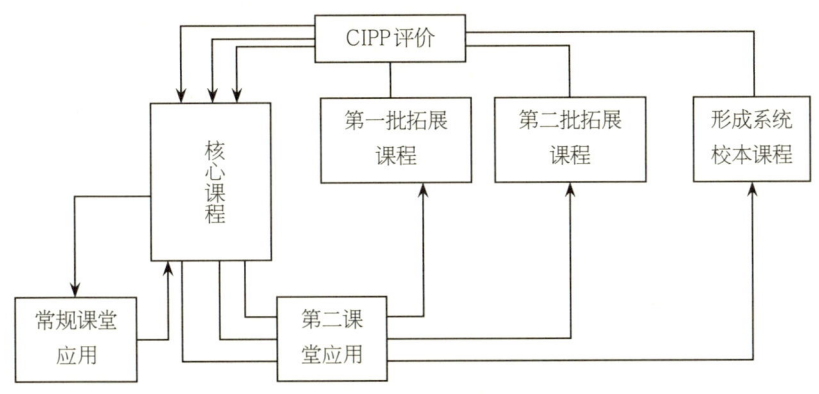

图5-36 基于CIPP课程评价模式的课程开发与实施流程图

在第二课堂研究"主题式"课程模块，通过两批拓展课程模块的研究，逐步完善课程模块。在第一批课程模块较成熟（根据实际情况确定）之后，在常规美术课中开设"穿插式"课程模块，研究主题教学的学科渗透途径和方法，最终形成独立的"常规课"模块。每一环节和每一批次的课程开发，都渗透CIPP课程评价模式，形成较完整的课程推进和评价回路，保证课程开发的质量。（图5-36）总体看，用基于完整过程的课程本体性评价指标，去检验基于创客教育理念的美术校本课程具有高度适用性。趣味非遗：皮影校本课程的第二课堂课程设计和常规教学课程整合设计，体现了课程开发和评价的整体过程，其他实验性的校本课程设计案例均呈现出此特征。（参见表5-2、表5-3）

二、基于学科核心素养的学业质量评价

基于学科核心素养的学业质量评价，即核心素养统领的课程评价以发展性评价理念为指导，突出立德树人导向作用的发挥及其价值实现，呈现出从关注课程到重视人、从关注学业成就到重视素养的特征。日常教学评价应关注核心素养的发展水平，以评价促进学生的学习与发展，重视评价的诊断功能和激励功能，创建主体多元、方法多样、重视结果亦重视过程的课程评价体系[1]。

---

[1] 杨学为.中国高考报告（2020）[M].北京：社会科学文献出版社，2020：210-211.

尹少淳教授认为：评价是实现目标的保障，因为它更具有检测性和操作性，在整个教育教学行为中具有强大的导向作用。在具体的美术教学中，应该将目标分解为可操作性评价的单位和标准，嵌入整个教学的过程中，通过及时反馈，不断调整学习行为，以保持与目标的一致，从而避免目标的空置。而且，最后还应该参照分解后的评价单位和标准，对整个学习活动进行全面的评价。在学科核心素养本位的美术教学中，可以单独地对知识、技能进行评价，更重要的是将它们置入发现、提出和解决问题的过程中，结合态度、方法和程序进行整体的评价。[①]

本课程评价建立在"美术学科核心素养"要素基础之上，以2015、2016深圳中小学好课程趣味非遗：鱼灯舞、趣味非遗：皮影课程为样本，从课程内容、学习方式、作品表现三个维度探索整体性评价（Holistic Assessment）、操作性评价（Operational Assessment）、多元性评价（Diversified Assessment），简称"HOD评价"，突出过程性和综合性评价的特征。

（一）从课程的内容来看，侧重围绕单元主题分层递进的整体性评价

美术学科的五个核心素养——图像识读、美术表现、审美判断、创意实践、文化理解具有整体性，这种整体性不是单一教学内容或某节课的完整，不能理解为每一节课或者每一个单元都要实施五个核心素养的教育活动，并实施整体评价。这不符合教育教学的实际，更不符合核心素养的课程理念。基于美术核心素养的教学活动和评价方式，其整体性是教学内容和目标内在逻辑关系的体现，笔者认为是五个核心素养间的联通与组合关系。如名家名作鉴赏是欣赏·评述领域的常规课程，教学设计侧重图像识读、审美判断、文化理解三个要素，而基于创客教育理念的美术课程创意绘画：名画欣赏与黏土浮雕画，首先是基于自主探究和互动的欣赏活动，之后是黏土制作技巧和创意，最后是设计应用于生活的拓展，包含欣赏·评述、造型·表现、设计·应用、综合·实践四个领域的内容，所以课程实施的素养目标是图像识

[①] 尹少淳. 尹少淳谈美术教育[M]. 北京：人民美术出版社，2016：181.

读、美术表现、审美判断、创意实践、文化理解的完整链条。综上所述，这里所强调的完整性，是基于素养目标的校本课程开发和评价的整体性，必须以"问题"为核心，以"项目"为依托，创设学习情境和创作目标，提供有效的学习支架和创作指引，形成大单元或者多单元的内容结构，遵循从简单到复杂（学科知识与技能、跨学科融合、发现和解决实际问题）、从鉴赏到实践（从眼入心、从脑到手、知行合一、创新实践）、从低阶思维到高阶思维（模仿表现、设计思维、个性表达、对话合作、创意应用）的阶梯式学习过程。基于素养目标的课程结构和学习内容，决定了评价目标，这就必须实施围绕单元主题分层递进的整体性评价。

课程案例

以2015深圳中小学好课程趣味非遗：鱼灯舞[①]为例，在课程成果《非遗文化与儿童美术融合教育课程——以深圳鱼灯舞为例》一书中。课程分为文化篇、故事篇、传统篇、绘画篇、剪纸篇、匠心篇、纸艺篇七大单元内容，一单元一主题，每个单元运用创意指数和难度指数"五星"标识，在教学目标的框架下，分解出学习要点和评价要点，表述准确到位，具有操作性。为给教师提供教学实施建议，把教学过程分解为三个阶段：整体认知、创作技巧、创意展示。整体认知重在直观感受和文化理解，创作技巧重在材料工艺和方法技巧，创意展示重在面体转换和空间布局。体现从欣赏到创意、从绘画到设计、从平面到立体、从传承到创新、从文化到生活的阶梯学习过程，形成素养提升的阶梯。最终对学生实施"自主学习、理解应用、创新思维、动手实践、对话合作"五个维度的评价，运用"五颗星"形式进行综合评价。（图5-37）在第七单元"纸艺篇"，学习鱼灯的创意制作。通过教学，进一步熟悉鱼灯舞文化中"鱼"的吉祥寓意，学习运用现代纸艺造型和综合材料，将鱼的形象从平面变为立体，运用点、线、面的表现方式进行绘画，运用剪、贴、折的纸艺手法制作出个性鲜明、造型独特的创意鱼灯，将鱼灯玩出新意；教学实施建议（三阶段）：掌握现代纸艺的技巧和综合材料的特

[①] 图片和案例来自：宋冰.非遗文化与儿童美术融合教育课程——以深圳鱼灯舞为例[M].重庆：西南师范大学出版社，2020：112-116.

六、单元主题和教学实施指引

一主题　一单元一主题。

二要点　在教学目标的框架下，分解出学习要点和评价要点，表达准确到位，具有操作性。

三阶段　在教学目标的框架下，为教师提供教学实施建议，把教学过程分解为三个阶段：整体认知、创作技巧、创意展示。整体认知重在直观感受和文化理解，创作技巧重在材料工艺和方法技巧，创意展示重在面体转换和空间布局。

四创作　学生创作对应四个阶段、四个层次（根据单元情况，有调整变化），整体上由浅入深逐渐提升，由练习到创作、由自主到合作、由制作到展示，技巧和创意协同发展，展示和评价有机融合，过程与结果同等重要。

五评价　对学生实施"自主学习、理解应用、创新思维、动手实践、小组合作"五个维度的评价，运用"五颗星"形式进行综合评价。

　　评价自主学习能力：学生能否开展自主学习，主动思考和解决问题？
　　评价理解应用能力：学生能否有效理解和应用"细观察、齐分享、善思考"等环节的内容？
　　评价创新思维能力：学生能否合理运用"美的规律"，突破教材的设计，大胆创想，有创新意识和个性表达能力？
　　评价动手实践能力：学生能否通过学习进行创作实践，落实"乐探索、妙创作、大胆做"等环节的内容？
　　评价对话合作能力：学生能否在大作品或综合作品的创作过程中分享独特的创意和智慧，展开对话与交流，有团队合作意识，有良好的沟通协调能力，能够与人合作？

图5-37　趣味非遗：鱼灯舞单元主题分层递进整体性评价

点、学生利用制作说明书和步骤图自主学习、集体构思和研究制作装置作品并展示；对应评价要点：学生能够熟练掌握用现代纸艺和材料制作鱼灯的方法，合理运用点、线、面的表现手法，色彩搭配合理，富有现代美感，每人能够创作出形状大小和类型各异的鱼灯至少3个，在全班集体创作大型的装置作品的过程中，能够大胆创想、碰撞智慧、积极参与、对话合作。

从本单元的内容和评价设计来看，既有具体美术知识和技能的评价，又有创意实践、学习方式和合作能力的综合评价，体现了主题分层递进的整体性评价特征。

（二）从学习的方式来看，侧重做中学和合作式学习的操作性评价

美术学科的特质首先是"视觉性"，即具有鲜明的视觉艺术特质。图像识读素养正是以视觉输入为基础的，指对美术作品、图形、影像及其他视觉符号的观看、识别和解读。在此基础之上，动手实践创造新的（包括传承基础之上的创新）视觉符号、形象载体或传达系统，体现了美术表现、创意实践等素养目标，并同时展开图像识读、审美判断、文化理解等素养建构活动，就形成了以"视觉艺术"为中心的审美活动的波浪式前进，促进学生审美素养的螺旋式上升。正如之前的观点：从鉴赏到实践的过程，正是从眼入心、从脑到手、知行合一、创新实践的过程。所以，实践性和操作性是审美输出的关键结果，更是检验学生审美素养提升的重要评价手段。这里聚焦两个核心问题：

1. "做中学"的学习方式与评价方式

在核心素养中，美术表现指运用传统与现代媒材、技术和美术语言创造视觉形象，创意实践指由创新意识主导的思维和行为，这两者都突出体现了"做中学"的学习方式。即使是欣赏·评述类型的教学设计，也不能片面理解为只动眼、动脑、动嘴的欣赏与评述，而不动手、不操作，或者片面理解操作就是绘画表现和设计制作，这恰恰反映了教学设计的三维目标中"过程与方法"的模式过于单一。正如尹少淳教授所说：很多美术教师对"过程与方法"目标不甚了了，理解起来似是而非。很多专家也未必能将其与"知识与技能"目标作清晰的区隔。[1]基于核心素养的课程设计，在学习过程中应该提供"学习策略和思维路径"支架，如欣赏的方法：从整体到局部（或从局部到整体）、从色调到色相、从文本到画像、从知识到审美判断等类型"学习单（或学案）"的应用，又如思维的路径：直觉思维、发散思维、联系思维、联想思维等类型"思维导图或韦恩图"的应用。以上学习支架，一定是在动眼、动脑学习基础之上，动脑思考、动手写画、动嘴分享的综合表达，这也是笔者所提倡的"做中学"的学习方式。所以，图像识读、审美判断、文化理解等素养的建构都可以运用"做中学"的学习方式，"手脑并用"实现深度学习。与之对应的评价目标和评价方式，均应指向"做中学"的学习过程和结果。

在传统纸艺和剪纸教学中，教师善于运用教授法和演示法，即教师通过

---

[1] 尹少淳. 尹少淳谈美术教育[M]. 北京：人民美术出版社，2016：162.

现场演示或者信息技术微课展示，完整地呈现纸艺的制作过程，学生观看学习后再动手制作。这种设计，教学过程表面非常完整，但这也恰恰带来了很大的问题，教师没有给学生自己动手尝试和实践的机会，也没有了材料探索、结构探索的过程，学生处在被动接受的学习情境中，缺少了独立思考的能力、试错精神和主动探究的意识。看着老师的演示，学生可以做得很快、很好、很美、很像老师，但唯独没有学会独立自主学习。制作演示的完整性，恰恰造成了学生思维与能力的不完整。这种现象非常具有戏谑性。老师用充分的课前、课上准备代替了学生的思考和探索，这是许多中小学教师一直在坚持使用的教学方法。

课程案例

如何实现"主动学"与"做中学"？以趣味非遗：鱼灯舞为例，在课程成果《非遗文化与儿童美术融合教育课程——以深圳鱼灯舞为例》一书中，具有代表性的案例是纸艺的创作设计，打破了传统纸艺教学的过度完整性，培养了学生的主动研究和动手实践能力。在书中第七单元"纸艺篇"的"立体纸艺"模块，教材并没有直奔主题演示一个立体鱼的制作过程，而是先呈现纸艺的技巧和方法，引导学生通过图像识读的方式，直观感受"工具和技巧"的说明书，为接下来的制作打下基础。之后，在一页内设计出三个动手探索和实践的环节。（1）乐探索，拿出一张纸，尝试用各种方法让它立体起来；（2）齐分享，相互分享让纸变立体的方法；（3）大胆做，参考上方的纸艺方法，尝试制作出四种立体造型。（图5-38）[①]这三个环节的设计，学习任务从简单到复杂，从主动探究到模仿练习，有自主学习，也有同伴讨论。在动手实践的过程中，强化了主动思考、主动探索、大胆试错的意识，提升了学生的动手能力和创作技能，兼顾了学习质量和学习效能。此类"做中学"的方式，实现教、学、做、评一体化。所以，优秀的课程设计必须要学会"留白"，这不仅是中国画的精髓，更应该成为创客教育课程、美术课程创新的重要策略。在实施过程中，教育者往往会考虑教学时间因素的影响，

---

① 图片和案例来自：宋冰. 非遗文化与儿童美术融合教育课程——以深圳鱼灯舞为例[M]. 重庆：西南师范大学出版社，2020：84-87.

图5-38 第七单元"纸艺篇"的"立体纸艺"模块

单纯追求教学进度和作品的表现效果,而忽视了一些关键能力和美术素养的培养。这也提醒教育者,"主动学""做中学"的理念不仅要体现在特色课程的设计中,更要落实在教学中。

以上案例带给我们新的思路,在兼顾时间与效率、学生素养与学习效率的同时,还可以开展更多的尝试与探索。这是课程设计中的重点和突破口,也正是"主动学""做中学"的意义和价值所在。

2."合作式学习"的学习方式与评价方式

核心素养强调在"问题情境中发现问题,运用知识与技能解决问题"。学生在这一过程中表现出的价值态度、思维方法、行为特征和解决问题的综合状态就是"学科核心素养"①。在学习过程中，面对复杂的、不确定的现实生活情境时，运用知识与技能（包括跨学科内容）解决问题就会具有很高的挑战性。现实中，中小学生不可能掌握大量与美术相关的知识与技能，更不可能各学科技能都全面掌握，所以，应运用"合作式学习"方式：一方面为适应未来社会发展需要，必须培养学生的团队协作意识；另一方面，注重培养学生的异质思维或批判性思维，围绕问题产生尽可能多的思维路径、解决策略。这不仅是善于合作与分享的体现，更能够提高学生解决问题的可能性，有效的生生互动学习效果甚至会强于师生互动。在创新创造的过程中，异质思维或批判性思维的碰撞更容易产生创新的火花。很难想象，同质化思维和封闭性思维能够产生有创新创意的结果。

所以，合作式学习，不是单纯的合，而是分享对话、优势互补、分工协作，突出和而不同、各美其美、美美与共的群体特征，培养学生解决问题的目标意识。正如何克抗教授的观点：倡导在创客教育实施过程中通过协作、交流与共享深化对知识的意义建构。其特别关注要培养学生的动手能力和解决实际问题的能力。所以，聚焦学习方式的变革，必须对"合作式学习"展开合理评价。

课程案例

以深圳中小学好课程趣味非遗：鱼灯舞和趣味非遗：皮影为例。两个课程均采取"自主学习、理解应用、创新思维、动手实践、小组合作"五维评价体系（图5-39），运用"五颗星"形式对学生进行综合评价。五维评价体系具体包括：

· 评价自主学习能力。学生能否开展自主学习，主动思考和解决问题？

· 评价理解应用能力。学生能否有效理解和应用"细观察、齐分享、善思考"等环节的内容？

· 评价创新思维能力。学生能否合理运用"美的规律"，突破教材的设计，大胆创想，有创新意识和个性表达能力？

---

① 尹少淳. 尹少淳谈美术教育[M]. 北京：人民美术出版社，2016：166.

> **五评价** 对学生实施"自主学习、理解应用、创新思维、动手实践、小组合作"五个维度的评价，运用"五颗星"形式进行综合评价。
> 　　评价自主学习能力：学生能否开展自主学习，主动思考和解决问题？
> 　　评价理解应用能力：学生能否有效理解和应用"细观察、齐分享、善思考"等环节的内容？
> 　　评价创新思维能力：学生能否合理运用"美的规律"，突破教材的设计，大胆创想，有创新意识和个性表达能力？
> 　　评价动手实践能力：学生能否通过学习进行创作实践，落实"乐探索、妙创作、大胆做"等环节的内容？
> 　　评价对话合作能力：学生能否在大作品或综合作品的创作过程中分享独特的创意和智慧，展开对话与交流，有团队合作意识，有良好的沟通协调能力，能够与人合作？

图5-39　趣味非遗：鱼灯舞五维评价体系

·评价动手实践能力。学生能否通过学习进行创作实践，落实"乐探索、妙创作、大胆做"等环节的内容？

·评价对话合作能力。学生能否在大作品或综合作品的创作过程中分享独特的创意和智慧，展开对话与交流，有团队合作意识，有良好的沟通协调能力，能够与人合作？

在趣味非遗：鱼灯舞课程第七单元"纸艺篇"，学习鱼灯的创意制作，学生作品必然有多有少、有大有小、形态各异、色彩斑斓，最终的大型装置作品才能具有强烈的视觉冲击力。所以学习评价的要点就是：学生能够熟练掌握用现代纸艺和材料制作鱼灯的方法，合理运用点、线、面的表现手法，色彩搭配合理，富有现代美感，每人能够创作出形状大小和类型各异的鱼灯至少3个，在全班集体创作大型的装置作品的过程中，能够积极参与、善于合作；在趣味非遗：皮影课程第五单元"经典绘本皮影剧"，通过教学引导学生阅读经典绘本，改编绘本为皮影剧，将绘本中的造型用皮影的方式设计制作出来，学会分工合作，将静态的绘本故事用动态的、有趣的皮影戏表演出来，让绘本动起来、玩起来。该课程更是突出了"合作式"学习的特征，所以单元的评价要点是：学生能够阅读和改编绘本作品，编写适合表演的皮影剧本，皮影造型和色彩生动，作品关节灵活自如，高年级学生能够帮助低年级学生，低年级家长和学生共同完成作品，能够处理好个人创作和小组合作的关系。这两个单元都是通过审美表现的目标指向，促进个体主动参与"合作式"学习，并进行合理评价。

整体来看，这类课程的"自主学习、理解应用、创新思维、动手实践、小组合作"五维评价均可实施"做中学"的操作性评价，而动手实践和小组合作两个维度指向合作式学习的评价。

（三）从作品的表现来看，侧重突出个性特长的多元化评价

学科核心素养不是只针对美术专业人才设定的，而是面向全体公民，所以没有将"美术创作"作为公民的美术学科核心素养，原因除了美术表现的外延更广，包括美术创作，更重要的是其更加"公民化"。一个不从事美术专业的人，同样可以运用传统或现代媒介，通过造型活动表达自己的意图、思想和情感。[①]从美术作为视觉艺术的特征来看，作品的表现形式包括经典艺术形式的国画、书法、油画、版画、壁画、雕塑等，中外民间艺术形式的剪纸、皮影、陶瓷、砖雕、竹编、家具、玻璃、皮具等，设计应用领域的建筑、工业、服饰、平面、动漫、游戏、UI等形式，艺术种类和表现形式多元丰富。综上所述，从学科核心素养和美术表现形式综合来看，作品表现成为重要的结果目标，在整体性评价和操作性评价的基础上，侧重突出个性特长的多元化评价。

课程案例

以趣味非遗：鱼灯舞为例，在课程成果《非遗文化与儿童美术融合教育课程——以深圳鱼灯舞为例》一书中，每单元的教学设计中，对教师的教学实施建议有三个阶段，学生创作对应四个阶段、四个层次（根据单元情况有调整变化），整体上由浅入深逐渐提升，由练习到创作、由自主到合作、由制作到展示，技巧和创意协同发展，展示和评价有机融合，过程与结果同等重要。在第七单元"纸艺篇"，教学实施建议是三个阶段：第一阶段，教师引导学生整体学习本单元内容，重点是鱼在民俗文化中的吉祥寓意，讲解现代纸艺的技巧和综合材料的特点，提出材料管理和工具使用的具体要求，特别提醒制作过程中的安全注意事项；第二阶段，展示创意鱼灯作品，下发制作说明书和步骤图，学生分组研究讨论，自主学习制作方法，教师强调需重

[①] 尹少淳. 尹少淳谈美术教育[M]. 北京：人民美术出版社，2016：164.

点关注的技巧和事项，指导学生尝试制作不同材料和工艺的创意鱼灯；第三阶段，讲解装置艺术的特点，指导学生构思集体装置作品，组织学生运用多种材料加工、组合装置作品，并在校园中展示。学习要点是：了解鱼在民俗文化中的吉祥寓意，熟练掌握现代纸艺的造型特点，能够运用卡纸、纸杯、灯纸等现代材料，设计和制作出形态各异的创意鱼灯，能够安全使用工具，合理管理工具，保证创作环境的有序和卫生。将鱼灯进行创意组合，形成新的集体装置作品。作品表现的目标是：（1）纸艺鱼灯造型。参照教师提供的纸鱼灯设计图，运用点、线、面进行创作，剪贴成形，制作多个不同造型的创意鱼灯。（2）PU鱼灯造型。以纸鱼灯造型设计图为参考，拷贝在PU灯纸上，运用点、线、面进行创作，剪贴成形，制作多个不同造型的创意鱼灯，安装LED灯珠。（3）一次性纸杯鱼灯造型。使用一次性纸杯，运用三段式造型方法，剪贴结合，制作出会动的创意鱼灯。（4）集体装置作品。将用多种材料制作的创意鱼灯组合为集体装置作品，并悬挂在校园展示。①

整体来看，本课程侧重突出个性特长的多元化评价，给予学生充分的美术表现自由和选择权，尊重个性表达，鼓励创意表现。

《中国高考报告》研究者指出，以课程教学改革为核心的高中育人方式变革探索，学校应积极倡导开展跨学科主题教育教学活动，将相关学科的教育内容有机整合，提高学生综合分析问题、解决问题的能力。②在当下，具有决定性导向功能的高考改革，必将引发基础教育的系统性变革，提前思考和探索素养本位的课程理念和内容、课堂模式和评价体系，是基础教育必须面对和解决的问题。从参与研究的实验校教师取得的成果看，基于创客教育理念的美术校本课程理念、结构、内容和评价体系，体现了素养本位的课程特征和课堂改革方向；聚焦"设计思维"特征的创客式学习丰富了美术学科核心素养中的"特定学习方式"；形成的课程案例，丰富了素养本位的课堂形态。实验校教师系统设计和开展了跨学科主题教育教学活动，已经将美术

---

① 案例来自：宋冰.非遗文化与儿童美术融合教育课程——以深圳鱼灯舞为例[M].重庆：西南师范大学出版社，2020：83.
② 杨学为.中国高考报告（2020）[M].北京：社会科学文献出版社，2020：205-207.

核心素养的理念融入美术课程，基于真实生活情境开展跨学科主题学习，充分利用校内外课程资源保障课程实施，引导学生实施主题式、项目式学习，从课程内容、学习方式、作品表现三个维度对学习过程实施整体性、操作性、多元性评价，突出过程性和综合性评价的特征，努力从以教为中心走向以学为中心。

[第六章]

基于创客教育理念的美术校本课程与相关教育理论的关系

基于创客教育理念的美术校本课程开发，不仅关注课程开发的操作性和策略性问题，也聚焦"大而抽象的观念性问题"，尝试运用中外教育理论、设计学和设计思维原理、学科素养理论等，建立较为完整的"基于创客教育理念的美术校本课程"理论与实践"解释系统"，初步形成具有代表性的深圳"创客教育话语体系"。

第一节 与陶行知教育理论的关系

基于创客教育理念的美术校本课程，体现了陶行知先生"生活即教育"的教育思想，呈现出"面向生活、手脑并用、审美创造"的课程面貌，是新时代背景下的"创造的教育"。

一、创造的教育

人民教育家陶行知先生在20世纪30年代提出"生活即教育""社会即学校"的教育思想，也对"创造的教育"进行了深入浅出的阐述。对于儿童来说：创造的教育是由行动而发生思想，由思想产生新价值。创造的教育是行动的教育，要从小的时候就干起，要解放小孩的自由，让他做有意义的行动。有行动才能得到知识，有知识才能创造，有创造才有热烈的兴趣。创造的教育是以生活为教育，就是生活中才可求到教育。教育是从生活中得来的，虽然书也是求知之一种工具，但生活中随处是工具，都有教育。况且一个人有整个的生活，才可得整个的教育。对于教育者来说：我们要能够做，做的最高境界就是创造。我们要能够学，学从生活中去学，只知学而不知做，就不是真的学。我们要能够教，教要教得其所，要有整个的教育，平等的行动的教育。[1]教学做合一，一切生活的教学做都要如此，方为一贯。做是学的中心，也就是教的中心。[2]

陶行知认为：手和脑一块干，是创造教育的开始，手脑双全，是创造教育的目的。教育是什么？教育是教人发明工具、制造工具、运用工具，这才是真教育，才是真生活。教育有无创造力，也只需看他能否发明人生新工具或新人生工具。[3]教育要解放儿童的"头脑、双手、眼睛、口、空间、时间"，解放儿童创造力以从事于创造之工作。陶行知在1943年的《创造宣言》中期盼中国教育：处处是创造之地，天天是创造之时，人人是创造之人。（图6-1）这些教育思想不仅深刻影响了中国近现代教育，更与新时代中国特

---

[1] 陶行知. 陶行知教育名篇[M]. 北京：教育科学出版社，2013：142-148.
[2] 周洪宇. 陶行知教育名篇精选[M]. 福州：福建教育出版社，2013：50-51.
[3] 周洪宇. 陶行知教育名篇精选[M]. 福州：福建教育出版社，2013：58.

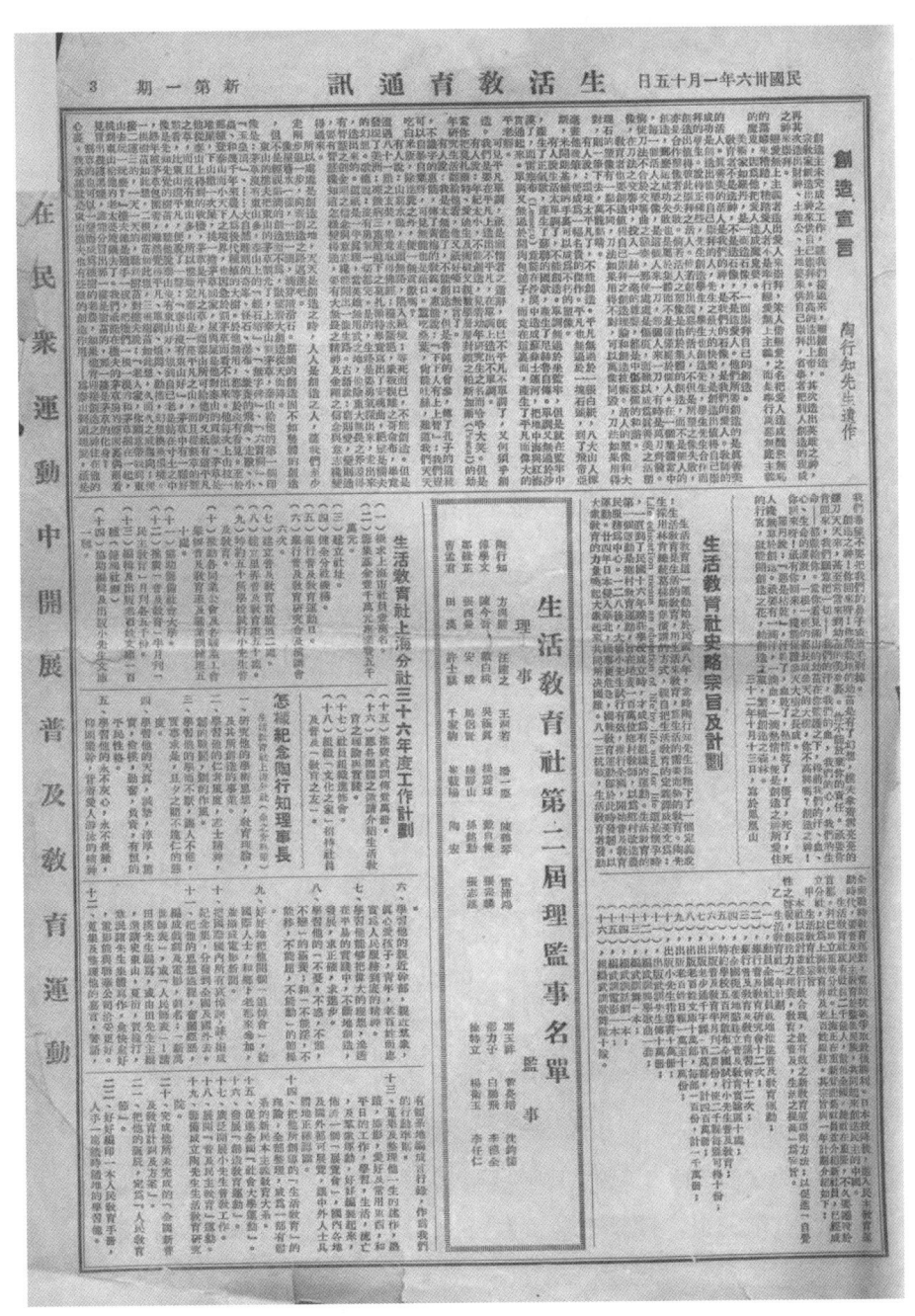

图6-1 陶行知撰写的《创造宣言》,1943年首次发表于《半月文萃》第2卷第6期第42—44页。陶行知先生逝世后,《生活教育通讯》于1947年新第1期第3页刊发了此文。文献图片来自深圳图书馆数字资源中心的晚清/民国期刊全文数据库

色社会主义的教育方针高度契合。创客一词虽然从英文单词"Maker"(也译作Mak-er)翻译而来,但创客教育作为一种教育理念和策略,其本质和内涵,与陶行知先生的教育思想——"创造的教育"高度重叠。

二、创造的教育与创客式学习

我们深信生活是教育的中心。

我们深信教育应当培植生活力,使学生向上长。

我们深信教法学法做法合一。

我们深信教师必须学而不厌,才能诲人不倦。

我们深信乡村教师应当用科学的方法去征服自然,用美术的观念去改造社会。

我们深信如果全国教师对儿童教育都有"鞠躬尽瘁,死而后已"的决心,必能为我们民族创造一个伟大的新生命。[1]

——陶行知 《我们的信条》(节选)

陶行知先生在1926年提出的教育信条,如智慧之光穿透近百年的时空,照耀21世纪的中国教育。在新时代背景下,基于创客教育理念的中小学美术校本课程,呈现出"问题探究、项目推进、创新设计、跨界融合、动手实践、协作分享、美感创造"的结构和体系,是一种回归生活和指向"创造"的教育,是发现生活之美、创造美好生活的审美课程。这种结构和体系,围绕创客式学习,呈现出"面向生活、手脑并用、审美创造"的课程面貌,对教师能力提出更高要求,培养学生终身受益的学习素养和生活能力。创客式学习活动(图6-2)体现和发展了陶行知先生的教育思想,是在传承基础上的创新发展。接下来笔者将运用陶行知先生的重要教育观点,对创客式学习活动进行分析和解读,系统阐述两者之间的关系。

(一)创造的教育与"创客式学习"的育人目标

创客式学习是一种新的学习方式,决定了教与学的组织方式和学习过程。主要包括问题输入和审美输出两大环节。经历从问题输入到创新设计,再到动手实践,最终实现审美输出的完整过程。为了有利于理解陶行知先生

---

[1] 周洪宇.陶行知教育名篇精选[M].福州:福建教育出版社,2013:3-4.

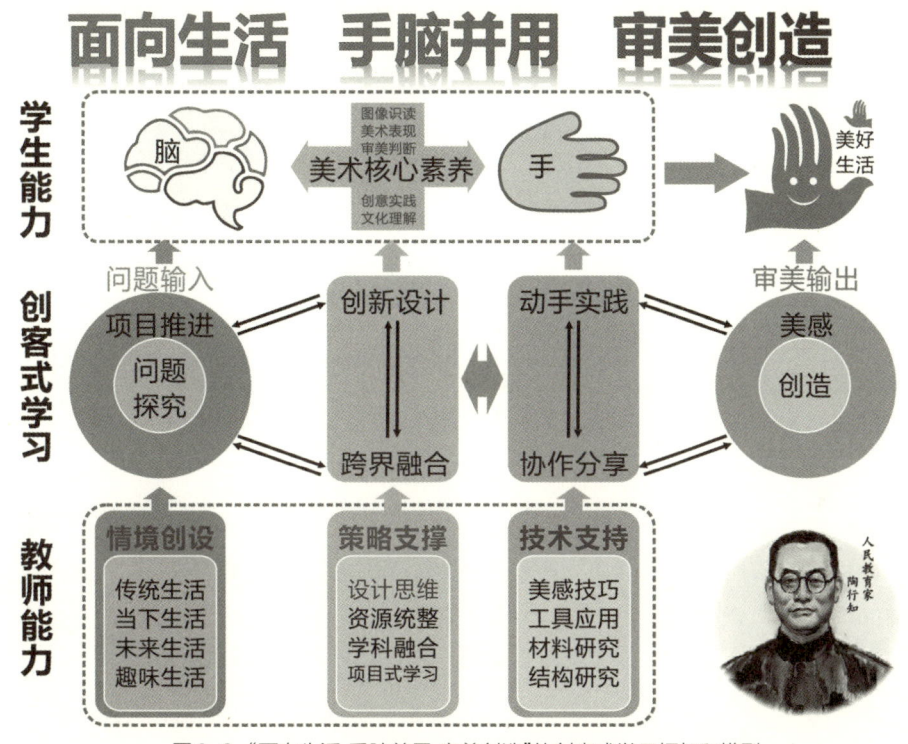

![图6-2 "面向生活 手脑并用 审美创造"的创客式学习框架和模型]

图6-2 "面向生活 手脑并用 审美创造"的创客式学习框架和模型

创造的教育与"创客式学习"的关系，先对之前阐述过的基本概念和内容做一个重现。具体如下：

1.问题输入环节。包含问题探究、项目推进、创新设计、跨界融合四个要素。激发学生的问题意识——在不同生活情境下思考和发现问题的意识，运用项目式学习方式不断思考并尝试解决问题，在学习策略上需要运用创新设计的方法和跨界融合的思维，这一环节的重点是培养学生的问题意识和创新思维。

2.审美输出环节。包括动手实践、协作分享、美感创造三个要素。提升学生的动手能力，遵循美术技巧和规律，运用合适的工具材料，开展个体探究或小组协作，动手实践敢于试错，最终创造出作品或产品，这一环节的重点是培养学生对工具材料的运用和动手实践能力。

结合陶行知在《创造的教育》一文中介绍杜威关于思想的反省

(Reflectria of Thinking)的五个步骤:(1)感觉困难;(2)审查困难所在;(3)设法去解决;(4)择一去尝试;(5)屡试屡验,得到结论。他提出要在"感觉困难"上边添一步:"行动"。因为惟其行动,到行不通的时候,方才觉得困难,困难而求解决,于是有新价值的产生。[①]对照创客式学习模型,不难发现,"在不同生活情境下思考和发现问题的意识,运用项目式学习方式不断思考并尝试解决问题"正是对陶行知这一观点的呼应和解释,充分体现了"创造的教育"的特征。

在认知心理学领域,信息加工理论认为创造性思维过程及其机制分为三个阶段:首先接受外来信息,然后对这些信息进行加工处理,最后是输出这些经过处理的信息。创造性的思维过程不是一次性就可以完成的,输出的信息也不一定直接达到预期的效果和目标。因此,这种理论又引入反馈的概念,即输出的信息又返回来,改变原先的处理方式,进行新的加工,以达到预期目标。[②]这就是创客式学习中典型性的迭代优化过程,在模型中的多个双向箭头,是思维和作品迭代优化的过程体现,这个过程不完全是线性和循环的,而应该是螺旋式上升,对应的是学生创新思维和动手实践能力的螺旋式上升。

创客教育的重要目标是人的创造力培养,就创造力而言,格式塔心理学[③]所要探讨的是人的创造性思维过程是如何展开的,它所依据的内在心理学法则是什么。韦特海默认为,创造过程就是由结构上不完整的情境(S1)走向结构完整的情境(S2)的连贯一体的思维过程。创造过程一般开始于问题情境(S1),在对问题情境的探索中,人会感到某种结构上的缺陷、混乱和无序、部分的无关联和游离,等等,于是,他便力图把握这一情境中各部分的内在联系,把各部分作为一个完整体来思考,最终将它们有序地组织起

[①] 周洪宇. 陶行知教育名篇精选[M]. 福州:福建教育出版社,2013:121.
[②] 周宪. 走向创造的境界——艺术创造力的心理学探索[M]. 南京:南京大学出版社,2009:33.
[③] 格式塔心理学理论,创始人之一是韦特海默(M. Wertheimer)。格式塔心理学是现代心理学的一个重要流派,也是现代艺术心理学中一个影响甚大的研究方向。它关注人类的知觉现象以及由知觉构成的思维过程。

来。这个组织过程就是趋于完形的过程，事物的整体结构便在完形中呈现出来，问题情境便转向解决情境（S2），创造性的思维也就完成了。[①]观察创客式学习模型，对比创客式学习的全过程，从问题输入环节到审美输出环节都体现了"创造过程就是由结构上不完整的情境（S1）走向结构完整的情境（S2）的连贯一体的思维过程"，这个过程不仅是思维形成和培养的过程，更是动手实践解决实际问题的过程，也体现了设计思维中的发散思维和收敛思维两大核心。

数百万年以来，用新的、创造性的方式解决问题已经成为我们这个物种的生物和文化天赋的一部分。[②]美学家李泽厚认为：马克思主义哲学的要点即把生活、实践当作比语言更根本的东西，并且以"使用—制作"工具的实践，当作社会生活的基础，把这当作人的本体存在。在人类进化发展的过程中，"实践"具有重大意义，"干活"即人"使用—制作"工具的活动，是动作的抽象化、规则化、理性化的成果，并由它建立抽象的感性形式，这就是"技艺"的起源，也是思维、语言中抽象的感性根源。[③]联通主义创始人乔治·西蒙斯说：生活的主要目标不是知识，而是行动。做是知道的一种形式。从这个意义上来看，学生的动手实践能力需在思维训练之前，实践比思维的培养更加重要，"行是知之始，知是行之成"，实践和思维两者的关系恰是如此。

所以，"创客式学习"正如陶行知先生所说：手和脑一块干，是创造教育的开始，手脑双全，是创造教育的目的。

（二）创造的教育与"创客式学习"的师资要求

为实现"创客式学习"，对教师能力提出了较高要求，主要有三个维度的能力：

1.情境创设和活动引导的能力。包括从传统（过去）、当下、未来、趣味

[①] 周宪.走向创造的境界——艺术创造力的心理学探索[M].南京：南京大学出版社，2009：20-21.
[②] 维克多·帕帕奈克.为真实的世界设计[M].周博，译.北京：中信出版社，2013：162.
[③] 李泽厚.李泽厚话语[M].邓德隆，杨斌，编选.上海：华东师范大学出版社，2014：242-243.

生活等不同角度，引导学生发现问题、思考问题的能力，教师应具有容错意识和纠错能力，为实施项目式学习打下基础。正如陶行知先生所言：问题到了生活教育者的手里是必须解决了才放手。问题是在生活里发现，问题是在生活里研究，问题是在生活里解决。没有问题是心力都不劳。[①]在这个维度，美术教师要突破固有的审美视角和思维方式，如果用古典主义、浪漫主义、现实主义、超现实主义、表现主义等艺术风格来理解的话，很显然聚焦"在生活中引导学生发现问题、思考问题的能力"的目标。实施创客教育的美术教师，审美视角和思维方式应该更接近现实主义，或者超现实主义，而非其他。

2.创新思维和策略支撑能力。包括设计思维、资源统整、跨学科融合和项目式学习等具体能力，教师需要掌握一定的创新思维方法，如设计思维（发散思维、收敛思维）、分类思维、结构思维、连接思维等，这对教师的创新意识和能力要求较高，也是实施项目式学习的关键环节。认知心理学家吉尔福德认为：创造力的非凡才能特质有三种：第一是对多种解释的宽容，第二是复合思维或收敛思维，第三是发散思维。复合思维是向心的，而发散思维则是离心的、向外扩散的。吉尔福德尤其重视发散思维，认为它是创造性思维中异常重要的特质。[②]

3.技术支持能力。包括美感技巧、工具应用、材料研究、结构研究等具体能力，对于多数美术教师来讲，需要突破原有的专业技术瓶颈，对新方法、新工具、新材料要主动研究积极尝试，对传统工具和材料重点思考创新应用，尽可能掌握多种技能手段，只要是创造就面临着对技术与途径进行创意与创新。教师要学习和建立结构化思维，探索结构和模块特征，分解整体要素，从整体到局部，从局部关照整体。认知心理学家认为，创造力从根本上就是一种认知能力，包括对艺术符号的把握、理解和操作等，也即广义的艺术技能。哈佛大学零点计划主持人、多元智能理论创始人——加德纳（H. Gardner）认为：具有高度创造性的艺术家，往往表现出卓越的艺术技能，

---

① 周洪宇.陶行知教育名篇精选[M].福州：福建教育出版社，2013：129.
② 周宪.走向创造的境界——艺术创造力的心理学探索[M].南京：南京大学出版社，2009：36.

而这种技能说到底也就是对艺术符号的认知技能。他提出的艺术技能或认知技能包括多方面的内容，诸如风格辨析力、对隐喻的感受力、图画知觉、音乐构成力以及其他的审美能力。[①]这些能力对美术教师实施创客教育，指导学生开展创客式学习，起到关键作用。基于创客教育理念的美术校本课程开发，必然是"美"的，必然实施"美感"的教育，这也是区别于以科学、信息等学科为主体的创客教育的。

在华东师范大学（上海）举办的"视觉艺术教育论坛"（2018年）上，来自加拿大卡尔加里大学的布列塔尼·哈克·马丁副教授分享了他的研究成果，他认为：中小学美术教师要成为艺术家型的教师，利用艺术去思考探索。艺术家型的教师是艺术与教育的融合者，发现并使用基于艺术的方式来让学生理解并展示另一种学科的知识。艺术家型教师不仅教授艺术，还会创造基于艺术的学习体验，更乐意创新、试验不同的学习方式。美术教师可以通过提升自身的创造力、设计思维技能、审美能力、艺术创作技能，努力成为艺术家型教师。

基于创客教育理念的美术特色课程，对教师专业能力提出了新的要求。只有不断提升自我，培养"一专多能、多专多能"的能力才能满足创客教育的要求，适应未来教育变革的挑战。

1919年，陶行知先生发表《第一流教育家》，鼓励教师要成为第一流的教育家，敢探未发明的新理，即是创造精神。敢入未开化的边疆，即是开辟精神。创造时，目光要深；开辟时，目光要远。创造、开辟都要有胆量。有胆量创造的人，即是创造的教育家；有胆量开辟的人，即是开辟的教育家，都是第一流的人物。1931年，陶行知先生在《中华民族之出路与中国教育之出路》一文中提出：创造富的社会之过程中，任何教师必须擅长一门自然科学，没有自然科学训练的，不配做现代的教师。科学要从小教起。创造富的社会，头脑里要装着科学。[②]1945年，庞薰琹与陶行知谈了一个构想，要在

---

① 周宪. 走向创造的境界——艺术创造力的心理学探索[M]. 南京：南京大学出版社，2009：40-41.
② 周洪宇. 陶行知教育名篇精选[M]. 福州：福建教育出版社，2013：100-101.

中国建立一所自己动手学习、制作、销售的工艺美术学校。[1]这就是后来的中央工艺美术学院，现在的清华大学美术学院。

整体看，"面向生活、手脑并用、审美创造"的美术课程，教师通过三个维度的专业能力建构，为创客式学习提供有力支撑，培养图像识读、美术表现、审美判断、创意实践和文化理解等美术核心素养，提升学生的创新思维和动手实践能力。这更对教师的专业能力提出了更高的要求，要想学生成为能够创造的人，教师首先要成为善于创造的人，这也是新时代背景下教育的新目标和新要求。新时代背景下的创客教育，要求美术教师掌握必要的美学原理、创作能力、设计思维和自然科学知识等，积极学习并运用新技术、新工具、新策略，尊重科学、注重审美、敢于创造，与时俱进实施"创造的教育"。

创客教育的教师首先要成为有创造精神的人，才能培养学生的创造精神。教师更应该成为善于学习、主动学习、终身学习的学习者，"为学生而学、为未来而教"，教学做合一，与学生一道构建师生成长共同体。

这些正是陶行知教育思想在21世纪中国的传承与创新发展。（图6-3）

教师应当用科学的方法去征服自然，美术的观念去改造社会。

——陶行知

手脑相长歌

人生两个宝，

双手与大脑，

用脑不用手，

快要被打倒，

用手不用脑，

饭也吃不饱，

手脑都会用，

才算是开天辟地的大好佬。[2]

——陶行知 原载1933年《知行诗歌集》上海儿童书局版

---

[1] 杭间.设计的善意[M].桂林：广西师范大学出版社，2011：138.
[2] 周洪宇.陶行知教育名篇精选[M].福州：福建教育出版社，2013：119.

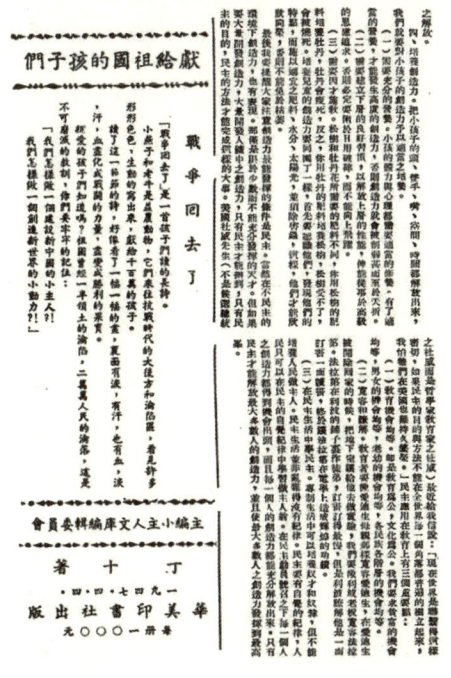

图6-3 陶行知撰写的《创造的儿童教育》，1945年首次发表于《战时教育》第9卷第1期第3—6页。陶行知先生逝世后，《新教育杂志》于1947年第1卷第1期第16—18页刊发了此文。文献图片来自深圳图书馆数字资源中心的晚清/民国期刊全文数据库

第二节 与设计学、设计思维理论的关系

经济合作与发展组织（Organization for Economic Cooperation and Development，OECD）教育研究与创新中心在"学习科学研究成果"——《回归艺术本身：艺术教育的影响力》中的关键结论指出：艺术教育存在的意义在于艺术思维习惯的获取，艺术教育对创新社会的主要贡献在于它对众多的和重要的思维习惯的开发，艺术教育开发的艺术技能在创新驱动型社会中的作用日益重要。[1]深圳作为中国创新之城和创客之都，自2015年起，深圳中小学创客教育就走在全国前列，深圳市教育科学研究院2018年4月公布的《深圳市中小学学科教育与创客教育融合指南（试行）》提出："设计思维"是创新素养的核心能力之一，是人进行创新思考、高效解决问题的基本方法论。设计思维能够指导人们在复杂的现实问题面前，迅速聚焦核心问题，高效整合现有资源形成解决方案并不断优化迭代，最终解决问题。这与创新人才培养的教育目标高度一致。创客教育研究者闫寒冰强调：设计思维同创客教育所倡导的精神相一致，也是以学生发展为中心，强调对学生创新精神、问题解决等综合能力的培养，都是以项目式学习为依托、以小组合作的形式展开，强调以学生为中心的体验，是基于真实问题的探究性学习。这些在"精神上"的有效契合及在目标上的一致性，正是设计学理论，特别是"设计思维"的研究应用于创客教育的前提和基础。

一、设计

设计，英文Design。视觉艺术术语。广义指一切视觉艺术活动的构思计划、实施方案。狭义专指图案装饰。在19世纪仅指对工艺品或其他产品的外表附加装饰，而后其重点转向产品的功能、构造、加工技术等方面，20世纪下半叶开始成为独立于传统工艺美术之外的综合性美术。一般可分为立体设计与平面设计，亦可分为建筑设计、产品设计、环境和室内设计、视觉传达设计、服装设计等。其基本要求和特点包括合理性、经济性、审美性和独

---

[1] 艾伦·维纳，塔利亚·R.戈德斯坦，斯蒂芬·文森特-兰克林.回归艺术本身：艺术教育的影响力[M].郑艳，译.上海：华东师范大学出版社，2016：237，252.

创性。①

设计根植于实用性。②

——（英）迪耶·萨迪奇 伦敦设计博物馆馆长

设计不是一种技能，而是捕捉事物本质的感觉能力和洞察能力。③

——（日）原研哉 著名设计师

我们在这里讨论设计与创客教育之间的关系，不是理论上的概念界定、追本溯源和学理论证，主要目的是探寻能够应用于中小学美术校本课程开发的路径，为一线教育工作者提供较为清晰的设计思路。所以，下文遵循立足中小学教育和实用主义的原则，重点厘清以下三个教育问题。

（一）设计是什么

在近现代设计史上，美籍奥地利设计师维克多·帕帕奈克④的设计理论和思维方式影响了诸多领域，从设计人类学、创客运动，到批判性设计和全因素设计。维克多·帕帕奈克在《为真实的世界设计》一书中提出：未来的设计实践和设计教育的发展应该面对世界持续增长人口中的"大多数"，并保持与自然的和谐共处。他列数过"设计的10个神话"：

1. 设计是一种职业？
2. 设计是有品位的？
3. 设计是一种商品？
4. 设计是为了生产？
5. 设计是为了大众？
6. 设计解决问题？
7. 设计师有特殊技巧？需要6年高级专门教育？

---

① 解释源自《辞海》（第七版）"设计"词条。
② 迪耶·萨迪奇.B代表包豪斯[M].齐梦涵,译.北京：东方出版社，2020：136.
③ 原研哉.设计中的设计[M].朱锷,译.济南：山东人民出版社，2006：190.
④ 维克多·J.帕帕奈克（Victor Joseph Papanek,1923—1998），美籍奥地利设计师、教育家和设计哲学家，代表作《为真实的世界设计》。他主张设计师应该担负其对社会和生态变化的责任，高度强调设计师的社会意识和环境意识，令之后的几代设计师认识到自己应该承担的社会及伦理价值，而他终其一生倡导的"有限资源论"则为后来掀起的"绿色设计运动"提供了理论基础。

8.设计是创造性的？

9.设计满足需要？

10.设计与时间相关联？[①]

他同时对每一个问题都做了相应的解释，其中对创客教育具有启发性的观点有：设计要人人参与、人人共享，否则它就不能满足大众；设计师需要和大众在一起；设计的商品越多，就越被消费，会消耗大多数国家的资源；设计能解决一部分现实生活和需求问题。这些观点也提醒教育者：

在创客教育过程中，要注重学生消费观念、资源意识和社会责任的培养，避免为了创新而创新、为了创造而创造，避免开展不计成本、不切实际、脱离现实的理想主义或完美主义的学习和创作活动。

解决现实生活和需求问题，不能以能源浪费和环境破坏为代价。

这些都是教育者、学习者和设计师需要反省的问题。

清华大学教授杭间认为，设计不是一个作品意识，它是一个社会系统的意识，是在系统里面某种功能的一种实现，这种实现会确定消费者的一种生活方式和他的生活形态。[②]

所以，设计是什么？设计是以人为本，人人参与、人人共享，可持续发展。设计可以理解为"造物"，即创造适合的"物品"。也可以理解为一种行为，是有目的的行为，是创造性、创意性、创新性的行为。设计更好地、恰当地满足人的精神及生活需求，为个体、社会、国家和人类的可持续发展服务，最终是为了每一个人的"美好生活"。需要注意的是，这里的"美好"，不是完美，而是绿色的、可持续的、健康的生活之美。

维克多·帕帕奈克预见到了21世纪向跨学科设计的转变，他指出了设计师在一个更广泛的团队中作为组织者和协调人的角色，这样的团队应该包括人类学家、心理学家、医学家、结构生物学家、仿生学专家、生物力学专家、媒体制作人、工程师、数学家和生态学家等，还可能包含来自计算机科学、博弈论、人口学、动物行为学、统计学、经济学、政治法律学、气候

[①] 杭间.设计的善意[M].桂林：广西师范大学出版社，2011：182-183.

[②] 杭间.设计的善意[M].桂林：广西师范大学出版社，2011：8.

学、人体工程学等方面的专家。这也打破了设计是艺术领域个体创作行为的传统认知。（图6-4、图6-5）

图6-4 维克多·帕帕奈克与学生、家长、教师和儿童一起设计的活动操场结构①

图6-5 维克多·帕帕奈克的最小设计团队（The Minimal Design Team）图表②

---

① ② 图片来源：理想国imaginist1. 天真的设计学家[EB/OL]. 当当网（2020-12-28）[2022-8-8]. http://touch. m. dangdang. com/fx_detail. php?article_id=421939&user_client=touch&client_version=1.0.

（二）设计的目的和价值

只有人的美的生活是永远不变的本质，设计永远是手段，没有永恒的设计。[①]

——杭间

维克多·帕帕奈克有一个核心的设计伦理观念，即"设计的社会和道德责任"。这既是他对设计进行判断的根本依据，也是他关于设计的道德选择和评价的最终标准，而且，这个观念事实上也为后来的设计伦理思考和负责任的设计实践，提供了一个基本的道德原则。[②]他提出设计师必须意识到自己的社会和道德责任，通过设计，人类可以塑造产品、环境甚至是人类自身，设计是人类所掌握的最有力的工具。设计必须敏感于问题的存在，设计师能够带给作品最重要的能力就是辨别、剖析、定义和解决问题的能力。[③]对于设计教育，他认为：设计教育倾向于创造出有能力和竞争性的消费者，而不是具有创造性的和自主的个人，具有批判思维和生态敏感性的用户自身才是设计实践的核心。

在国内关于设计的目的和价值，普遍认为是创新或者创造，为了"美好生活"。刘静伟教授认为设计以实现人们生活中的意义、生活中的趣味、生活中的情感等为目的，以改善人们生活品质为目的。设计通过创造、创意、创新和"改变"实现其目的，将人们生活的诉求形式化、样式化、生动化，从而实现设计的目的。所以，设计是一种创造性行为，它的目的是提高设计对象的生活品质。设计为满足人们幸福的生活持续不断地进行着技术革新，创造着新的形态。[④]

杭间教授认为：设计的价值是"仁"。正如他的著作《设计的善意》书名所示。设计的善意包含设计的民主精神，设计对改善民生具有重要作用。设计的物质制造是人类文化最可靠的证明者，它是那样日常地、具体地、温暖地体现了人对自己的关怀。这种民生的艺术，是真正民主价值的实现。设

[①] 杭间.设计的善意[M].桂林：广西师范大学出版社，2011：182.
[②] 周博.维克多·帕帕奈克论设计伦理与设计的责任[J].设计艺术研究，2011（2）：112.
[③] 维克多·帕帕奈克.为真实的世界设计[M].周博，译.北京：中信出版社，2013：107，159.
[④] 刘静伟.设计思维[M].2版.北京：化学工业出版社，2018：4.

计的善意还包含了物与人的关系，物与环境的关系，使用者与设计师的关系，设计师与社会的关系……天人合一、平衡和谐是我们传统文化精神的价值取向。[1]王澍认为问题转化为如何设计一个有独立生命的物，为此，人需要重新向自然学习，这种思考方式在中国有着漫长的传统。[2]这些观念在中国设计理论中都具有一定代表性。善意的设计正是"美的物质""仁的文化""善的关系"。设计的善意成就绿色环保的、可持续的、健康发展的未来社会和美好生活。这一价值判断，也体现了孔子"尽善尽美"[3]的美学观点。孔子认为：善与美相结合，才能达到尽可能完美的程度。在儒家文化中，事物的美与道德的善既有区别和参差，又有内在的联系，而且可以相互结合、和谐统一，达到高度的完美境界，实现人的最高的审美理想。只为了追求创意和美感的设计，如同《武》乐，尽美未尽善，不是好的设计。

清华大学教授柳冠中认为：设计不是目的，而是一种解决问题的方法。英国国立维多利亚与艾伯特博物馆（V&A）[4]中国首展"设计的价值"（2018）[5]序言中有这样一段话：

设计作为一种实用工具，为我们提供了系统化的思考方式，让我们能更好地应对这些世界性难题。

所以，笔者认为设计的目的和价值是：务实求真，尽善尽美。务实是关注民生需求，发现真问题；求真是探寻事物规律，运用好工具；尽善是承担社会责任，怀揣同理心；尽美是实施美好创意，创造新生活。

以上不正是创客教育的目的和价值吗？

---

[1] 杭间. 设计的善意[M]. 桂林：广西师范大学出版社，2011：68.
[2] 王澍. 造房子[M]. 长沙：湖南美术出版社，2016：44.
[3] 出自《论语·八佾》："子谓《韶》，尽美矣，又尽善也；谓《武》，尽美矣，未尽善也。"韶，舜时乐曲名；武，周武王伐纣胜殷所制乐曲名。解释源自《辞海》（第七版）"尽善尽美"词条。
[4] 英国国立维多利亚与艾伯特博物馆（Victoria and Albert Museum，V&A）位于英国伦敦，创立于1852年，是世界上最重要的一座设计艺术史博物馆。在英国，它是规模仅次于大英博物馆的第二大国立博物馆。2013年深圳中小学生的校服，作为代表深圳的元素，被该博物馆永久收藏。
[5] 2018年2月，英国国立维多利亚与艾伯特博物馆（V&A）在深圳海上文化艺术中心举办"设计的价值"（2018）设计藏品展览，本文引用了"设计的价值"（2018）专题展中的部分观点。

（三）设计与工艺美术的关系

工艺美术是造型艺术之一。《辞海》（第七版）中的解释是：以设计意识为主导，运用工艺材料和美术技巧制作实用价值与欣赏价值相结合的工艺品。作品通常具有双重性质：既是物质产品，又具有精神方面不同程度的审美性。作为物质产品，它反映着一定时代、社会的物质生产和技术发展水平；作为精神产品，它的视觉形象（造型、色彩、装饰）又体现了一定时代的审美观。一般分为两大类：（1）日用工艺，用于生活实用品的装饰加工，如一些染织工艺、陶瓷工艺、家具工艺等；（2）欣赏工艺，用于专供欣赏的陈设品，如一些玉石雕刻、竹木雕刻、灯彩、装饰绘画等。因历史时期、地理环境、经济条件、文化技术水平、民族习尚和审美观点的差异，表现出不同的风格特色。（图6-6、图6-7）

图6-6 唐代四神生肖铜镜 宋冰2019年摄于广东省博物馆

图6-7 明代肇庆端石井田砚 宋坑石 宋冰2019年摄于广东省博物馆

对比设计的概念，无论是传统或现代的工艺美术，与设计有共通之处，都是以设计意识为主导的视觉艺术，工艺美术作品或产品主要是为了服务和满足人的生活需求，同时实现生活的审美化，而设计类作品或产品，如：家具、家电、手机、汽车等民用产品也具有以上功能，而航天器、潜水艇、高速列车、无人机等大型的工业设计，主要是为了社会建设和国防工程服务的。设计和工艺美术两者相互交叉、各有侧重，都具有不可替代的价值和作用。

正如杭间教授所言：工艺史和设计史在很多情况下不能严格区分。[1]

国家美术课程标准研制（修订）组组长尹少淳教授指出：设计与工艺是蕴含巨大教育价值的课程内容，能使学生学会在社会、自然和个人的情境中思考需要与功能等问题，丰富学生的才情与智慧，形成创造性思维和操作实践能力，从而提升学生作为未来社会公民的行为能力。[2]

开展创客教育，开发美术校本课程，必须要充分研究与发挥设计、工艺的独特价值，发现真问题、运用好工具、怀揣同理心、创造新生活。

二、设计思维

设计思维，英文Design Thinking。设计思维，就是人在设计、研发、生产、制造、经营等活动中的创新思维规律、创作方法和应用机制，也被称为"以人为中心的设计"思维模式。设计思维可以实现部分创新思维的可视化和工具化。设计思维是为了创造性地解决问题，具有目标性；提供系列思维方法，具有工具性；呈现思考的过程和思维的路径，具有过程性。再来看一看创造力是什么？创造力即创新的能力。所谓创新，可以是提出解决问题的新路径，完成一项新设计或新方法，或是创造出一种新的艺术形式等。创造力就是促使某种新事物出现的过程。[3]对照设计思维和创造力的解释，不难发现设计思维正是培养人的创造力的。

维克多·帕帕奈克特别重视创造性解决问题的思维，即创造性思维，他认为设计的思维模式正是如此。他在1971年出版的《为真实的世界设计》一书中提出：需要为了产生一种新的工作方法而进行一种系统的、以解决问题为导向的研究。书中系统分析了阻碍运用创新方式解决工作问题的八个抑制

---

[1] 杭间.设计的善意[M].桂林：广西师范大学出版社，2011：68.
[2] 尹少淳.尹少淳谈美术教育[M].北京：人民美术出版社，2016：118.
[3] 周宪.走向创造的境界——艺术创造力的心理学探索[M].南京：南京大学出版社，2009：68.

因素，运用所处时代的经典设计案例，总结了优秀设计师的经验和做法，建立了创新思维方式和设计工作方法的八条建议：头脑风暴、共同研讨、形态分析、滑动对照、双关联想、三项联想、仿生学和生物力学、强制新的思维模式[1]，并对每一条提出了非常具体的实施建议，具有很强的工具性和实用性。现在看来，这些方法依然很有创意，有很强的指导性和应用价值。于是，设计思维首先在设计领域产生，从对设计理论的研究中发展出设计师的认知方式，再以此为基础开发了一种创新方法论，被广泛应用于解决不同领域中面临的挑战。

进入21世纪，设计思维受到中外高等教育特别是创新研究院、设计类院校的重视。美国斯坦福大学在2005年建立了哈索·普拉特纳设计研究院（Hasso Plattner Institute of Design，简称D.School）并开展设计思维教育，旨在培养不同专业的大学生和研究生创新性解决问题的能力。2007年，德国波茨坦大学建立了哈索·普拉特纳研究所（Hasso Plattner Institute，HPI），它与D.School被称为设计思维教育的姊妹学校。随后越来越多的高校开展了设计思维教育，例如斯坦福大学的"设计思维行动实验室"（Design Thinking Action Lab）和麻省理工学院的"领导与学习的设计思维"（Design Thinking for Leading and Learning）。[2]在国内，2018年清华大学与IDEO创新设计顾问公司携手推出了"创领中国"项目，IDEO公司还携手清华大学五道口金融学院以及清华大学美术学院打造了国内首个以设计思维为核心的创新领导力课程。在商业应用领域，设计思维已经成为商业管理、产品研发、团队建设、企业培训的创新领导力课程重要内容，服务于现代企业战略决策、管理模式和文化建设。设计思维理论诞生于设计行业和相关商业领域，具有创新性、现实性、指导性和应用性，以一种强大的用户导向和多（跨）学科团队的快速迭代来解决问题，适用于设计产品、服

---

[1] 维克多·帕帕奈克.为真实的世界设计[M].周博，译.北京：中信出版社，2013：159-194.
[2] 林琳，董玉琦，沈书生.设计思维教学法的理念框架与支撑技术[J].现代远程教育研究，2022，34（4）：73.

务、流程、商业模式和生态系统。

设计思维作为一种创新方法论和系统方法论,其在设计领域和其他商业领域的应用,更凸显了实用性、指导性和工具性。IDEO公司开发的指导手册《教育工作者的设计思维》和工具资源包,旨在帮助教育工作者应对学校工作中面临的教育挑战。所以,教育者应重点研究设计思维的创新工具,应用于课程开发与实施之中,设计思维可以成为项目式学习中的创新思维训练和重要策略工具,提升教育者和学习者的创新思维水平。接下来的内容将聚焦设计思维的工具特征,通过工具特征、概念解释、模型解读、案例分析等视角,探寻设计思维在教育中应用的可能性和融合点。

(一) 设计思维的工具特征

设计思维分为微观和宏观两个周期,设计思维通常是一个循环迭代的系统,设计思维有发散性思维和收敛性思维,这些是国内外研究者普遍认同的观点。斯坦福大学的D.School将设计思维分成共情(Empathize)、定义(Define)、构想(Ideate)、原型(Prototype)和测试(Test)五个环节[1],它不仅是一个流程,更是一个迭代反复的过程。(图6-8)哈索·普拉特纳软件研究所(HPI)的"HPI六步设计思维模型",包括理解、观察、定义视角、构思、原型、测试六个有递进关系的要素,它们之间以线性递进的顺序排列,通过连接线在不同的元素之间建立关联,体现了设计思维的非线性。(图6-9)[2]

斯坦福大学的D.School则将"理解"和"观察"合并为"发展同理心"。IDEO公司最初把微观周期定义为五个简单步骤,以便通过迭代获得新的想法。日本金泽工业高等专门学校(Kanazawa Technical College)的全球信息技术中心,采用四步设计思维:同理心—分析—原型—共创。瑞士信息通信技术公司瑞士电信(Swisscom)为了快速将设计思维整合到组织内部,设计了一个更加简单的微观周期:倾听—创造—交付。

---

[1] 陈鹏,黄荣怀.设计思维:从创客运动到创新能力培养[J].中国电化教育,2017(9):7.
[2] 迈克尔·勒威克,帕特里克·林克.设计思维手册:斯坦福创新方法论[M].高馨颖,译.北京:机械工业出版社,2019:26.宋冰参考书中模型重新绘制。

图6-8 经典设计思维过程

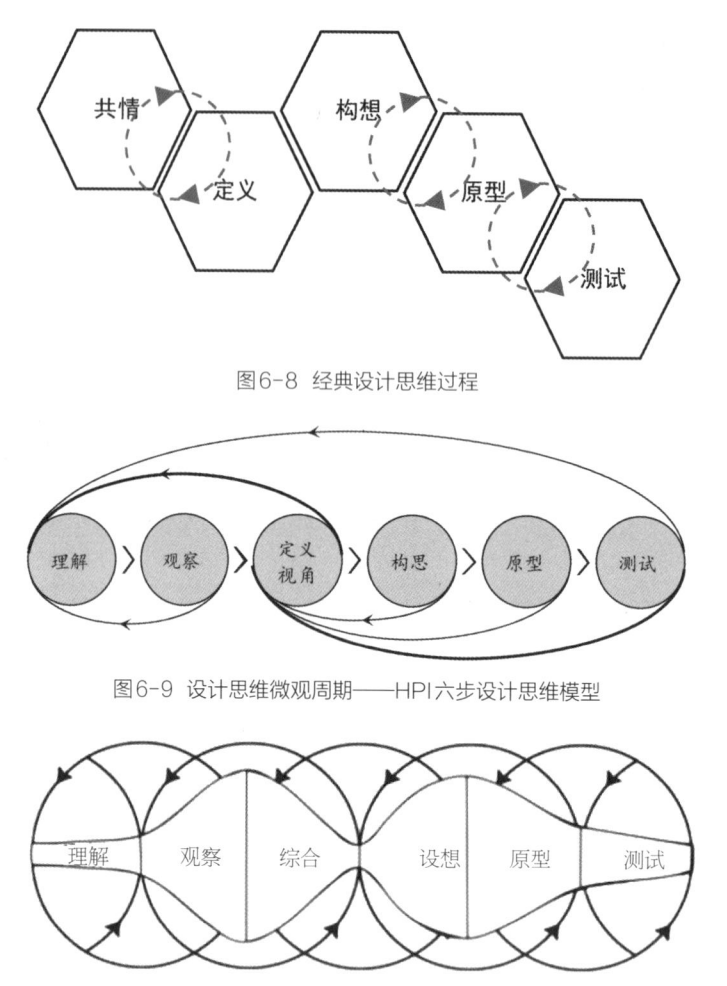

图6-9 设计思维微观周期——HPI六步设计思维模型

图6-10 努埃瓦小学(Nueva School)的设计思维过程模型

在教育领域，努埃瓦小学（Nueva School）的设计思维过程模型（图6-10），通过圆环来强调每个元素在实践过程中的内部迭代，以及元素与元素之间的连接与迭代，还关注到过程中的"发散—聚敛"。[1]不难看出，该模型由"HPI六步设计思维模型"衍生而来，是基于教育应用的优化结果。斯坦福大学的卡罗尔等人较早将设计思维教学法运用在中学地理课堂中。在美国兴起的"设计思维教学法"（Design Thinking Pedagogy）是一种风靡全

---

[1] 林琳，沈书生，董玉琦.设计思维的发展过程、作用机制与教育价值[J].电化教育研究，2021, 42 (12): 16.

球的创新能力培养方法。[1]

在国内，西安工程大学教授刘静伟是较早系统研究设计思维的国内学者。她在2014年出版的《设计思维》一书中，提出了设计思维流程：目标（Goal）或问题（Matter）→概念（Conception）→构思（Conceive）→设计（Design）→实现（Implement）→评价（Appraise）。以生活为目标，建构起概念（Conception）、设计（Design）、实现（Implement）、评价（Appraise）（简称CDIA）的思维方法与行为方式，建立了系统化的知识体系与历程模型，形成设计思维的课程体系。[2]南京师范大学教授沈书生基于设计思维，提出了"人—境—脉—事—物"五维学习设计，从"学"的立场出发，建立体现学的共同要素。上海师范大学博士后林琳认为，近年来设计思维在面向未来工程师、教师、设计师、创业者等专业人才的培养中，以及中小学的STEM教育、创客教育等领域受到广泛关注，经历了"设计思维—设计思维教育—设计思维教学法"三个阶段。系统阐述了设计思维的发展过程、作用机制与教育价值，以及设计思维教学法的基本理念，支持设计思维教学法的学习空间和技术工具。[3]

笔者在第五章第三节"景德镇窑青白釉注子注碗"案例分析中，总结出校本课程开发中"内容"研究的"五个基于"整体化实施线性（图5-20）、环形（图5-21）、螺旋式流程图（图5-22），具有鲜明的设计思维特征。基于生活的情境、基于问题的研究、基于观察的表现、基于想象的故事、基于设计的制造，形成完整的设计思维流程：人在生活中有需求，然后就产生了问题，通过观察思考，做出初步的判断，发挥大胆的想象，进行不断的尝试，通过一定的迭代优化，最终完成了设计制作，满足人的生活需求。

从生活出发最终又回到了生活。一切创客活动都应该从生活出发，为了更美好的生活。

---

[1] 林琳，董玉琦，沈书生. 设计思维教学法的理念框架与支撑技术[J]. 现代远程教育研究，2022，34（4）：73.
[2] 刘静伟. 设计思维[M]. 北京：化学工业出版社，2014：2-14.
[3] 林琳，董玉琦，沈书生. 设计思维教学法的理念框架与支撑技术[J]. 现代远程教育研究，2022，34（4）：73-82.

在IDEO公司发布的《设计思维——为教育工作者准备的工具包》（中文第二版）一书中，强调设计思维是一种以人为本、协作共进、积极乐观、不断试验的思维模式，提供了一个将困难的挑战转化为设计机会的流程。设计流程是将"设计思维"付诸实践的过程，是一种产生和发展点子的结构化方法。它有五个阶段，分别是发现、解读、创想、试验、演进。设计流程指导教师和学习者确定设计挑战并找出、构建解决方案。设计思维是一个在"发散思维模式"和"聚拢思维（即收敛思维，翻译方式不同）模式"之间不断交替的过程。（图6-11）阅读这本工具书之后，笔者认为相关学校案例很具体，实施步骤和解读都很清晰。此书虽然提供了一种思维工具，但缺少对设计思维运行周期和规律的详细阐释，对两种思维模式的生发机制也没有进行系统性解释，特别是对五个阶段之间转换的内在逻辑关系，缺少了非常重要的可视化模型的分析与解释。这会造成使用者知其然不知其所以然，会对教育者正确理解和灵活应用相关工具产生一定影响。

阶段				
1 发现	**2** 解读	**3** 创想	**4** 试验	**5** 演进
我有一个挑战。我该如何处理它？	我学到了一些东西。我该如何解读它？	我看到了一个机会。我要创造什么？	我有一个点子。我该如何打造它？	我尝试了一些新东西。我该如何完善它？

图6-11 IDEO公司面向教育者发布的设计思维五步流程图

为了对设计思维有一个较为全面和系统的认识，理解其核心的两种思维模式的生发机制和流程设计功能，接下来的研究内容能够弥补以上所讲工具书的不足，为教育者和学习者提供一个完整的解释系统。

（二）设计思维中的微观周期和宏观周期

综合以上分析，结合学校教育的规律和教育者的认知特点。笔者认为，《设计思维手册：斯坦福创新方法论》一书中的设计思维微观周期和宏观周期的概念、模型和关系，能够作为培养教育者和学习者设计思维的工具和方法。接下来围绕微观周期和宏观周期的内容展开设计思维讨论。笔者参考书中图片，重新绘制了设计思维微观周期和宏观周期的模型和关系图。[①]（图6-12）此图作为可视化的设计思维工具，能够帮助读者更好地理解本章节内容。

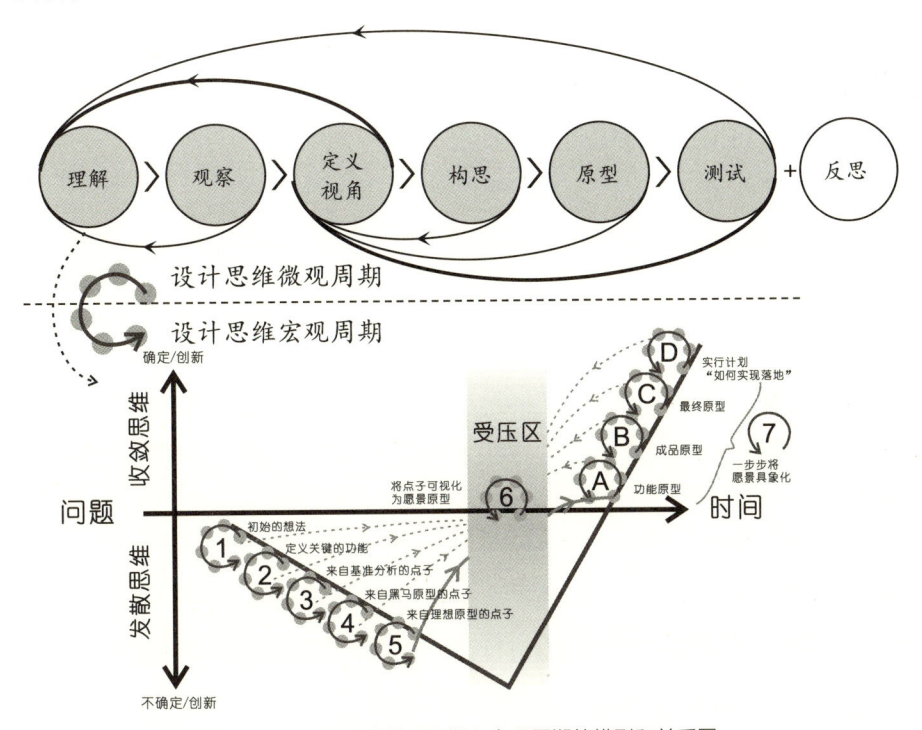

图6-12 设计思维微观周期和宏观周期的模型和关系图

1.微观周期

设计思维的微观周期，以"HPI六步设计思维模型"为核心工具。[②]模型有6+1个阶段，分别是：理解、观察、定义视角、构思、原型、测试，加上最后的反思阶段。它们之间的关系可见图6-12。

（1）理解阶段。首先要理解设计需求，讨论并明确需要解决的问题，适当地定义问题陈述。

（2）观察阶段。大多数方法以定性观察为主，记录方式有点子板、愿景

[①] 迈克尔·勒威克，帕特里克·林克.设计思维手册：斯坦福创新方法论[M].高馨颖，译.北京：机械工业出版社，2019：31-33.宋冰参考书中模型重新绘制.

[②] 迈克尔·勒威克，帕特里克·林克.设计思维手册：斯坦福创新方法论[M].高馨颖，译.北京：机械工业出版社，2019：26.

板、照片日记故事、思维导图、情绪图片以及生活和人物照片。

（3）定义视角阶段。主要运用讨论和展示法，鼓励团队成员谈个人理解和思考，讲述经历过的故事、展示照片以及描述当时的反应和情绪，目标则是建立较为统一的设计视角，探寻产品的可能性。

（4）构思阶段。利用各种各样的方法来加强创造性，基于问题陈述展开头脑风暴，马上创建草图，尽可能提出多个不同的概念，并可视化。一步步迭代增加创意。构思阶段与原型和测试两个阶段紧密连接。

（5）原型阶段。尽早把想法制作成原型，尽快找潜在用户进行测试，得到反馈来改善想法和原型。

（6）测试阶段。原型建立后，进入测试阶段。可以找同事测试，让潜在用户测试更具启发性。除了传统测试，还可以利用数字化方法进行测试，短时间内可以测试大量用户。该阶段会收到大量定性的反馈，设计者从中吸取可用之处，进一步产出自己喜欢的想法。否则，尽快放弃或改变它。

（7）反思阶段。在项目进入新一轮迭代后，要进行此轮过程的反思。反思阶段可以采用回溯的方式结束整个过程。该阶段会复盘整个过程和最后的迭代，对项目中需要优化的地方进行讨论。如果测试阶段没有收到有效或有价值的反馈，这个阶段就是一次完善的机会。[①]

在微观周期，理解、观察、定义视角、构思、原型、测试、反思，这几个阶段构成了一个整体，呈现出设计思维的一个过程。在微观周期，发散思维较多发生在理解、观察、定义视角这几个阶段，而收敛思维多发生在构思、原型、测试、反思这几个阶段。需要注意的是，模型中将定义视角这一阶段作为全部流程的关键环节，所有阶段均与定义视角阶段相联通，显示出这个阶段具有关键性和可逆性。这一阶段的目标是建立较为统一的设计视角，探寻产品的可能性。不难想象，若这个阶段的目标没能实现，后面的几个阶段都会受到影响，甚至要从头再来。这对项目研发会造成极大的影响。

---

① 迈克尔·勒威克；帕特里克·林克. 设计思维手册：斯坦福创新方法论[M]. 高馨颖，译. 北京：机械工业出版社，2019：28-31.

2.宏观周期

设计思维的宏观周期（参看图6-12），首要任务是理解问题所在，并具体勾勒出解决方案的愿景，需要迭代进行多轮的微观周期。宏观周期从一些发散思维的特性开始。当问题较为简单，或者对问题和需求有全面了解时，就能对产品或服务的形态有较为清晰的界定，团队会快速过渡到受压区（步骤6）。前面五个发散思维步骤中任意一个都可以直接导向受压区，但这五个产生点子的步骤必须符合项目的实际情况。接着将点子或解决方案的愿景具象化为可视的原型，然后在不同用户中进行测试。如果得到的大部分都是正向反馈，那么后续迭代中再进一步具体展开（步骤7）。[①]

宏观周期中有头脑风暴、挖掘关键功能、寻找基准线、找出黑马、执行理想原型、确定愿景原型、愿景具象化七个关键要素。

（1）头脑风暴。自由表达，不否认和讨论观点的可行性，不做定性评价，目标是尽可能多地将潜在点子和解决方案呈现出来。头脑风暴放在任务的最开始，有助于团队成员间相互了解、学习想法，理解任务目标。维克多·帕帕奈克的八条创新工作方法中第一条也是头脑风暴，核心是小组讨论重视数量，不重质量，与此处的观点和方法是一致的。

（2）挖掘关键功能。领导或组织者应当激励团队，尽可能定义满足用户需求的关键功能，根据用户需求的情境和可能性进行排序。这是解决方案中的重要步骤。

（3）寻找基准线。基准线也可以理解为基准定义，基于某个行业或者特定经历的分析讨论就是基准分析，形成满足用户需求的一个标准和参考。结合行业或者特定经历，运用头脑风暴讨论法拓展思维路径，寻找到基准定义，分小组构思并挑选出最好的点子，聚合相同类型的点子。

（4）找出黑马。在经过以上过程后，需要持续激发组员的创新思维，消除之前讨论活动中的边界，突破边界限制，跳出舒适区。领导或组织者引导成员跳出传统思考和惯性思维，激发成员产生新鲜的点子应用于解决方案，

---

① 迈克尔·勒威克，帕特里克·林克. 设计思维手册：斯坦福创新方法论[M]. 高馨颖，译. 北京：机械工业出版社，2019：33.

就有可能产生黑马,也可以理解为金点子。

(5)执行理想原型。当团队创新思维不够,没有突破性的点子时,需要建立一个理想原型,进一步提升创意。鼓励团队最大化探索可能性和成功率,聚焦解决方案,尽可能降低时间成本。

(6)确定愿景原型。这个阶段经历发散思维到收敛思维转换的受压区,有经验的领导者和创新者能够抓住时机,引领团队有针对性地进行思维聚焦和观点聚合,结合之前最有参考价值的初始想法、关键功能、新点子,最初的用户体验,最有启发的黑马原型点子,最有效的解决方案等,确定并建立愿景原型,之后进行用户测试,详细记录反馈信息。

(7)愿景具象化。在收敛思维阶段,聚焦愿景的具体落实上。对选出来的点子进行详细阐述,不断迭代优化。寻找潜在用户,测试关键功能。补充更多有效的元素,最终形成原型。一旦原型有了一定成熟度,运用"原型愿景画布",[1]制定并比较不同的愿景。愿景原型经历不断的迭代优化,逐步成熟和完善,形成功能原型、成品原型、最终原型,最后实现产品或服务项目落地。

在宏观周期需要注意以下几个方面:第一,团队必须理解问题所在,做好问题定义和基准定义;第二,离开思维的舒适区才能更好地创新;第三,积极面对受压区,它将对未来的成功起到决定性作用;第四,明确所处阶段是发散思维还是收敛思维;第五,发散思维阶段要进行头脑风暴增加思维活力,尽可能多产生点子;第六,通过收敛思维及持续迭代找到最终原型;第七,学会放弃个人或团队喜欢的但不适合的点子。

(三)设计思维中的发散思维和收敛思维

在设计思维的微观周期和宏观周期中,都大量运用了发散思维和收敛思维,这两种思维方式也称为"抓住下一个大机会"的思维。认知心理学家吉尔福德认为创造力的非凡才能特质有三种:一是对多种解释的宽容,二是复合思维或收敛思维,三是发散思维。复合思维是向心的,而发散思维则是离心的、向外扩散的。吉尔福德尤其重视发散思维,认为它是创造性思维中异

---

[1] 迈克尔·勒威克,帕特里克·林克.设计思维手册:斯坦福创新方法论[M].高馨颖,译.北京:机械工业出版社,2019:34-36.

常重要的特质。他认为创造性的人更倾向于较多自信和对多种解释的宽容，更喜欢反思和发散思维，也更喜欢审美的表达。吉尔福德倡导的特质分析也是当今认知心理学探讨创造力的重要途径。也有心理学家认为不能过于抬高发散思维，只有在发散思维和收敛思维的协调合作中才能有效地进行创造。[①]所以，发散思维和收敛思维是"抓住下一个大机会"的思维，符合认知心理学的研究结论。

创客教育是培养学生创新思维和实践能力的教育，必然应该将发散思维和收敛思维作为重要的研究内容。

1.发散思维和收敛思维的特征

发散思维：思考并衍生出很多很多新的点子。它是一种离心的、向外扩散的思维方式，其特征在于指向多种答案而不限于一种；收敛思维：集中后聚焦于单个需求、功能或是潜在解决方案。它是一种向心的、向内聚合的思维方式，其特征在于目标和结果要趋同。这两者之间的关系也可以理解为"先存异再求同"。发散思维和收敛思维的关系可用"双钻"模型[②]来表现。（图6-13）模型的左侧是问题定义区，右侧是解决方案区。无论处在哪个区域和阶段，这两种思维方式都是共同存在的，在发生顺序上一般是先进行发

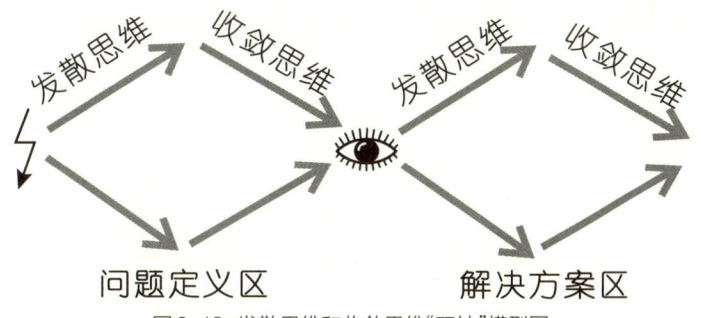

图6-13 发散思维和收敛思维"双钻"模型图

[①] 周宪.走向创造的境界——艺术创造力的心理学探索[M].南京：南京大学出版社，2009：36-37.
[②] 迈克尔·勒威克，帕特里克·林克，高馨颖译.设计思维手册：斯坦福创新方法论[M].北京：机械工业出版社，2019：24.

散思维，之后是收敛思维，在没有明确问题、找到解决方案之前，发散思维总是多于收敛思维，越是难的问题越要经历较长的思维周期。如此循环往复，实现思维的迭代优化，直至找到问题的解决方案。

设计思维的专家认为，这种"双钻"模型有很好的实用性和灵活性。借助混合型方法和思维模式可以有更好的洞察力，可以设计解决问题的方案。创新者可以借助这种思维模型，运用于项目研发，在设计思维、系统思维与数据分析间灵活切换。"双钻"模型确保研发周期中的每个环节都使用最优的思维方式。当遇到现实的、复杂的问题陈述时，各个设计团队、小组或实验室可以优化自己的项目，有序地或者混合使用不同的技能。[1]这种思维模型，还能够提升行业专家或者领导者的专业能力，特别是思维工具的应用效能，让人拥有更好的创新力、领导力和决策力。

为了更加直观地理解"双钻"模型中的两种思维方式以及形成的基本过程，笔者在图中添加了五种图标，分别是眼睛、脑、心、口、手和工具，眼睛代表观察，脑代表思考和想法，心代表共情，口代表讨论，手和工具代表使用工具，也表示实践和行动。（图6-14）无论是在发散思维阶段还是在收敛思维阶段，都必须经历观察、思考、共情、讨论、实践的过程，从而实现思维的变化和转换。陶行知先生一百年前就呼吁：教育要解放儿童的"头脑、双手、眼睛、口、空间、时间"，解放儿童创造力以从事于创造之工作。这对于当今教育之意义更加重大。

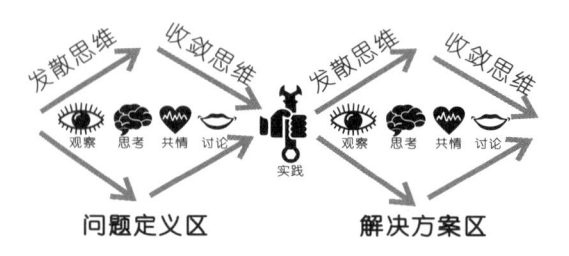

图6-14 发散思维和收敛思维"双钻"（优化）模型图

---

[1] 迈克尔·勒威克, 帕特里克·林克. 设计思维手册：斯坦福创新方法论[M]. 高馨颖, 译. 北京：机械工业出版社, 2019：298.

2.受压区

受压区是在发散思维向收敛思维转换的过程中，思维在这个阶段发生的动态变化，一方面是设计者和团队面对解决问题复杂性的心理压力，另一方面是在心理和研发进度压力下，前期产生的多个点子，逐渐向一些被认为可行的多个代表性观点靠拢，呈现出多点聚集状态。所以称之为受压区。在发散思维与收敛思维转换图（图6-15）[1]中直观呈现了受压区的状态，以及相关要素之间的关系，让发散思维向收敛思维转换的过程变得可视化。《设计思维手册：斯坦福创新方法论》的作者认为，时任苹果公司总裁史蒂夫·乔布斯是管理"受压区"的大师，他的合作伙伴巴德·特里布尔说：史蒂夫·乔布斯有能够迅速转变不良状态的能力，也有善于鼓动干劲的能力。他还创造了术语"现实扭曲力场"来形容史蒂夫·乔布斯强大的心理转换能力。[2]笔者阅读了《活着就为改变世界：史蒂夫·乔布斯传》之后，认为史蒂夫·乔布斯之所以拥有强大的心理转换能力，还源于他最喜欢做的事就是静坐冥想、领悟禅宗，对于他来说，禅宗不是一个宗教躯壳，而是能够满足他内心需求的一种东西。禅宗公

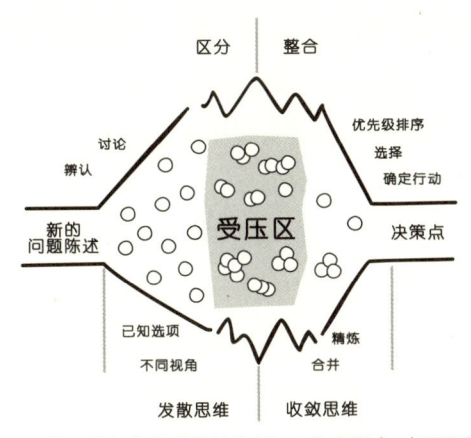

图6-15 发散思维与收敛思维转换图　○代表概念、点子和原型点子

---

[1] 迈克尔·勒威克，帕特里克·林克.设计思维手册：斯坦福创新方法论[M].高馨颖，译.北京：机械工业出版社，2019: 25. 宋冰参考书中模型重新绘制。
[2] 迈克尔·勒威克，帕特里克·林克.设计思维手册：斯坦福创新方法论[M].高馨颖，译.北京：机械工业出版社，2019: 24.

案,比如"经历就是财富",也深刻地影响着史蒂夫·乔布斯对人生真谛的探索。研习禅宗,让他对自己的想法很有信心。[①]

3.发散思维与收敛思维的转换机制

对照转换图可以看到。从新的问题提出到找到决策点,确定解决方案,就是从发散思维转向收敛思维的过程,必须要经历个体畅想、团队协作和民主集中的过程。

(1)在左侧问题提出阶段,以发散思维为主。思维和行动目标是"区分",重点是最大化区分解决问题的需求、概念、点子和原型点子,鼓励团队成员围绕问题目标,从不同视角提出概念和设想,提供尽可能多的点子或者原型,强调多而广泛的异质畅想,扩大可讨论的空间,逐步确定已知和可能的选项,充分发挥发散思维"存异"的特点。

组织方式是头脑风暴式讨论。给予成员最大化的民主自由,让他们充分表达观点。团队领导重在组织和推进,尊重每个点子和观点。

人的行为方式主要以个体为主,头脑风暴提出设想,辨认即分辨解决问题的点子,并进行有效的讨论,形成和保留尽可能多的观点。

表达工具是记事板、便利贴、相关图片、剪报(网页、报纸、杂志的关键图片和文字信息)、相关产品实物或模型、服务说明书。问题、需求、概念、点子和原型点子的文字描述或者图片越多越好。

以上概括为:寻找点子——弱领导组织。(图6-16)

在这个阶段如何寻找到好的创意点子?可以运用维克多·帕帕奈克《为真实的世界设计》中的"双关联想法"——一种自由的意识流呈现。运用在产品设计中,基本方法是设计产品+无关联词,对两者展开合理想象,在这两个概念之间建立合理的关系,最后指向一种产品的发明创新。书中以设计椅子为案例,提出口技表演者、鹰、兰花、冰激凌、自行车等无关联词,将这把椅子的设计概念和每个词逐一进行人为的、有力的碰撞。下文选择其中一个创意供学习者参考:

[①] 杰弗里·扬,威廉·西蒙.活着就为改变世界:史蒂夫·乔布斯传[M].3版.蒋永军,译.北京:中信出版社,2016:26-27.

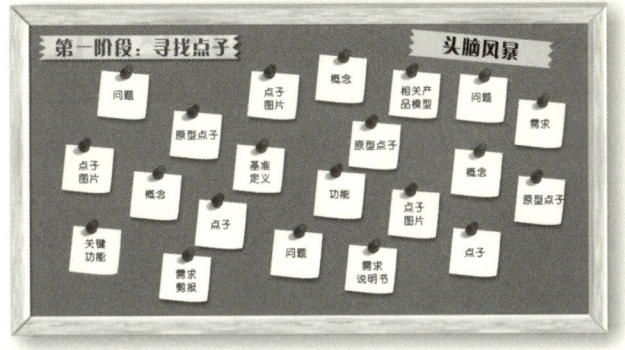

图6-16 寻找点子——弱领导组织

椅子/冰激凌：冰激凌是凉的……冷……热……温……电热毯的技术很容易就能形成椅子的表面……花不了几个钱就能坐上暖意融融的椅子和沙发，同时减少客厅对于热量的需要。暖和的椅子会使居住者觉得很舒服。一个很及时的想法。记在"现在"和"研发"底下。[1]

这种方法维克多·帕帕奈克认为是最有效、快捷的，它让大脑形成一种创意思考的机制，这也是他十多年坚持使用的最好的设计方法。很显然，这种方法也非常适合教师本人和学生的创意思维培养，好的点子一定要有好的思维工具和方法。

（2）在中间转换阶段主要是受压区，发散思维和收敛思维并行。之前的第2点已经介绍了受压区的特点。思维和行动目标是"从完全区分到部分整合"，重点是让共同特征的点子和原型点子合并，探寻同质观点和概念，归类部分解决问题的概念、点子和原型点子，围绕解决问题的目标，首先筛选、剔除不合理的观点，明确一些概念得到部分人的认可，各种点子或原型点子逐步从分散、游离状态，走向聚集、聚合或融合状态，呈现出局部要素间的聚合关系，形成多个"点子"集群。可能会形成一些共同的解决思路，形成共同的价值判断，但整体上还是分散状态。在异质畅想的基础上，观点还应体现出一定的逻辑性和合理性。需要注意的是，要尽可能保留一些没有达成共识的不同观点，

---

[1] 维克多·帕帕奈克. 为真实的世界设计[M]. 周博, 译. 北京：中信出版社，2013：187-189.

这些未来也有可能成为黑马原型点子，为决策提供更多可能性。

组织方式是无领导小组讨论。开展无领导小组讨论，即每个人都是潜在的"点子领导"，这种方式不是靠职务身份行使领导权力，不能"以权压人"，而是尽可能陈述个人观点和思路，打动他人，获得其他成员的支持。

人的行为方式主要是个体为主、团队协作，围绕第一阶段的需求、概念、点子和原型点子，确定部分概念和解决问题的目标，尝试归类和汇总解决问题的点子，并进行有效的讨论。这个阶段，个体要发挥思维和观点的领导力，小组中有创见能力的人应主动引导，分化原先散乱自由的组织，努力形成不同的观点群体，寻找支持自己观点的人，或者将自己的观点融合他人的设想，形成新的观点，并获得其他成员的认可。可以把这类人称为创见力领导。团队领导在这个阶段要发挥领导力，控制时间进度，关注团队压力状态，鼓励和正向激励团队成员，运用批判性思维梳理有效观点，保留不同意见。这个阶段要尽可能产生黑马原型和经典原型的点子池。

表达工具是记事板、便利贴、相关图片、剪报（网页、报纸、杂志的关键图片和文字信息）、相关产品实物或模型、服务说明书。运用思维导图或者归类画布，明确问题、概念和需求，归类点子和原型点子，视觉符号从无序变有序。

以上概括为：寻找黑马原型点子——创见力领导。（图6-17）

在这个阶段如何应对压力和挑战，寻找到黑马点子？很显然，这是设计思维环节中最难的，也是最重要的。以上的讨论方式和工具是可以灵活使用的，但设计团队或者领导者是否有突破常规的创造性的设计领导力，这恐怕是关键所在。维克多·帕帕奈克在《为真实的世界设计》中从思维训练和创造力培养的角度强调，要建立跨学科团队，迫使设计师和学生形成一种全新的思维模式，不断给他们指出各种障碍的本质。通过强制他们解决此前从来没有解决过的、出离正常人类经验的问题，使他们慢慢建立一种惯性模式（笔者的理解：不是惯性思维和工作模式，而是形成新的思考习惯和思维模式），一种不受各种障碍干扰的惯性模式。他们日后解决所有问题的时候都会把这种惯性模式带入其中——无论这些问题与先前的训练相似与否。他提

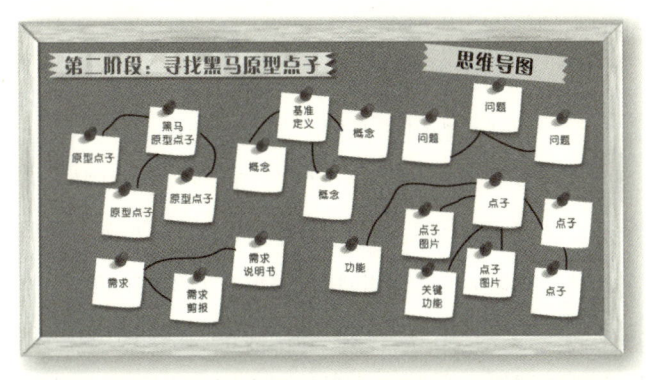

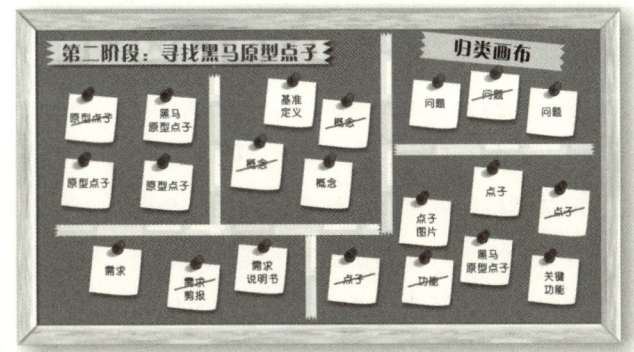

图6-17 寻找黑马原型点子——创见力领导

出要建立设计与科学之间的关系，让幻想与科幻、科学联系，学习仿生学和生物力学知识，研究大自然的基本原则，把原则和程序运用到人类需求中去，等等。为了更好地解决问题，需要组建跨学科设计团队，遵循跨领域、跨学科合作解决问题的原则，具体如下。

·任何与其周围的社会学、心理学和生态学因素没有关联的产品设计都是行不通或是不能被接受的。

·产品和环境的设计必须通过跨学科的团队去完成。

·必须包括最终用户（消费者），以及那些制作由设计师设计的物品的工人。

·生物学、仿生学和相关的领域为设计师提供了有益的新洞见。设计师必须找到类似的情况，用从诸如动物行为学、人类学和形态学这样的领域中抽取出的生物学类型和系统为设计方法所用。①

前三项与设计思维的方法高度一致，最后一项主要是针对产品设计的。这些都为教育者提供了重要的创新思维和工作方法论。回到本节的主题：如何应对设计思维中的"受压区"？面对思维的碰撞、点子的聚合、元素的融合等，人不仅要承受心理层面的压力，还要解决思维流程和工作方法的问题。能否打破长期以来的固化思维，必然影响到团队、个人、创见力领导的创新思维和设计素养。打破固化思维，组建跨学科团队，建立严肃的、有效的创新性思维，是创客教育要解决的核心问题。庆幸的是，维克多·帕帕奈克给教育者提供了新的思路。

（3）在右侧实施决策阶段，以收敛思维为主。思维和行动目标是"整合"，重点是合并相同类型概念，精炼和优化概念、点子和原型点子，鼓励团队成员围绕问题目标，建立创意性、合理性、有效性和成本等多个维度组成的评价标准，寻找具备最多可能性的观点，聚合和精炼优质观点，形成或优化黑马原型和经典原型的点子。按照优先级进行观点排序，提供给小组负责人和管理层选择。继续明确概念和设想，提供少而精的点子或者原型，强调相对精准的同质讨论，突出讨论的逻辑性和合理性，确定行动目标和实施方案，充分发挥收敛思维"求同"的特点。

组织方式是无领导小组讨论加领导集中决策，即融合领导。前期，由之前产生不同观点的创见力领导展开第二轮无领导小组讨论，突出逻辑推理和思辨特征。后期，重点由实际的团队领导决策，也可采取投票的方式辅助决策，确定行动目标和方案。这正是维克多·帕帕奈克提倡的共同研讨，不是头脑风暴式的，而是在解决技术和科学问题时的强有力领导，组织结构要过硬。

人的行为方式主要是领导决策、团队推进。融合领导是团队领导和创见力领导要融合观点，做出决策。有创见力的人要继续发挥思维和观点的领导力，明确和优化黑马原型和经典原型的点子，按照优先级排序供团队领导选择，提供解释方案和专业建议。注意最终的决策和方案确定，责任在项目领

---

① 维克多·帕帕奈克. 为真实的世界设计[M]. 周博, 译. 北京: 中信出版社, 2013: 187-197.

导人或领导集体身上，由他们完成最终的决策任务，在这一阶段，创见力领导如果对具体的原型点子有信心，应该坚持观点，努力打动和说服领导人做出合理决策。团队领导在这个阶段要发挥领导力和决策力，聆听和理解创见力领导的观点和建议，控制好项目进度，承担决策责任，强化团队合力，推动尽快形成功能原型或成品原型。

表达工具是记事板、便利贴、相关图片、剪报（网页、报纸、杂志的关键图片和文字信息）、相关产品实物或模型、服务说明书。运用归类画布和思维导图，确定问题、概念和需求，确定黑马原型点子，形成理想原型点子和功能原型方案。视觉符号从多变少，相互之间产生逻辑性和关联性。

以上概括为：确定原型——融合领导。（图6-18）

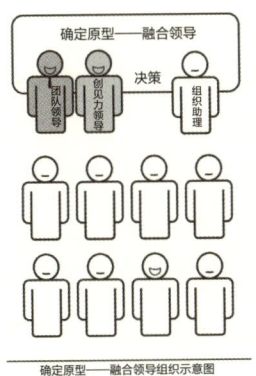

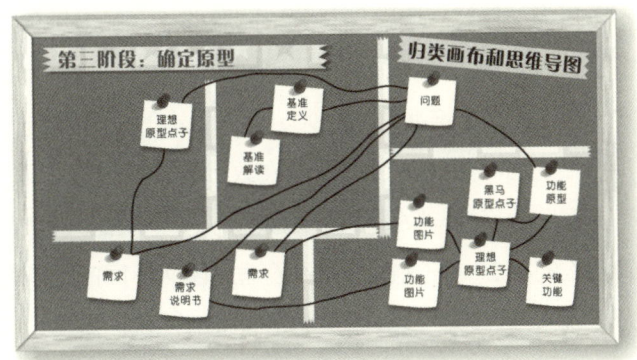

图6-18 确定原型——融合领导

通过以上转化机制的解释，我们发现在这个过程中，人是核心因素，而寻找创见力领导又成为核心中的核心，因为最终要提出解决问题的方案，必须要有创新精神和创造性思维的人来引领和带领。创见力领导的最佳原型正是史蒂夫·乔布斯。在《活着就为改变世界：史蒂夫·乔布斯传》一书中，巴德·特里布尔认为史蒂夫·乔布斯的能力是复杂而多面的，他有着不可思议的、超凡的说服能力，能让周围的人相信他对现实有着很强的感受力，既有能够迅速转变不良状态的能力，也有善于鼓动干劲的能力，偶尔还加上他头脑里的创见能力，以上这些能力足够让人失去正常的判断力。正如巴德·

特里布尔所说：这种能力是一种复杂的混合体。[①]对照发散思维与收敛思维转换图不难发现，无论是在发散思维阶段还是在收敛思维阶段，史蒂夫·乔布斯突出的创见能力和强大的综合能力，足以引导他的团队提出创造性地解决问题的方案，推动产品研发量产落地，引领全球消费电子潮流。苹果能够成为世界上最伟大的创新公司之一，与史蒂夫·乔布斯的这种创新思维方式和综合能力密不可分。这正呼应了著名设计师原研哉的观点：设计不是一种技能，而是捕捉事物本质的感觉能力和洞察能力。

从史蒂夫·乔布斯的人生经历来看，他一直崇尚的极简主义美学，推动了苹果系列产品的设计，成为工业设计的经典，而他所崇尚的静坐冥想、领悟禅宗，坚持与内心对话，寻求精神的真谛，让他能够洞察产品设计的本质，再加上他神一般的创新解决问题的综合能力，创造出系列苹果产品，重塑了计算机类产品的设计理念和使用体验，引领和改变了21世纪的设计美学，真正体现了产品为人服务、以人为本的设计思维特征。

为了直观呈现发散思维与收敛思维转换过程中人的思维变化和领导力，笔者在发散思维与收敛思维转换图的下方增加了一条三段式的时间线，用以表示人的状态——人在不同阶段适应团队不同的组织方式和需要的不同领导力。人是设计思维的核心，更是思维的主体。第一阶段弱领导，因为需要更多的点子；第二阶段寻找创见力领导，因为需要寻找黑马原型点子和理想原型点子；第三阶段融合领导，因为需要创见力领导和团队领导双方共同做出判断、决策和行动。创见力领导必须同时具备发散思维和收敛思维，收敛思维甚至更加重要，在无序中探寻有序，在混乱中生成秩序，透过现象追寻本质，这正是高阶思维和能力的体现。最好的团队领导要努力成为具有创见力的领导。（图6-19）《设计思维手册：斯坦福创新方法论》一书将这种能力的人才界定为"π型人才"。"π"的一横代表个人知识宽度，"π"的左下方代表个人自身核心能力中的专业深度，右下方代表领导力中的专业深度。这也与创新型的"T型人才"——同时具备纵向（专业技能，包括：专精于系统、

[①] 杰弗里·扬，威廉·西蒙. 活着就为改变世界：史蒂夫·乔布斯传[M]. 蒋永军，译. 北京：中信出版社，2016：76.

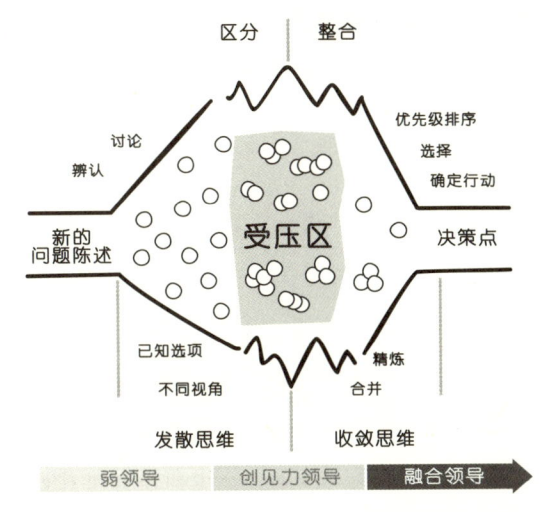

图6-19 发散思维与收敛思维转换(优化)图 ○代表概念、点子和原型点子

专精于学科、专精于文化)和横向(同理心和合作能力,包括:多种文化、多种学科、多种系统)知识与技能的人,共同组成创新型团队。[①]

于是,培养发散思维和收敛思维不仅提升了人的创新思维能力,还培养了人的领导力。这正是设计思维带给我们的又一个惊喜。

研究设计思维中的发散思维和收敛思维,不仅对创客教育起到思维工具和策略支撑的作用,更能让学生从小种下创新思维的种子,培养面向未来的创新思维和领导能力。

从第二课堂社团活动到常规教学,从学生创客活动到教师教研活动、专题研讨,设计思维都能够激发团队和个体的创新意识,形成新的学习文化、教研文化,乃至于学校组织文化。于是,教育中的创造性活动不再是偶然,而是日常状态,每时每刻都在发生,这样的教育是充满生机与活力的"活的教育"。这正是陶行知先生所期盼的未来中国:处处是创造之地,天天是创造之时,人人是创造之人。

[①] 迈克尔·勒威克,帕特里克·林克,拉里·利弗.设计思维手册:斯坦福创新方法论[M].高馨颖,译.北京:机械工业出版社,2019: 133-137.

（四）设计思维与创客教育的关系

设计思维同创客教育所倡导的精神相一致，也是以学生发展为中心，强调对学生创新精神、问题解决等综合能力的培养。

——闫寒冰　华东师范大学教授

清华大学教授柳冠中认为："设计"是人类的第三种智慧（第一种是科学，第二种是艺术），甚至可以说是第一智慧，因为设计是为人类社会而生的创造行为，主要是研究实事求是地、适应性地解决问题。设计不是目的，而是一种解决问题的方法。设计思维更倾向于被理解为对思维的行动，即一套创新方法论，它能够为没有设计背景的人提供支持创新过程各环节的方法指引，以帮助其创新性地解决复杂问题。[1]也有设计师和研究者认为设计是关系，是一个过程，是用设计思维去干预调整系统的发展。

所以，设计思维不仅是通过创客教育培养学生素养的策略和路径，更是作为课程开发的方法论，在"面向生活、手脑并用、审美创造"创客式学习模型中，定位于"策略支撑"环节，也指向其方法特性。

如何能够更好地理解以上关于设计思维的理论？美国人格心理学家、创造性人格研究者——麦金隆发现：最典型地代表人的创造力的是建筑家。因为他们一方面要有科技知识，另一方面又要有艺术修养，建筑设计是熔科学与艺术于一炉的创造活动。[2]2012年世界建筑界最高奖项普利兹克奖获得者——建筑师和学者王澍在《造房子》[3]一书中的一段教学经历，很好地诠释了设计思维的产生与运行机制，展示了如何设计一个项目和课程，培养学生的设计思维和动手实践能力。笔者尝试参照设计思维微观周期——"HPI六步设计思维模型"和宏观周期模型，对这段教学过程进行对照分析，以期提供一个真实而具体的案例，希望对教育者有所启发。（图6-12）

---

[1] 林琳，董玉琦，沈书生. 设计思维教学法的理念框架与支撑技术[J]. 现代远程教育研究，2022，34（4）：73.
[2] 周宪. 走向创造的境界——艺术创造力的心理学探索[M]. 南京：南京大学出版社，2009：36-37.
[3] 以下案例原文详见：王澍. 造房子[M]. 长沙：湖南美术出版社，2016：50-61.

1.穿越"迷思"——导向任务

王澍在中国美术学院指导学生学习,其中有一个学习内容就是让学生真正动手造房子。他提出:从一座房子到一座虚构之城,需要一种看的能力,它必须是一种真正的视差。我带学生首先带看。[①]在教学中,他首先带着学生在校外游学,第一堂课在杭州吴山,带领学生看了很长时间的石壁,引导学生"看"见自己,看到事物的客观和真实。他运用海德格尔的"现象学"理论,让教学在真实的情境和生活中发生。在另一天,他又带领学生围坐在吴山的一块大青石头上,共读一本福柯文集,让十二个学生高声朗诵书中一篇讨论会记录的文章,让学生在文学的情景中交流、互动、共情。后来又带学生到苏州留园,走进花圃自由游玩,再测量、画速写、看书、完成作业。按照王澍在书中的表达,学生的这种经历和过程很重要:迷思与动手并不分开,它开启了一个过程,一条道路,可能穿越体系化的知识驯养,唤醒自己面对现实的原初感觉,修复业已退化的感官。[②]很显然,王澍希望建筑专业的学生,有对世界和生活的敏感性,有对现实世界的洞察力、感知力、设计力,这些不是在书本知识中探索发现的,而是在现实世界和真实环境中培养和生成的。培养人对现实世界和生活的敏感性,这一点对于中小学创客教育的意义更是重大。

如果梳理以上过程,围绕动手造房子这个目标,我们发现对应的是设计思维微观周期中的第一、第二阶段,即理解和观察阶段(图6–20),宏观周期的发散思维领域中初始的想法(图6–12)。而"迷思"正是这个阶段的一个重要特征,提出问题本身就是不确定的和混沌的思考,因为能够提出问题、找到问题,与理解和观察事物的能力密不可分。这个阶段是典型的点状的、散发的、非线性的思维状态,不仅有解决问题的"迷思",还包括发现问题、提出问题,也包括什么问题、问题是什么等"迷思"问题。在书中,王澍本人对"实验建筑方向到底都学什么""建筑的可能性""如何造城"等问题反复思考,尝试用禅学、哲学、文学等不同的维度去开悟、去探寻建筑

[①] 王澍.造房子[M].长沙:湖南美术出版社,2016:53.
[②] 王澍.造房子[M].长沙:湖南美术出版社,2016:55.

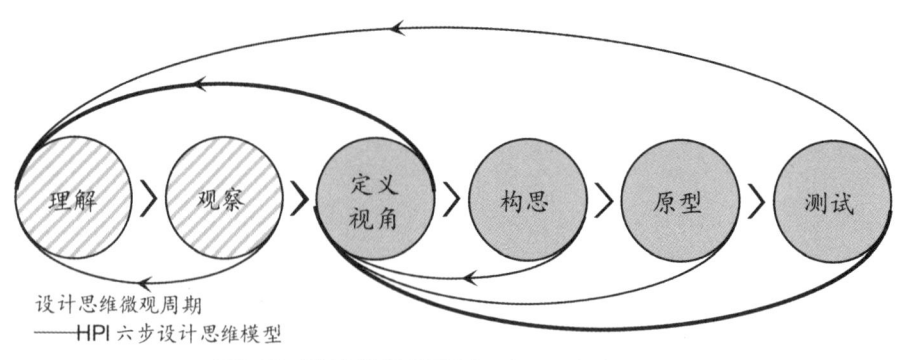

图6-20 设计思维微观周期的理解和观察阶段示意图

设计的可能性，其实也体现了他自己对建筑教学的"迷思"。"迷思"也是初始想法。很显然，学生与王澍本人在这个阶段有不同的"迷思"。破解"迷思"不能只在书本中进行，更要在行中"看"、做中"思"，用眼睛感悟世界，用足迹丈量真实，在模糊中寻找可能。作为教师，王澍非常清晰而准确地找到了这一路径和策略，他真切地认识到：迷思与动手并不分开。这与李泽厚"'干活'是'技艺'的起源，也是思维、语言中抽象的感性根源"的观点不谋而合，更体现了陶行知先生"手和脑一块干，是创造教育的开始，手脑双全，是创造教育的目的"的教育思想。显然，智慧是共通的。

2.老师不教、学生自主——锚定目标

故事继续发生。经过一段时间的学习后，王澍决定让学生夯土，自己动手造一座3立方米的房子。为了明确教学目标和学生能力培养目标，他和艾老师两个人反复讨论几十次，明确基本教学原则是：老师不教，不教老师已经指导的东西，不直接教。教学过程中的材料选择、造房方案、施工组织、材料采购、建造技术、预制编算、安全质量检查等，所有的一切，都让学生以民主表决的方式决定。明确解决问题的方式必须是建筑性的，是造房子，不是做装置。使用的材料是自由的，但严格建造质量要求，达不到要求就要拆了重造。所以，这个过程有很多不确定因素，学生必须做出一次又一次确定的决定。王澍认为这个过程既开放又推动学生自觉，学会组织，挑起责任。这样的课程是令人激动的，一个简单的工程课可能就颠覆了大学的排课制度。看得出，王澍是在设计一种新的课程和教学组织形式，形成一种新的

"教与学关系"。这在21世纪初的中国高等教育中,具有很强的前瞻性、实验性和创新性。可以肯定的是,王澍对这门课程的设计本身就是"设计思维"的充分体现。

回到HPI六步设计思维的分析中,在以上过程中,完成了第三、第四阶段的定义视角和构思阶段(图6-21)的目标,在宏观周期的发散思维领域对应定义关键功能和寻找基准分析的点子(图6-12)。这是设计思维过程中的关键环节。在这个阶段可以看到,王澍不是一个人在思考,而是与艾老师组成了二人设计团队,主要运用了讨论法探寻方向,在几十次反复讨论后,确定了课程目标和教学组织形式。非常重要的是,王澍明确了老师不直接教的教学原则,以学生为主体的组织方式,民主表决的行为方式,动手实践的学习方式,以造的房子作为作品和成果展示方式,以建筑性和建造质量为评价标准。这些整体性思考,体现了"定义视角"阶段的核心任务,即建立较为统一的设计视角、明确项目方向和目标,也形成了完整的教学整体设计构思任务。这也实现了发散思维领域的定义关键功能。除此之外,王澍还有一个做法颇具创新:在使用建筑材料上不作限制,甚至明确要求不许用任何人们认为是建材的材料。这个做法可谓高明,一方面不限制材料就为学生的探索提供了空间,另一方面不用"建材"的限制性条件,其实增加了选材的难度,最终增加了建房子的难度。在锚定"建筑性"的目标下,材料的开放性就为建筑的可能性和创新性提供了诸多机会。不限制材料的课程创新点成为发散思维领域的寻找基准分析的点子。很显然,王澍在培养学生的发散思维

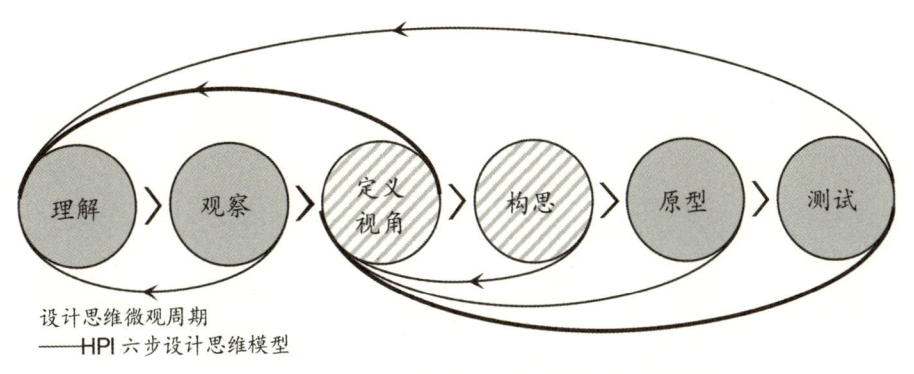

图6-21 设计思维微观周期的定义视角和构思阶段示意图

和收敛思维，这正是典型的创新思维——开放性思维。这也正是设计思维作为创客教育的方法论最重要的功能和价值所在。可以说，王澍的课程设计在这一阶段，具备了项目式学习特征的课程设计闭环和完整教学链条。

3.分组合作、做中学——达成目标

王澍的"造房子"教学进入最后阶段。明确教与学的任务后，学生们准备了出乎意料的材料，比如轮胎、废旧电池壳、药用玻璃瓶、塑料可乐瓶、旧衣服、旧自行车、塑料饭盒、竹签子、骨科X光片、PVC管、金属罐头盒等。学生民主表决，分成四组，分别用自行车、PVC管、可乐瓶、竹篾和骨科X光片五种材料造房子。并要求学生在建造前必须造出一个1∶1的墙身大样。经过近两个月的建造，王澍按照建筑性和建造质量的评价标准审核，最后只有可乐瓶组通过了验收。为了达到验收标准，学生们发明了处理这种材料及关键构造的工具。学习到此并未结束！接下来，王澍将没有通过验收的三个组按规定并入可乐瓶组，一起干活。其间，一些学生不甘心失败继续研究其他材料的可能性，成功用自行车完成了建造。最终，可乐瓶房子建好了，王澍让全班二十五个学生每人在那间房里度过一夜，但学生没有自发地去住过，这让他感到失望。对于本研究来说，这也是一个不小的缺憾。

对照HPI六步设计思维模型，这段过程是项目的最后阶段，完成了第五、第六阶段的原型和测试阶段（图6-22）的目标，实现了预定目标。在宏观周期的发散思维领域对应来自黑马原型的点子和理想原型的点子，还有收

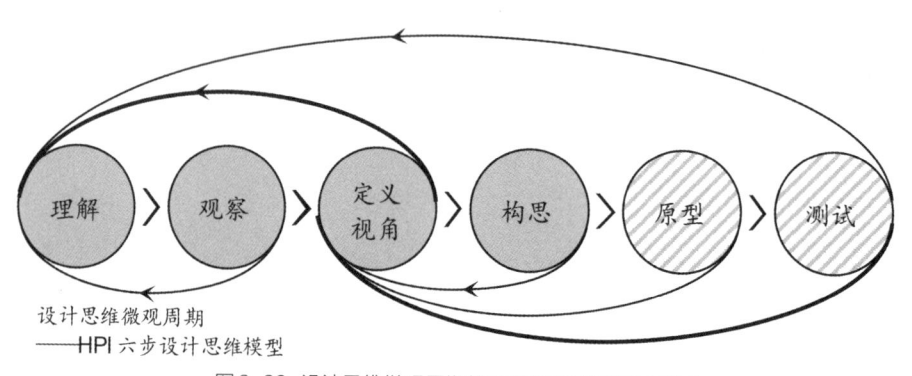

图6-22 设计思维微观周期的原型和测试阶段示意图

敛思维的第一阶段实现功能原型（图6-12）。分析最后阶段的活动，我们可以从两个维度展开，一是作为导师的王澍，二是他的学生们，这个阶段设计思维在这两个维度中的表现和反映是不同的。

（1）导师王澍的思维历程。在这个阶段实现了六步中最后的原型和测试，展现出完整的六步设计思维微观周期全过程，实现了部分宏观周期任务，完成了最后的教学工作，实现了预定课程目标。通过造房子这一个完整的任务，创设了真实而具体的学习情境，强化了学生主动学习、合作学习的意识，培养了学生的材料科学意识和营造能力，训练了学生在"类现实"学习环境中的团队领导意识、团队协作意识、设计思维能力（发散思维和收敛思维）和动手实践能力。课程设计的每一个环节的任务和目标都很具体，并且具有阶梯性和挑战性，整个过程如同游戏中的打怪、升级、通关，环环相扣，实战性强，体验感丰富。可以说，王澍不仅是在运用"设计思维"进行课程的设计与实施，无形中也进行了一次本人设计思维的训练。

（2）学生的思维历程。在书中，关于学生造房子的细节和过程描述并不多，也没有从学生角度表达感受的文本内容，但从过程性文字和最终的作品成果描述分析，每组学生都经历了多轮静悄悄的设计思维的训练和培养。如艾老师（王澍邀请的共同授课人）在第一堂课上对学生所说：现在开始，你们将去发现问题，需要解决的问题和那些伟大建筑师每天在做的并没有什么不同。发现并尝试解决问题，这正是设计思维，也是设计的价值所在。

从学生外出游学开始，第一、第二阶段的思维就已经发生，观察园林和景物，目的是关照内心和自省，设计"迷思"产生了但还没有穿透，形成了发散思维中的初始想法。这一阶段不是可有可无的，它是人与物、内心的"静观"，与后面明确造房子的"制造"形成了虚实关系和静动关系，联结了人与自然、人与材料、人与房子之间的关系。设计学亦是关系学，这体现了王澍注重学生思维能力的设计观、教育观。

进入造房子阶段，王澍将选材变成了开放命题，巧妙地制造了一个劣构问题[1]场景，让学生在探索材料的可能性过程中感受设计的"模糊性"和营造的"可能性"。可以肯定的是，不同组的学生从开始选择材料就进入了"设计思维"的训练，从理解材料性能和特点开始，观察、思考材料与建筑之间的关系，从十余种异想天开的材料中选择出适合的可能的四组材料，这个正是思维从发散到收敛的过程、从模糊到清晰的过程。从设想到定义关键功能，再到基准分析的点子和寻找黑马原型、理想原型点子，部分体现了宏观周期的发散思维特征。所以，理解和观察阶段发生了思维的第一次迭代优化。选出四组不同的材料，使用相同材料的学生组成小组，围绕材料开展建筑设计和探索，就自然组成了"设计共同体"。于是，有着共同材料认知和价值判断的人开始造房子。在这个阶段，围绕已经确定的材料，每个团队又要从头开始，经历理解和观察阶段，深入探索材料的特性和可能性，宏观周期的发散思维又重新发生，于是思维的第二次迭代优化就发生了。之后，进入定义视角和构思阶段，明确材料间的组合构成关系，探索建筑性。又要经过多次探索和实验之后，各个小组才进入构思优化和原型设计阶段。根据王澍的要求，学生在建造前必须造出一个1∶1的墙身大样，这正是典型的原型设计。在宏观周期，正是关键的"受压区"将点子可视化为愿景原型。之后进入测试验收阶段，四组作品最终只有可乐瓶组通过了验收。按照传统的课程设计和评价方法，可乐瓶组获胜，其他组失败。结果性、终结性评价正是如此。维克多·帕帕奈克说：在以成功为导向的文化中，失败的可能总是令人难以接受，尽管失败总是不可避免地伴随着试验。在进步的历史中遍布试验性的失败，人们要高度包容试验性的失败。[2]于是，王澍的设计思维和课程智慧又一次闪亮，新的课程体验才刚刚开始！这就是王澍的高明之处。最后一个学习环节，其他三组的学生加入可乐瓶组，一起干活。在这一轮活动中，四个学生团队融合为一个"设计共同体"，这一轮的学生不用完整经历

---

[1] 劣构问题，亦称为定义不良问题，是日常生活中的常见问题，常令我们陷入两难境地。这类问题是以真实世界为情境的，存在多种对立的、矛盾的观点，有多种解决方法。其解决方法的形成不可能依靠某种具体的决策制定过程。这类问题不受课堂学习内容领域的限制，因而对其解决方法难以预料，很难有同一的答案。以上解释来自学者于冬、管媛辉、陈君贤的观点。
[2] 维克多·帕帕奈克.为真实的世界设计[M].周博，译.北京：中信出版社，2013：193.

六个阶段，侧重点在原型——可乐瓶房子上。但他们会不自觉对照自己的经验，在实践中反思自我，在做中学，在实践中提升动手能力。可乐瓶房子正是功能原型，这就是宏观周期收敛思维的第一个阶段。于是，思维的第三次迭代优化又发生了。略有遗憾的是，如果学生们能够按照王澍的要求，每个人主动到可乐瓶房间里过一夜，肯定会有更不一样的体验和感受。宏观周期收敛思维的成品原型、最终原型等任务没有完成。所以，学生思维的第四次迭代优化没有发生，学生们也无法理解王澍"造的小房子指向营造的开始、设计的终结"这句话的深层含义。笔者想这正是王澍失望的原因。

现在看王澍最后一个环节的教学设计和课程实施，这些行为在现实的公司和设计室中都是司空见惯的。设计公司或团队承担一个项目，分成不同技术攻关小组研发，最终最佳方案胜出，其他团队迅速聚拢，围绕这个方案分工协作共同完成。这才是设计公司真实的工作状态！不得不说，王澍的课程设计直到最后一个阶段，都在为学生创造一个真实的、现实的工作情境。整个课程，从开始到结束都经历精心的设计与实施。设计思维的培养不是书本知识和纸上谈兵，不是建造空中楼阁，"做中学"才能培养真正的"设计思维"。

4.教育反思

设计思维完成了吗？看到这里，我们不禁发出疑问。对照《设计思维手册：斯坦福创新方法论》一书中设计思维分为微观和宏观两个周期的理论概念，再来复盘王澍教授"造房子"的教学案例，不难发现它充分实现了微观周期，而宏观周期体现得并不充分。为什么呢？尝试从以下三个方面分析。一方面，学生没有到可乐瓶房子里住一晚，无法形成新的体验和优化方案，没有站在用户体验和用户需求的角度去发现问题，并进一步提出问题解决的思路和方案，直至将宏观周期中的最终原型落地。这就导致了设计行为和思维暂停在微观周期；另一方面，在发布造房子任务之后，王澍并没有描述其间的教学内容，特别是涉及专业领域的设计类课程，所以无法判断在设计思维宏观周期中的重要因素，如基准分析的点子、黑马原型的点子、来自理想原型的点子、功能原型、成品原型、最终原型等要素是否实现，笔者无法做出准确的判断，故无法得出充分实现宏观周期的结论；最后一方面，大学课程内容较多，学生完成这门课就已经用了较长的时间，如果要继续尝试，在学习时间、空间、人力、财力、物力等方面需要更多投入。从现实性来看，造房子和真实项目之间还是有很大差异的，所以课程设计和实施很难完全进入宏观周期。

综上所述，得出基本结论：课程案例充分实现了设计思维的微观周期，而宏观周期部分实现，体现不充分。需要强调的是，宏观周期体现不充分，并不代表没有。对照宏观周期模型（图6-12）可以发现，在发散思维阶段的一些要素是有用的，如：用什么材料就是初始想法，确定材料工艺和房子的结构就是定义关键功能的表现。受压区也有体现，书中描述了老师的要求：不论使用什么材料，都要按照建筑标准建造，严格建造质量要求，达不到要求，要拆了重造。墙身大样要通过验收，没有通过的小组要并入通过的小组。这些环节就是典型的受压区。在受压区，他们的各种材料才能变成可视化的愿景原型，接下来才能建造功能原型。在收敛思维阶段，也制作出了可乐瓶房子的功能原型，没有实现其他原型。所以，笔者认为宏观周期部分实现，但不完整，体现不充分。

所以，这也让教育者再次反思设计思维与创客教育的关系。设计思维诞生于设计行业和相关商业领域，具有创新性、现实性、指导性和应用性，以一种强大的用户导向和多（跨）学科团队的快速迭代来解决问题，适用于设计产品、服务、流程、商业模式和生态系统。在创客教育中，设计思维运用作为课程设计和实施的重要方法论，必须遵循教育的规律。学生的创客行为并非企业培训和产品研发，在时间、空间、人力、物力、财力上，不具备反复迭代直至商品化或成品化的条件。中小学生的发明创造，能够形成完整作品并申请专利或投入生产的，毕竟是少数和个案。学校软硬件条件有限，教师专业能力和创新意识不足，校本课程时间和空间有限，这些都是影响完整的设计思维培养的因素。

用设计思维来设计创客类美术课程，合理运用微观周期的"HPI六步设计思维模型"和宏观周期的发散思维、收敛思维工具，作为课程设计策略和思维工具，通过包含设计思维的教学设计、实施策略和评价方式，培养学生的设计思维和动手实践能力，这正是创客教育的核心目的。

5. 设计思维的反思

笔者在阅读《设计思维手册：斯坦福创新方法论》这本书时，对于微观周期和宏观周期的概念，以及两个周期之间的相关性，经历了由浅入深，理解不断加深的过程，经历了一次奇妙的思维训练。阅读肯定是从文字出发，但仅仅在视觉上阅读文本和相关模型，有一些重要内容很难完全理解，甚至无法理解，阅读体验停留在浅层思维。为了本书的配图，笔者决定自己动手使用软件，绘制微观周期和宏观周期的两个模型图，绘制完之后，发现之前没有理解的关键问题和概念豁然开朗。特别是对宏观周期的理解，从问题出发，时间线到思维线垂直交叉形成 X、Y 两个坐标轴，Y 轴从下往上是发散思维到收敛思维的两个象限，从发散思维的五个要素，到点子原型和受压区的表现，再到收敛思维三个原型和计划落地的四个阶段，最后形成完整设计思维宏观周期的全部过程。恰恰是这一次动手操作，对照书中图片复制模型图，这个过程让笔者经历了一次设计思维的深度体验，对宏观周期这一概念有了完整的思考和理解，阅读体验进入了深度思维。

这正是"做中学"的典型经历。作为学习者和研究者，阅读能够提升人的思维水平和思想深度，如果真正要学懂弄通，动手去复制、制作书中的模型，就如同拆解一辆自行车，最后又完整地安装复原，完成了这个过程必然能够看到事物的全貌并理解事物的本质。这恰恰体现了陶行知先生"手脑并用"和"知行合一"的教育思想，我把它理解为行思结合。

对于微观周期的模型，笔者采取案例分析和叙事建构的方法，将王澍先生《造房子》一书中约四千字的教学经历作为叙事文本实施模型建构，运用微观周期模型分解叙事的各个段落，提取关键内容，明确主题，组织语言，实施文本分析与重构。这个过程现在看来是逆向分析，将生动的叙事文本抽象化，形成各个阶段的大概念，并运用大概念解释模型概念，以此论证王澍的课程设计案例具有设计思维特征。在这个过程中，笔者又经历了一次设计思维深度理解和应用的过程。与制作模型图的动手做不同，这次虽然是在文本上的加工、组织和呈现，但思考的层次和深度不同，体现了"手脑并用""知行合一"的理念。

以上的两个心得，笔者称之为设计思维的写作训练，希望能够让教育者和学习者有所启发。

奇妙的是，写完案例分析的第二天，笔者在花园散步，突然想到了以上内容，迅速用手机语音记录下来。这不正是设计思维中的"顿悟"吗？

创造性思维是突如其来的、刹那间的灵感——"天才的火花"。

——（美）维克多·帕帕奈克

第三节 与建构主义课程观的关系

在创新思考、高效解决问题的方法论上，设计思维的特征与建构主义的课程观不谋而合，高度一致。基于创客教育理念的美术校本课程，验证了建构主义的美术课程观，丰富了建构主义的美术课程内容和课程样态。

一、通过具体真实的任务或问题情境来呈现美术学习内容

建构主义的美术课程观认为：美术课程应该通过具体真实的任务或问题情境来呈现美术学习内容，使学习者从这种真实的任务和问题情境中产生美术创作的冲动和对美术创作方式（包括美术知识和美术技能）的探究动力。[1]

在"面向生活、手脑并用、审美创造"的创客式学习模型中，在学习的第一环节中，就充分体现了这种课程观，以问题为内核，以项目为外显，通过教师的引导创设各种情境，目的就是激发学生的问题意识——在不同生活情境下思考和发现问题的意识，运用项目式学习方式不断思考并尝试解决问题，在学习策略上需要运用创新设计的方法和跨界融合的思维，这一环节的重点是培养学生的问题意识和创新思维。

---

[1] 高文，徐斌艳，吴刚. 建构主义教育研究[M]. 北京：教育科学出版社，2008：318.

课程案例

如龙岗区吉祥小学黄裕佳开发的童趣环创："濒危动物保护"综合材料创作校本课程，就是在深圳大力创建国家森林城市，大力保护野生动物的社会背景下，激发学生思考动物保护问题，创设保护濒危动物的情境，运用综合材料进行主题创作。在真实的情境下，激发学生创作和探究的动力，培养学生对环境保护的强烈意识和社会责任感，感受综合媒材创作的艺术之美；龙岗区千林山小学以《清明上河图》为主题，建立"大美育"课程理念，萃取"宋代生活"作为大概念，在数字美术馆、立体图书、高仿长卷图的立体学习环境中，实施跨学科融合教育活动。《清明上河图》中的宋代"外卖小哥"串联了所有课程，通过创设不同的学科探索任务，学生从语文、美术、科学、音乐、信息、道法六个不同的学科视角，开启"清明上河"宋代文化之旅。创作游览之乐，设计宋服之美，发现虹桥之奇，演奏宋乐之韵，体验编程之妙，感受民族之魂。学生展开了一次穿越时空的宋代之旅，经历了一场大宋文化的头脑风暴，传承文化、认识生活、理解世界、传达感情，学会学习、学会欣赏、学会合作、学会探究，在跨学科活动中进行深度学习，全面提升综合素养。[①]在美术学科学习中，五、六年级的学生通过课前cosplay宋代人物、设计宋代服饰、制作立体纸盒人、纸盒人表演（《水浒传》改编）等环节，在做中学、研中学、演中学，在大任务驱动、全学科环境、大作品设计的立体学习场景中，激发了学生主动学习、探究学习的意识，不仅实现了各个学科的交叉融合，更培养了学生的图像识读、美术表现、审美判断、文化理解、创新思维和创意实践能力。（图6-23、图6-24）

二、提供有关的信息、材料、工具和方法，拓宽学生的视野和思维

建构主义的美术课程观认为：设计美术课程时，必须根据学生在实际创作过程中产生的问题和解决问题的需要，不断提供有关的信息、材料、工具和方法，以拓宽学生的视野和思维。课程内容要珍视并善于运用学生对于生

[①] 宋冰，曾翠婷.学科融合新技术 课程创新添活力——龙岗区千林山小学跨学科融合课程探索[N].南方教育时报，2021-12-10（A8）.

《清明上河图》跨学科教师研讨会 　　　　　《清明上河图》课前学生欣赏长卷

《清明上河图》数字美术馆立体学习环境 　　《清明上河图》课前学生欣赏立体书

《清明上河图》跨学科学习之语文课 　　　　学生设计的宋代人物和服饰

图6-23

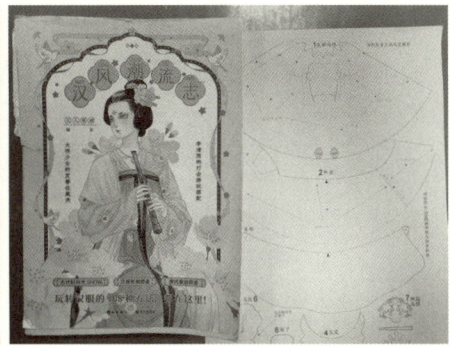

学生自主研读中国传统服饰的相关书籍

学生设计制作的宋服纸盒人　指导教师：宋冰、祁光德　　　　学生分享研究成果

学生设计制作的《水浒传》纸盒人　指导教师：宋冰

语文和美术老师合作指导学生改编文章，制作纸盒人，表演《武松打虎新编》（视频截图）　指导教师：张翠、胡文斐

图6-24

活的独特体验和独特经验,使其能借此进行视觉形象的创造。[①]

"面向生活、手脑并用、审美创造"的创客式学习模型,在学习的第二和第三环节中,都体现了这种课程观。第二环节是教师为学生提供必要的学习策略支撑,包括设计思维、资源统整、跨学科融合和项目式学习等具体能力,培养学生的发散思维、收敛思维、联通思维等,这也是保证项目式学习的关键环节。在创客式学习模型中,将"技术支持"环节系统打包呈现,更能加强教师对建构主义课程观的理解,有利于明确教师的能力目标。中国传统文化技艺丰富,学习和利用好传统优秀的手工技艺,在传承的基础上发展,是美术教师必备的专业能力。教育当随时代,随着信息化时代的发展,人工智能大数据、智慧制造等技术手段,AI、VR、AR、3D打印、激光切割等现代科技逐步进入中小学教育领域,教育者也应当掌握一定的现代技术手段,方能满足创客教育的要求。在模型中,第三环节主要是通过教师的引导,不断为学生创作提供美感技巧、工具应用、材料研究、结构研究等方面的指导,鼓励学生积极尝试新工具、新材料,对传统工具和材料重点思考创新应用,尽可能掌握多种技能手段。这个阶段与第一学习环节形成联通机制,教师提供信息、材料、工具和方法,帮助学生解决在创作过程中产生的问题。所有的学习和实践均是在三个学习环节的循环往复中不断实现的。教师应不断满足学生的学习需求,给予恰当的指导与帮助。

课程案例

深圳市龙岗区依山郡小学黄曼开发的趣味非遗:扎染校本课程,就具有以上典型的课程特点,该课程第一阶段是学习印制蓝印花布,第二阶段是将印花设计印制在服装或枕套上,第三阶段是运用印花布制作布袋子、手提袋、服装等作品。这三个阶段的课程设计,聚焦"美化生活"的创作场景,激发学生的内在创作动力,通过一系列连续的、不断上升的学习活动,拓展学习的内容和技艺的难度。在创作过程中,会遇到染布、放样、裁剪、缝制、装饰等不同技术问题;在设计过程中还必须思考成品的创意、造型和实

---

① 高文,徐斌艳,吴刚.建构主义教育研究[M].北京:教育科学出版社,2008:318.

图6-25 龙岗区依山郡小学黄曼开发的趣味非遗：扎染校本课程

用性等问题。（图6-25）所以，此课程的设计，就需要在不同环节提供一定的学习支撑系统，包括创意思维和制作技术，不断提供相应的创意方法、制作材料、工具和方法，不仅可以拓宽学生的视野和思维，还可以提升学生动手实践美化生活的能力。

三、将美术知识和技能活用于真实的场景中

建构主义的美术课程观认为：美术课程的设计还必须考虑与其他学科以及与校内外所有活动的结合，使学生获得艺术创作所必需的社会生活经验和跨学科知识，并使其有机会将美术知识和技能活用于真实的场景中。[1]

"面向生活、手脑并用、审美创造"的创客式学习模型，其学习目标是一种回归生活和指向"创造"的教育，是发现生活之美、创造美好生活的审美课程。回归生活，就决定了学习的过程是校内和校外一体的，运用美术和

---

[1] 高文，徐斌艳，吴刚. 建构主义教育研究[M]. 北京：教育科学出版社，2008：318.

其他学科知识应用于生活情境,实现知识与生活、与社会的多向联通。

课程案例

龙岗区依山郡小学黄俭和艾丽娜开发的皮影课程,是跨学科学习课程,融合了美术、语文、皮影表演、音乐等学科要素,突出体验式学习特征。课程构建美术与其他学科、美术与社会生活相结合的方法,开展跨学科学习活动。通过体验皮影艺术,培养学生对民族文化的认同感和自豪感,通过教学引导学生了解皮影与动画间的关系,感受皮影艺术之美和皮影动画之妙。整体打通了美术、语文、音乐等学科知识与文化之间的关系,用现代教育手段激活了传统文化基因,让传统皮影艺术焕发新的生命与活力。在系列课程的学习中,学生不仅要学习皮影制作技艺,还要分小组创编故事并进行表演。这个过程,要发挥合作精神,开展小组合作探究,不断解决问题,学会分工,相互协调配合,最终完成作品。除此之外,家长也积极参与到学校活动中来,和孩子共同完成亲子作品,增进了亲子关系。皮影表演具有鲜明的生动性、趣味性和展示性,逐步从校内走向校外,通过学校艺术节、非遗文化教育研讨、社团展示、暑期公益表演、社区图书馆、家长会、市民走进身边好学校等实践活动,展示了传统文化的魅力和民族智慧,激发了学生对传统文化的热爱,培养了他们的公益服务之心。越来越多的人感受到皮影的魅力,皮影在校园内外散发出新的生命活力。(图6-26)

龙岗区职业技术学校洪梅开发的景泰蓝工艺画课程,拓展了景泰蓝的制作工艺和技巧,与竹、木、金属等多种材料结合,提供国画、装饰画、线描、卡通等多种素材和资源,引导学生运用不同的资源,解决创作中的问题,制作创意文创产品。职业学校更注重"工学结合",教师带领学生走出校园,到深圳周边的景泰蓝工坊和工厂开展游学活动,让学生接触并参与景泰蓝工匠的创作过程,近距离感受工匠精神,体验未来走向社会的职业要求,产生提高创作技能以靠近专家水平的内在需要。(图6-27)这些课程的开展,让美术课程与校内外活动结合,学科知识与社会经验融会贯通。

基于创客教育理念的美术校本课程,验证了建构主义的美术课程观,丰富了建构主义的美术课程内容和课程样态。美术课程通过具体真实的任务或

图6-26 龙岗区依山郡小学家长深度参与的亲子皮影工作坊(2016)

图6-27 龙岗区职业技术学校洪梅的景泰蓝工艺画课程开展"工学结合",学生到景泰蓝企业研学

问题情境来呈现美术学习内容,基于问题激发学习动力,开展探究活动。根据学生创作过程中产生的问题和解决问题的需要,教师持续提供学习支撑系统,拓展学生的创意思维和实践能力。课程的设计与其他学科、校内外活动结合,使学生获得社会生活经验和跨学科知识,并将美术知识和技能活用于真实的场景中。

第四节 与学科核心素养的关系

基于创客教育理念的美术校本课程，其主要目的是培养学生的创新精神、实践能力和良好的审美素养。自2017年高中课程标准公布实施以来，中小学美术教师围绕学科核心素养，展开学习与研究，尝试将学科核心素养的相关理论运用于校本课程的开发与实践。在实践过程中，厘清学科核心素养与创客教育相关理论之间的关系，找到二者的连接点和交叉点，有利于明确校本课程开发的目标与方向，对基于创客教育理念的美术校本课程开发具有现实指导意义。

一、学科核心素养理论与基于创客教育理念的美术课程观点比较

在高中课标的修订过程中，杨向东先生学科核心素养的解释成为普遍共识：个体在面对复杂的、不确定的现实生活情境时，能够综合运用特定学习方式下所孕育出来的（跨）学科观念、思维模式和探究技能，以及结构化的（跨）学科知识和技能，分析情境、提出问题、解决问题、交流结果过程中表现出来的综合品质。[1]

笔者在2011—2017年开展"非遗文化与儿童美术"研究与实践，将国家级非物质文化遗产——深圳鱼灯舞融入小学美术教育，提出非遗文化融入学校教育要从绘画中来到设计中去、从平面中来到立体中去、从传承中来到创新中去、从文化中来到生活中去，开发出系统完整的美术校本课程，研究成果《利用"非物质文化遗产"创建美术特色学校的研究与实践——以国家级非物质文化遗产"鱼灯舞"为例》提出以下观点：把非物质文化遗产引入学校教育，挖掘这种资源潜在的教育价值，引导学生深入了解中华民族丰富多彩的多元文化形态，不仅可以增强学生对非物质文化遗产的保护意识和民族情感，更是树立社会主义核心价值观的有效途径。以课程开发为载体，形成以文化传承为基础和课程形式创新为重点的美术教育新思路。在把握文化内涵的基础上对课程结构、创作表现、评价展示等形式进行创新，实现文化传承与课程创新的和谐统一；以非遗文化为资源，形成跨学科的多媒体的校

---

[1] 尹少淳. 尹少淳谈美术教育[M]. 北京：人民美术出版社，2016：165.

图6-28 《非遗文化与儿童美术融合教育课程——以深圳鱼灯舞为例》中的相关观点

本课程新体系。运用现代课程理论，打破学科界限，与各学科教师合作，进行跨学科联系的美术课程资源开发，通过跨学科的多媒体的课程学习，提升学生对非遗文化的理解和创新运用能力。相关内容见图6-28①。

以《非遗文化与儿童美术融合教育课程——以深圳鱼灯舞为例》一书中的观点为例，对比学科核心素养的解释，不难发现二者的连接点和交叉点。

1."个体在面对复杂的、不确定的现实生活情境时"，对应的是：非物质文化遗产及其背后的多元文化形态和生活情境。

2."特定学习方式"，对应的是：以课程开发为载体，形成以文化传承为基础和以课程形式创新为重点的美术教育新思路，在把握文化内涵的基础上对课程结构、创作表现、评价展示等形式进行创新。

3."（跨）学科观念、思维模式和探究技能，以及结构化的（跨）学科知识和技能"，对应的是：以非遗文化为资源，形成跨学科的多媒体校本课程新体系。运用现代课程理论，打破学科界限，与各学科教师合作，进行跨学科联系的美术课程资源开发。

---

① 宋冰.非遗文化与儿童美术融合教育课程——以深圳鱼灯舞为例[M].重庆：西南师范大学出版社，2021：117-119.

4."分析情境、提出问题、解决问题、交流结果过程中表现出来的综合品质",对应的是:引导学生深入了解中华民族丰富多彩的多元文化形态,不仅可以增强学生对非物质文化遗产的保护意识和民族情感,更是树立社会主义核心价值观的有效途径。通过跨学科的课程学习,提升学生对非遗文化的理解和创新运用能力。

笔者主持的深圳教育科学规划2017年重点课题"基于创客教育理念的中小学美术校本课程开发实践研究"开题报告中提出:基于创客教育理念的美术校本课程开发,聚焦"设计思维"的特征,梳理特色课程建设路径。有别于传统"以画种为中心""侧重单项技巧"的美术课程,突破传统美术创作的个人实践习惯,遵循建构主义教育理念,将分布式学习与自主建构结合起来,将实践探究与合作学习结合起来,在"问题探究、项目推进、创新设计、跨界融合、动手实践、协作分享、美感创造"的结构下,是一种回归生活和指向"创造"的教育,是发现生活之美、创造美好生活的审美课程。

整体看,学科核心素养中"特定学习方式"的界定,不仅指接受式学习、自主学习、合作学习和研究性学习等方式,更包含创客教育的研究重点——聚焦"设计思维"特征的创客式学习,这也支撑了创客式学习方式孕育产生的(跨)学科观念、思维模式和探究技能,最终提升学生的审美素养、创新意识和创造能力。

所以,创客教育的探索方向、课程理念与学科核心素养的核心理论具有高度的一致性,确保了研究紧跟课程改革的步伐,具有明显的时代性和实效性。

二、落实学科核心素养的教学改革路径与基于创客教育理念的创客式学习方式的比较

落实学科核心素养的教学改革重在从教的过程走向学的发生,把教学目标转化为师生共同的学习目标,把有利于教学内容学习的资源交给学生,给学生提供学习工具和搭建脚手架。在实践推进中,基于标准、基于学生学习差异、基于特定主题、基于内容整合、基于实践以及基于技术变革等方面的

教学改革成为关注的重点。①何克抗教授强调"在创造中学习"或"基于创造的学习",认为这是学习者真正需要的学习方式;主张创客教育的实施方式和基于项目的学习,要以一个特定的任务为中心,使学生能在完成任务的过程中进行学习,从而培养学生解决实际问题的能力;倡导在创客教育实施过程中通过协作、交流与共享深化对知识的意义建构;特别关注要培养学生的动手能力和解决实际问题的能力。②

将以上核心观点与"面向生活、手脑并用、审美创造"的创客式学习模型相比较,基于创客教育理念的美术课程是新时代背景下的"创造的教育",呈现出"问题探究、项目推进、创新设计、跨界融合、动手实践、协作分享、美感创造"的结构和体系,是发现生活之美、创造美好生活的审美课程,不仅体现了陶行知先生"生活即教育"的教育思想,更与落实学科核心素养教学改革的重点高度契合。具体如下:

1.从教的过程走向学的发生,把教学目标转化为师生共同的学习目标,把有利于教学内容学习的资源交给学生,给学生提供学习工具和搭建脚手架。

在创客式学习模型中,首先对教师的专业能力提出了更高的要求,要想让学生成为能够创造的人,教师首先要成为善于创造的人,这也是核心素养背景下的新目标和新要求。创客式学习对教师能力目标的要求明显高于知识性目标,教师没有课程观念和综合能力的整体提升,很难落实课堂改革的目标,所以教学目标必须转化为师生共同的学习目标,教师才能将学习资源教给学生,如:从传统(过去)、当下、未来、趣味生活等不同角度创设情境和设计课程,引导学生发现问题、思考问题,提供美感技巧、工具应用、材料研究、结构研究等课程资源。在不同的生活情境中,趣味生活可能比其他视角更能激发学生的创造力。梁启超先生说:"凡人必常常生活于趣味之中,生活才有价值。"温州中学谢作如老师鼓励"无用之用"的创造性活动,创客教育应该关注"无用"的学习,关注个性化的造物过程,关注学生的"创意"是否源自生

---

① 杨学为.中国高考报告(2020)[M].北京:社会科学文献出版社,2020:203.
② 何克抗.论创客教育与创新教育[J].教育研究,2016,37(4):12.

活、是否有趣并能打动人。也许"无用"才更易培养出单纯的、真正的创新能力。[1]教师给学生提供学习工具和搭建脚手架，如：策略支撑能力，包括设计思维、资源统整、跨学科融合和项目式学习等具体能力，教师需要掌握一定的创新思维方法，如发散思维、收敛思维、联通思维等，这对教师的创新意识和能力要求较高，也是实施项目式学习的关键环节。

从教的过程走向学的发生，对于多数美术教师来讲，更需要突破原有的专业知识和技术能力瓶颈，对新方法、新工具、新材料要主动研究积极尝试，对传统工具和材料应重点思考创新应用，尽可能掌握多种技能手段。建立结构化思维，探索课程的结构和模块特征，分解整体要素，从整体到局部，从局部关照整体。为创客式学习提供有力支撑，提升学生的创新意识和动手实践能力。

2.在实践推进中，基于标准、基于学生学习差异、基于特定主题、基于内容整合、基于实践以及基于技术变革等方面的教学改革成为关注的重点。

在创客式学习模型中，"创客式学习"包括两大环节：一是问题输入环节，二是审美输出环节。基于标准主要围绕美术核心素养的落实，完成从"知识点"到"核心素养"的转变，需要进一步关注学生的学习过程，以学科大概念/大单元为统领，突出学科思想与方法，创设与生活关联的、任务导向的真实情境，积极探索基于情境、问题导向的互动式、启发式、探究式、体验式等课堂教学，注重加强课题研究、项目设计、研究性学习等跨学科综合性教学。[2]创客式学习的第一环节就要聚焦核心素养的落实，课程设计要激发学生的问题意识，即在不同生活情境下（传统/过去、当下、未来、趣味生活等不同角度）思考和发现问题的意识，运用项目式学习方式不断思考并尝试解决问题，在学习策略上需要运用创新设计的方法和跨界融合的思维（如设计思维），培养学生的问题意识和创新思维。在学习的第二环节，围绕问题展开特定主题的项目式学习与实践，合理运用教师提供的课程资源和学习支持策略，面向生活开展审美创造活动，遵循美术技巧和规律，运用合适

---

[1] 谢作如. 创客教育的DNA[J]. 人民教育, 2016（10）: 31.
[2] 杨学为. 中国高考报告（2020）[M]. 北京: 社会科学文献出版社, 2020: 204.

的工具材料和技术手段，开展个体探究或小组协作，动手实践，敢于试错，不断创造出作品或产品，实现审美创造和审美素养的目标。综合来看，基于标准、基于学生学习差异、基于特定主题、基于内容整合、基于实践以及基于技术变革等教学改革的重点要素，在创客式学习的整个过程中得到了比较充分的体现。

基于学科核心素养中的"特定学习方式"对应了"设计思维"特征的创客式学习，"面向生活、手脑并用、审美创造"的创客式学习模型，为落实学科核心素养的教学改革提供了一种新的范式和可能性。

三、素养本位的课程单元特征与基于创客教育理念的美术课程单元的特征比较

素养本位的"新教学"有三大特征：素养本位的单元设计、真实情境的深度学习、线上线下的智能系统。[1]新高中课程方案突出核心素养的主线，学科课程标准凝聚学科核心素养，教学实施的核心是体现素养本位。素养本位的课堂体现完整意义的课程单元，而不是一个个拆解的知识点，突出课程整体育人的价值。课程单元是以学科核心素养为目标，以"大任务、大观念、大问题、大项目"的名义组织或结构化要学的知识、技能、问题、情境、活动、评价等，是指成为一个完整的学习故事或事件。[2]

基于创客教育理念的美术校本课程，普遍具有资源中心式的课程结构和跨学科的课程内容，通常以大单元组织教学内容，创设情境化的学习历程，开展主题式教学和项目式学习，以大任务目标为导向，兼顾学生个人创作和集体合作，指向系列作品和完整作品的创作，"学展评一体"构成完整的学习周期。通过两者的比较不难发现，基于创客教育理念的美术校本课程理论充分体现了素养本位的教学特征，聚焦了美术学科核心素养。

1.素养本位的课堂体现完整意义的课程单元，突出课程整体育人的价值。基于创客教育理念的美术校本课程，普遍具有资源中心式的课程结构和跨学

---

[1] 崔允漷.新课标新高考如何建构"新教学"[N].中国教育报，2019-08-29（A6）.
[2] 杨学为.中国高考报告（2020）[M].北京：社会科学文献出版社，2020：205-206.

科的课程内容，开展主题式教学和项目式学习，课程创作类型与主题内容主要以大单元结构呈现。

课程案例

以两所学校的特色课程为例：龙岗区外国语学校陈楚洪开发的玉兰花开——唯美纸艺特色课程，以学校校花"玉兰花"为学习研究对象，了解玉兰花的相关历史故事、创作设计玉兰花纸艺造型的艺术装置校园景观，通过对玉兰花的生物构造、自然特征的学习，感受和理解自然之美，通过学习立体纸艺的方法，设计创意的纸艺装置，构建唯美的立体纸艺之美。

龙岗区吉祥小学黄裕佳开发的童趣环创："濒危动物保护"综合材料创作校本课程，在深圳创建国家森林城市，大力保护野生动物的社会背景下，以"濒危动物保护"为主题，深入认识和学习动物的自然特征、生存环境、保护机制等，利用美术学科丰富的视觉形象和创新的表达方式，探索综合材料的设计和应用，加强校本课程与学习活动的综合性和探索性，注重美术课程与学生生活经验紧密关联，增强学生对自然和人类社会的热爱及责任感，将其延伸至美术课堂的教学和研究当中，培养学生对野生动物的保护意识及热爱大自然的美好品质。（图6-29）这些课程案例，都是通过具有完整意义的单元课程设计，整体串联了美术学科的五个核心素养——图像识读、美术表现、审美判断、创意实践、文化理解，系统设计了聚焦核心素养的"美术教育"路径，不仅没有削弱美术的本体功能，还强化了学生对美术价值和独

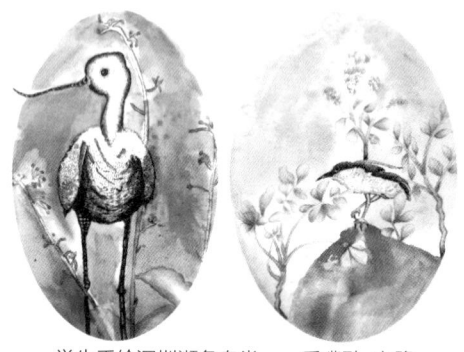

学生手绘深圳濒危鸟类——反嘴鹬、夜鹭　　龙岗区吉祥小学黄裕佳开发的童趣环创："濒危动物保护"综合材料创作校本课程学生作品

图6-29

特功能的理解，以及运用美术知识与技能进行创造性活动的综合能力，突出体现了素养本位的课堂特征和课程整体育人的价值。

2.素养本位的课程单元是以学科核心素养为目标，以"大任务、大观念、大问题、大项目"的名义组织化或结构化要学的知识、技能、问题、情境、活动、评价等，是指成为一个完整的学习故事或事件。基于创客教育的课程单元，基本式是在绘画、综合材料、设计、装置、想象故事、展示表现六大项创作类型基础上，围绕基于生活的情境、基于问题的研究、基于观察的表现、基于想象的故事、基于设计的制造等内容要素，选取相关元素进行有机组合，设计出单元化的创作主题和内容。

课程案例

以参与研究的实验校的两个特色课程为例：龙岗区依山郡小学黄俭、艾丽娜开发的儿童绘本创作与表演，是跨学科学习课程，探索美术与其他学科、美术与社会生活相结合的有效路径，融合了美术和语文学科要素，突出主题性学习特征，发挥学生的主体性，开展文学、美术、戏剧等综合实践活动。培养学生对绘本的阅读、分析、概括、感知等能力，学会创编故事，提升学生的文字表述与运用能力。通过经典绘本的续编，培养学生的想象力和创新思维，促使学生从多角度、多层次阅读绘本，感受绘本的文字美和画面美，体会绘本故事真、善、美的内涵。通过巧妙设计问题，启发学生的创意思维，引导学生大胆想象，在理解绘本内容的基础上进行创作，培养学生的故事思维和创编能力。教师紧紧抓住绘本创作的重点——生活，生活中的真实感受和所见所闻是极好的素材，引导学生观察生活、感悟生活、表现生活，运用绘本的创作方式，以绘画为主，图文结合，尝试剪纸、刮画等不同美术表现形式，创作出自己的绘本故事，最后将原创绘本改编为皮影剧本，使用新型皮影材料制作剧本中的造型，表演出绘本故事。

龙岗区依山郡小学黄俭老师开发的有趣的叶子——叶子的皮影故事，融合了美术、语文、皮影表演、音乐等学科要素，突出素养本位的操作式和体验式学习特征。课程设计首先明确学习任务——皮影故事表演，打破传统皮影观念，重构皮影新材料、新工艺和新技巧，重新设定表演方式，围绕自然中叶子的生发问题展开探索与研究，最终整体打包形成"大项目"，开展综合艺术实践活动。教学中通过引导学生观察叶脉，感受叶脉的"线"性特征，引导学生体验自然之美。欣赏中西方叶子主题的作品，引导学生感受大师的色彩对比、夸张变形的艺术表现手法，激发学生大胆运用造型元素，创意表现叶子形态。鼓励学生尝试运用各种媒材，探究各种方法技能，运用点、线、色等造型手法，表现叶子的形态美、纹理美和色彩美。在叶子造型基础之上，运用新材料和新工艺制作成皮影作品。学生撰写或改编故事剧本，小组分工合作进行表演。让学生通过设计、制作和表演皮影作品，在直观生动的体验中理解皮影与动画间的关系，感受皮影艺术之美，皮影动画之妙。（图6-30、图6-31）

除此之外，龙岗区外国语学校的玉兰花开——唯美纸艺、龙岗区吉祥小学的童趣环创："濒危动物保护"综合材料创作、上海外国语大学附属龙岗学校的名画欣赏与黏土浮雕画"星月夜"等特色课程，都具有鲜明的"大任务、大观念、大问题、大项目"特征，通过系统设计组织化或结构化的知识、技能、问题、情境、活动、评价等内容，课程整体样态具有完整性和系统性，指向完整的学习故事或事件，呈现出系统的学习链条和综合能力提升路径，立足素养本位，串联美术核心素养要素，形成审美素养提升的完整闭环。

龙岗区依山郡小学黄俭设计的课程：有趣的叶子
——叶子的皮影故事

①画出心中的叶子

②寻找并组合真实的叶子

③展示叶子的创意造型

④在皮影纸上拓印真实的叶子

⑤分小组创编童话故事

图6-30

⑥分小组撰写童话故事　　　　　　　⑦用拓印叶子制作皮影造型

⑧制作完成的皮影造型　　　　　　　⑨分小组表演皮影童话剧

图6-31

柒 [第七章]

基于创客教育理念的美术校本课程展望

教育进入新时代，课程改革进入新阶段。中小学教师应主动从微观思维走向中观思维。在中观的视域和思维中进行课程的建构、创新与实践。课程才可能形成良好的结构和体系，甚至系统性课程。面向教育现代化2035远景目标，未来需要持续深入研究，继续丰富和优化课程的结构和内容，建立校本课程发展性评价机制，持续提升教师创新思维和专业能力，探索学习空间和场景的创新，实施核心素养背景下的课堂变革。

从2011年起，笔者带领团队进行"趣味非遗"系列课程开发的实践研究，产生了系列特色校本课程，以及课程开发的新思路、新路径和新方法，形成了一套相对稳定的课程开发模型。至2020年，笔者带领团队继续开展基于创客教育理念的美术校本课程开发实践研究，完成深圳市教育科学规划重点课题的结题。课题在创客教育理论、课程开发路径、课程模型建构、课程结构与内容、课程评价体系，以及创客教育与陶行知教育思想的关系、与设计思维的关系、与建构主义的关系、与学科核心素养的关系等方面形成了较为完整的实践成果与理论成果，即本书的雏形。本书所讨论的不仅是美术课程的建设与实施问题，更是教师的思维问题或者是课程所表现出的思维品质和思维状态。

笔者认为，教育进入新时代，课程改革进入新阶段。中小学教师应主动从微观思维走向中观思维。在中观的视域和思维中进行课程的建构、创新与实践，课程才可能形成良好的结构和体系，甚至系统性课程。所以，本书除了讨论课程开发的操作性和策略性，提供更多的课程思路和思维工具之外，也聚焦"大而抽象的观念性问题"，努力用中观思维去联通课程中的微观现象与宏观问题，尝试运用中外教育理论、设计学和设计思维原理、学科素养理论等，形成较为完整的"基于创客教育理念的美术校本课程"理论与实践"解释系统"，努力尝试建立具有代表性的深圳"创客教育话语体系"。

托马斯·库恩（Thomas S. Kuhn）在《科学革命的结构》一书中指出，科学探究是一个周期性"前科学时期（无范式）—常规科学时期（建立范式）—科学革命时期（范式发生动摇）—新常规科学时期（新范式建立）"的更新和演进过程。表征每一阶段的核心就是"范式"，阶段间的更替必须要经历范式的"格式塔"转换。在这个过程中，科研人员不断采用新方法，获取新理解，产生新发现，甚至颠覆过去的研究结论。[1]虽然基础教育的研究与科学研究不能相提并论，但本研究坚持运用教育科学研究之方法，去建立和论证创客教育的美术课程论，亦是一种教育科学的研究成果。用科学理

---

[1] 黄荣怀，杨俊锋，刘德建，等. 智能时代的国际教育比较研究：基于深度探究的迭代方法[J]. 中国电化教育，2020（7）：4.

论指导基础教育的研究与实践，更具有现实意义和独特价值。所以，笔者认为"基于创客教育理念的美术校本课程"理论与实践"解释系统"和深圳"创客教育话语体系"的形成，是否可以理解为处于新常规科学时期（新范式建立）的阶段？同时，基于《中国教育现代化2035》中长期教育发展规划的目标和新时代中国特色社会主义的教育现代化，教育将形成与智慧时代相适应、相匹配的指向创新创造智慧与和谐发展智慧提升的教育理论、教育理念、教育思想、教育模式、教育方法、教育评价、教育管理、教育服务，将学生造就为智慧型学习者，教师相应成为能够造就创新创造和共筑人类命运共同体之人的创新创造者，学校成为创新创造之地和智慧学习空间，国家成为人民教育家陶行知所期盼的"处处是创造之地，天天是创造之时，人人是创造之人"的学习型与创新型国家。[①]在教育现代化2035远景目标之下，本研究还将不断深入，继续探索创客教育的创新价值和面向未来的实践空间。

探索人的发展和教育教学规律，为教育活动的科学开展提供根据，是教育研究的重要任务。关于教育规律的研究是理性思维、思想洞察和实证研究相互促进、相互推动的结果。由于教育活动的复杂性和系统性，尤其需要把思想和方法、人为场景实验和真实场景实验、先进的技巧和精巧的设计结合起来。[②]本书所表现的研究内容，是近年来团队共同创造的实践性成果，呈现了实证性研究过程，虽然实现了阶段性目标和成果，但更需要持续深入研究以下问题。

一、优化校本课程的结构和内容

加强校本课程开发的建设指导，丰富和优化课程的结构和内容，形成更加完整的创客教育体系。笔者和团队自2011年至今，从非遗文化融入美术校本课程的开发，到基于创客教育理念指导美术校本课程的开发，近十年两个阶段的课程开发与实践研究，有十一所学校的美术教师共同参与，形成了一批特色课程和研究成果，建立了相对稳定的课程开发路径和课程模型。本书

---

① 陈琳,陈耀华.智慧时代中国教育现代化特征论[J].中国电化教育,2020 (7): 31.
② 袁振国.教育规律与教育规律研究[J].华东师范大学学报（教育科学版）,2020 (9): 1, 14.

已经初步形成"基于创客教育理念的美术校本课程"理论与实践"解释系统"和"创客教育话语体系"。课程研究学者认为，课程建设的解释系统和话语体系的形成，标志着实践研究进入新的发展阶段。站在更高处看问题，立足深圳教育先行示范的使命看"创客教育话语体系"，还需要更加专业和深度的研究。这就需要更加多元的课程案例和实验样本，除了丰富和优化已有课程的结构和内容之外，还要用研究成果指导更多学校开发校本课程，不仅在美术学科，还要在人文特点突出的学科，如语文、道德与法治、音乐等学科，探索新的路径、实施新的策略、形成新的成果、建立新的模型，逐步论证课程建设的解释系统和话语体系的有效性和科学性，形成更加完整的创客教育体系。同时，继续加强质性研究，实施量化研究，增强课题研究的完整性、系统性和科学性，充分论证创客教育体系的实效性和科学性。

二、建立校本课程发展性评价机制

深入开展校本课程评价研究，完善和优化评价策略，逐步建立美术核心素养提升的发展性（绿色）评价机制。本研究已经形成完整过程的课程本体性评价（CIPP课程评价模式）和基于学科核心素养的课程评价体系，指导美术校本课程的开发与评价。从课程内容、学习方式、作品表现三个维度对学习过程实施整体性评价、操作性评价、多元性评价（HOD评价），突出过程性和综合性评价的特征，形成阶段性成果和评价系统。从未来优化的方向看，2022年义务教育阶段的新课程标准颁布，与高中美术学科核心素养有一定差异。所以，基于义务教育阶段艺术核心素养的课程评价还应加强：围绕核心素养基本点，精心设计课程评价内容；创新评价手段和方法，防止课程评价的片面性和近似性；建立评价反馈机制，突出课程评价的对话特征。[①]
2020年6月30日，中央全面深化改革委员会第十四次会议审议通过了《深化新时代教育评价改革总体方案》，指出教育评价要改进结果评价，强化过程评价，探索增值评价，健全综合评价，改进美育评价，要把中小学生学习

---

① 王润，张增田，章全武. 核心素养：课程评价的时代追求 [J]. 教育理论与实践，2018，38(4):55-56.

音乐、美术、书法等艺术类课程以及参与学校组织的艺术实践活动情况纳入学业要求。

这些都对未来基于创客教育理念的美术校本课程开发和课程评价提出了新的要求，继续梳理和提炼前期成果，坚持以人为本，聚焦学生素养的个性发展、全面发展和终身发展，完善评价体系，加强评价范式研究，形成多元评价样本。优化校本课程整体性、操作性、多元性的三个评价维度，论证并完善学习过程中的"自主学习、理解应用、创新思维、动手实践、对话合作"五维评价要素。建立更加细化的素养评价标准，完善学习单和思维导图，形成教、学、做、评、展一体化的过程性评价策略，探索学生叙述与量表结合的形成性评价策略，逐步建立美术核心素养提升的发展性评价机制。

三、提升教师创新思维和专业能力

持续提升教师创新思维和专业能力，加强理论素养和实践应用能力的提升，不断适应未来教育发展的需求。对于实施创客教育的教师，何克抗教授特别提出：创客教师不能仅仅了解有关创客与创客活动的内涵和特征、创客教育的实施方式以及与科学技术有关的多种技能性课程内容，而是应增加与创新意识、创新思维这两方面素质的培养相关的内容。[①]闫寒冰、陈鹏等学者也一致认为，将设计思维作为专题纳入中小学一线教师培训内容，提供有效支持教师教学的课程工具包，中小学教师接受设计思维主题的培训与学习重要且迫切。

"面向生活、手脑并用、审美创造"的创客式美术课程，对教师的专业能力提出了更高的要求，要想让学生成为能够创造的人，教师首先要成为有创新思维和善于创造的人。思维决定行为，只有不断提升自我，培养"一专多能、多专多能"的能力才能满足创客教育的要求，适应未来教育变革的挑战。2035年，中国将总体实现教育现代化，这是智慧时代的教育现代化，旨在将学生培养为智慧型学习者和创新创造者，而教师更应成为智慧型学习者，成为指导学生创新创造的创造者，师生"共学共创""命运共同"。教师

---

① 何克抗.论创客教育与创新教育[J].教育研究，2016，37（4）：23.

是教育发展的第一资源，从课程建设的高要求和未来教育发展的高定位来看，未来创客教育的研究与实践，需要持续系统地加强教师的创客教育理念、学习科学理论、设计思维策略、新技术融合路径、创新实践应用等能力的提升，理解信息技术特别是人工智能技术的发展趋势，思考人工智能素养以及环境与教育形态智能化的智能性，探索虚实世界融合、跨学科融合、知行创融合的策略与路径，树立终身学习的意识，不断适应未来教育的要求与挑战。

四、探索学习空间和场景创新

探索学习空间和场景创新，构建师生共创的学习空间，设计学生的学习体验，进行学习场景的革命，实施核心素养背景下的课堂变革。学习空间是实施课程的重要场所，学习场景是课程主题化的重要策略。学习空间和学习场景两者相辅相成。无论是创客活动还是创客教育，都有一个显著的特点就是学习空间与中小学常规教室或功能室明显不同，创客学习空间以操作性为主，多有设备和器材，注重功能性，学习活动往往以分区的方式进行。笔者观察到区域和全国的一些学校，在空间硬件建设方面投入较大，普遍配备了机器人、3D打印、航天模型等，显得非常高大上，创客空间也很有未来感和科技感。但在实际使用中，这些空间的功能性不够，好看不实用，变成了供人参观和赞叹的装饰物。重装修、轻课程、高投入、低效能的现象很普遍。显然，这严重背离了创客教育的理念，也偏离了教育公平的轨道。这类空间并不是本课程需要的空间，更不是创客教育所追求的空间。创客教育的学习空间应该合理规划、适度建设，更好地为课程服务，为学习、展示和评价服务。探索成本可控并满足课程需求的学习空间建设，创设主动的、探究的、合作的学习场景，师生共创泛在学习空间和学习场景，应成为下一阶段研究的重要内容。

崔允漷教授提出，素养本位的"新教学"有三大特征：素养本位的单元设计、真实情境的深度学习、线上线下的智能系统。[1]基于《义务教育课程

---

[1] 崔允漷. 新课标新高考如何建构"新教学"[N]. 中国教育报，2019-08-29（A6）.

方案（2022年版）》和《义务教育艺术课程标准（2022年版）》，在实施大概念、大任务、大单元教学的课程框架下，教与学的方式将发生深刻变革，学习过程、评价方式将发生重大改变，这也正是创客教育一直在探索和实践的方向。建立信息技术支持下的新型学习环境，形成跨学科学习的融合课程样本和新学习样态，为师生双方都提供一种新的学习环境和学习体验。建立师生跨学科学习共同体，由教师和学生共同组成跨学科对话空间，是促进跨学科研究者产生跨学科学习身份认同的有效途径。[①]构建师生共创的学习空间，设计学生的学习体验，进行学习场景的革命，实施核心素养背景下的课堂变革，将成为新一轮课程改革的突破口。在中小学探索建立博物馆（包含图书馆、科技馆、天文馆、美术馆等单一或综合场馆形态）与数字博物馆相结合的新型学习空间和学习环境（如前文中千林山小学的数字美术馆就是一种探索），构建跨学科融合课程"桥式"结构，实施跨学科教学，优化硬件建设成本，拓宽软件和信息资源的渠道，建立线上线下混合学习的智能系统，变革教师的课程资源意识，为学生构建新的学习环境或空间生态。[②]这正是何克抗教授提出的物理创客空间和在线创客空间的创新。对于"人文与社科类"课程的创客教育如何开展？新空间和新场景可能会再一次回答何老的这个问题。除此之外，创客学习空间和场景还可以从儿童立场、学校特色、家长资源、社区支持、城市文化等更加多元的视角来进行探索。

---

① 董艳，孙巍，徐唱. 信息技术融合下的跨学科学习研究[J]. 电化教育研究，2019，40（11）：72.
② 宋冰. 基于"数字博物馆"学习环境的小学跨学科学习研究[R]. 广东省中小学教师信息技术应用能力提升工程2.0专项科研课题，2022.

结语

知者创物，巧者述之守之，世谓之工。百工之事，皆圣人之作也。[①]

——《周礼·考工记》

知者创物，"工"为圣人所作，是中华民族绵延千年的劳动观，是中华民族的伟大智慧，是对创客精神最好的阐释。习近平总书记指出：人民创造历史，劳动开创未来。劳动是推动人类社会进步的根本力量。在我们社会主义国家，一切劳动，无论是体力劳动还是脑力劳动，都值得尊重和鼓励；一切创造，无论是个人创造还是集体创造，也都值得尊重和鼓励。全社会都要贯彻尊重劳动、尊重知识、尊重人才、尊重创造的重大方针。教育对增强中华民族创新创造活力、实现中华民族伟大复兴具有决定性意义。因此，教育必须在创新服务驱动发展战略上有大作为、有大贡献。[②]

"创"是文明的起源，更是人类社会发展之脉、进步之基，创客教育是时代特征，是当代教育者的责任，知者谓智者，创客教育正是培养智者的教育，培养学生饱含中国心和时代魂的创新意识和创造能力，为培养新时代中国特色社会主义的建设者和接班人，探索新的路径，贡献新的智慧。正如陶行知先生所说：在教育界，有胆量创造的人，即是创造的教育家。教育者也要创造值得自己崇拜之创造理论和创造技术，敢探未发明的新理，即是创造精神。[③]中国特色社会主义教育进入新时代，艺术教育是创新创造活力的重要源泉，艺术教育联通创客教育，必将对新一轮教育改革产生独特的贡献，发挥艺术教育特有的价值。

站在新时代的潮头，潮起宜踏浪，风正可扬帆。深圳中小学创客教育历经多年的发展，取得了阶段性成果。中小学创客教育的核心问题：系统化的特色课程开发与实践研究，具有丰富的现实意义，更具有迫切性与时代性。深圳美术教育和创客教育的成果，初步形成了深圳经验和深圳做法，部分成

---

① 戴吾三. 考工记图说[M]. 济南：山东画报出版社，2020：23.
② 《习近平总书记教育重要论述讲义》编写组. 习近平总书记教育重要论述讲义[M]. 北京：高等教育出版社，2020：194-195.
③ 陶行知，方明. 陶行知教育名篇[M]. 北京：教育科学出版社，2013：4，209.

果对全国美术教育、创客教育、国际STEAM教育等产生了积极影响,强化了深圳特色示范作用。基于教育规律和时代特征的实践与研究,需要更加创新的教育实践,更加深入系统的梳理与研究。

深圳的美术教育者正在从美术学科的独特视角探索"中国特色创客教育",试图回答何克抗教授的这一重要命题,奔赴陶行知先生"创造的教育"的美好愿景。

创客教育从过去而来,在当下建构发生,面向未来再出发。

参考文献

[1]《习近平总书记教育重要论述讲义》编写组.习近平总书记教育重要论述讲义[M].北京:高等教育出版社,2020.

[2] 陶行知,方明.陶行知教育名篇[M].北京:教育科学出版社,2013.

[3] 周洪宇.陶行知教育名篇精选[M].福州:福建教育出版社,2013.

[4] 迈克尔·勒威克,帕特里克·林克,拉里·利弗.设计思维手册:斯坦福创新方法论[M].高馨颖,译.北京:机械工业出版社,2019.

[5] 尹少淳.尹少淳谈美术教育[M].北京:人民美术出版社,2016.

[6] 维克多·帕帕奈克.为真实的世界设计[M].周博,译.北京:中信出版社,2013.

[7] 周宪.走向创造的境界——艺术创造力的心理学探索[M].南京:南京大学出版社,2009.

[8] 杭间.设计的善意[M].桂林:广西师范大学出版社,2011.

[9] 王澍.造房子[M].长沙:湖南美术出版社,2016.

[10] 杨学为.中国高考报告(2020)[M].北京:社会科学文献出版社,2020.

[11] 高文,徐斌艳,吴刚.建构主义教育研究[M].北京:教育科学出版社,2008.

[12] 艾伦·维纳,塔利亚·R.戈德斯坦,斯蒂芬·文森特-兰克林.回归艺术本身:艺术教育的影响力[M].郑艳,译.上海:华东师范大学出版社,2016.

[13] 刘静伟.设计思维[M].北京:化学工业出版社,2014.

[14] 中华人民共和国教育部.普通高中美术课程标准(2017年版)[M].北京:人民教育出版社,2018.

[15] 陈玉琨,等.课程改革与课程评价[M].北京:教育科学出版社,2001.

[16] 李泽厚.李泽厚话语[M].邓德隆,杨斌,编选.上海:华东师范大学出版社,2014.

[17] 戴吾三.考工记图说[M].济南:山东画报出版社,2020.

[18] 陈烟桥.鲁迅与木刻[M].上海:开明书店,1949.

[19] 北京鲁迅博物馆.鲁迅编印版画全集1:艺苑朝华[M].南京:译林出版社,2019.

[20] 迪耶·萨迪奇.B代表包豪斯[M].齐梦涵,译.北京:东方出版社,2020.

[21] 原研哉.设计中的设计[M].朱锷,译.济南:山东人民出版社,2006.

[22] 宋冰.非遗文化与儿童美术融合教育课程——以深圳鱼灯舞为例[M].重庆:西南师范大学出版社,2020.

[23] 杰弗里·扬,威廉·西蒙.活着就为改变世界:史蒂夫·乔布斯传[M].3版.蒋永军,译.北京:中信出版社,2016.

[24] 梁思成,林洙.大拙至美——梁思成最美的文字建筑[M].北京:中国青年出版社,2007.

[25] 列奥纳多·达·芬奇. 达·芬奇手稿 [M]. 郑勤砚, 译. 北京: 化学工业出版社, 2019.

[26] 何克抗. 论创客教育与创新教育 [J]. 教育研究, 2016, 37 (4): 12-24, 40.

[27] 何克抗. 创立中国特色创客教育体系——实现"双创"目标的根本途径 [J]. 中国教育学刊, 2017 (2): 50-54.

[28] 宋冰. 新课程·育未来——深圳中小学美术校本课程的特色与亮点 [J]. 中国中小学美术, 2018 (8): 13-16.

[29] 杨现民, 李冀红. 创客教育的价值潜能及其争议 [J]. 现代远程教育研究, 2015 (2): 23-34.

[30] 祝智庭, 孙妍妍. 创客教育: 信息技术使能的创新教育实践场 [J]. 中国电化教育, 2015 (1): 14-21.

[31] 朱龙, 胡小勇. 面向创客教育的设计型学习研究: 模式与案例 [J]. 中国电化教育, 2016 (11): 23-29.

[32] 闫寒冰, 郑东芳, 李笑樱. 设计思维: 创客教育不可或缺的使能方法论 [J]. 电化教育研究, 2017, (6): 34-40, 46.

[33] 吴向东. 创客教育: 从知识传承到知识创造 [J]. 中小学信息技术教育, 2015 (7): 16-18.

[34] 王佑镁. 发现创客: 新工业革命视野下的教育新生态 [J]. 开放教育研究, 2015, 21 (5): 49-56, 40.

[35] 王佑镁, 钱凯丽, 华佳钰, 郭静. 触摸真实的学习: 迈向一种新的创客教育文化——国内外创客教育研究述评 [J]. 电化教育研究, 2017, 38 (2): 34-43.

[36] 陈鹏, 黄荣怀. 设计思维: 从创客运动到创新能力培养 [J]. 中国电化教育, 2017 (9): 6-12.

[37] 陈刚, 石晋阳. 创客教育的课程观 [J]. 中国电化教育, 2016 (11): 11-17.

[38] 余胜泉, 胡翔. STEM教育理念与跨学科整合模式 [J]. 开放教育研究, 2015, 21 (4): 13-22.

[39] 王竹立. 关联主义与新建构主义: 从连通到创新 [J]. 远程教育杂志, 2011, 29 (5): 34-40.

[40] 周博. 维克多·帕帕奈克论设计伦理与设计的责任 [J]. 设计艺术研究, 2011 (2): 108-112, 125.

[41] 李杰, 李叶, 苏亚轩, 柳冠中. 柳冠中: 设计是协调者要兼顾各方利益 [J]. 设计, 2019, 32 (2): 67-68.

[42] 武廷海.《考工记》成书年代研究——兼论考工记匠人知识体系 [J]. 装饰, 2019 (10): 68-72.

[43] 孟繁玮, 阴澍雨, 薛爽, 柳冠中. 设计不是目的, 是一种解决问题的方法——柳冠中访谈 [J]. 美术观察, 2011 (10): 8-12.

[44] 徐玉珍. 校本课程开发: 概念解读 [J]. 课程·教材·教法, 2001 (4): 12-17.

[45] 谢雨晨. 从于漪老师的语文教育教学看其践行的教材观 [J]. 文学教育, 2019 (7): 68-69.

[46] 肖文婷. 基于创客教育理念的美术教学实践——以"我们的T型舞台"为例 [J]. 基础教育参考, 2020 (1): 33-35.

[47] 孙丹丹. 指向创客: 追寻跨界的美术新课堂——以Scratch与美术教学的融合为例 [J]. 基础教育参考, 2018 (9): 34-37.

[48] 竺琳. 3D打印技术在高中美术课程中的应用 [J]. 教育信息技术, 2019 (Z2): 127-129.

[49] 杨御仿. 小学定格动画课程教学模式实践初探 [J]. 中国教育技术装备, 2019 (17): 82-83, 94.

[50] 刘希艳. 基于"创客教育"环境, 深化低年级美术绘本教学 [J]. 基础教育研究, 2019 (21): 83-84.

[51] 王亚. 基于SWOT分析的羌族非物质文化遗产的校本课程开发研究 [J]. 桂林师范高等专科学校学报, 2019, 33 (6): 71-77, 82.

[52] 谢作如. 创客教育的DNA [J]. 人民教育, 2016 (10): 28-31.

[53] 袁振国. 教育规律与教育规律研究 [J]. 华东师范大学学报 (教育科学版), 2020 (9): 1-15.

[54] 王润, 张增田, 章全武. 核心素养: 课程评价的时代追求 [J]. 教育理论与实践, 2018, 38 (4): 52-56.

[55] 陈琳, 陈耀华. 智慧时代中国教育现代化特征论 [J]. 中国电化教育. 2020 (7): 30-37.

[56] 林琳, 沈书生, 董玉琦. 设计思维的发展过程、作用机制与教育价值 [J]. 电化教育研究, 2021, 42 (12): 13-20.

[57] 林琳, 董玉琦, 沈书生. 设计思维教学法的理念框架与支撑技术 [J]. 现代远程教育研究, 2022, 34 (4): 73-82.

[58] 黄荣怀, 杨俊锋, 刘德建, 等. 智能时代的国际教育比较研究: 基于深度探究的迭代方法 [J]. 中国电化教育, 2020 (7): 1-9.

[59] 吴俊杰, 周群, 秦建军, 蒋程宇, 栾轩. 创客教育: 开创教育新路 [J]. 中小学信息技术教育, 2013 (4): 42-43, 52.

[60] 陈君贤. 关联主义: 网络学习环境下劣构问题表征的新取向 [J]. 中国远程教育, 2009 (8): 19-22, 79.

[61] 张志勇. 课程改革的本质就是课程民主 [J]. 中国教育学刊, 2014 (5): 3.

[62] 尹后庆. 校本课程的价值追求和实践探索 [J]. 上海教育, 2013 (1): 24-25.

[63] 李臣之. 校本课程开发评价: 取向与实做 [J]. 课程·教材·教法, 2004 (5): 19-24.

[64] 李臣之, 王虹, 董志香. 地方文化的课程价值刍议 [J]. 教育科学研究, 2014 (9): 61-66.

[65] 王仲杰. 从工具走向价值: 校本课程建设的理性回归 [J]. 教育理论与实践, 2021, 41 (17): 42-45.

[66] 黄津成. 走进·研究·参与: 乡土校本课程价值实现的实践路径 [J]. 基础教育课程, 2022 (12): 4-7.

[67] 魏登尖. 基础教育校本课程建设的实践偏差与矫正 [J]. 中小学教材教学, 2018 (3): 24-27.

[68] 李定仁, 段兆兵. 论课程资源开发与教师专业成长 [J]. 教育理论与实践, 2005, 25 (6): 42-45.

[69] 张廷凯. 校本课程资源开发的整合策略和案例分析 [J]. 教育科学研究, 2007 (1): 37-40.

[70] 陈姗姗. 羌族服饰纹样立体化创新研究方法实践 [J]. 纺织导报, 2020 (9): 90-92.

[71] 骆新."设计"不能当"艺术"玩儿[J].中国广告,2015(6):72-73.

[72] 董艳,孙巍,徐唱.信息技术融合下的跨学科学习研究[J].电化教育研究,2019,40(11):70-77.

[73] 崔允漷.新课标新高考如何建构"新教学"[N].中国教育报,2019-08-29(A6).

[74] 宋冰,曾翠婷.学科融合新技术 课程创新添活力——龙岗区千林山小学跨学科融合课程探索[N].南方教育时报,2021-12-10(A8).

[75] 李彤彤.基于设计思维的创客教育教学模式设计与应用研究——以3D设计与打印课程为例[D].上海:华东师范大学,2019.

[76] 李忠.S校创客教育折纸课程开发与实践[D].曲阜:曲阜师范大学,2020.

[77] 张陈燕.小学3D打印校本课程的开发与实践研究[D].桂林:广西师范大学,2017.

[78] 李志辉.初中Scratch创客校本课程开发与实践研究[D].广州:广东技术师范大学,2020.

[79] 欧阳子川.基于青少年创客教育的玩具设计研究[D].北京:中央美术学院,2017.

[80] 深圳市教育局.深圳市中小学创客教育课程建设指南(试行)[Z].2016-10-11.

[81] 深圳市教育局.深圳市中小学创客教育实践室建设指南(试行)[Z].2016-10-11.

[82] 深圳市教育局.深圳市中小学学科教育与创客教育融合指南(试行)[Z].2018-4-18.

[83] 宋冰.基于"数字博物馆"学习环境的小学跨学科学习研究[R].广东省中小学教师信息技术应用能力提升工程2.0专项科研课题.2022.

[84] 教育部.教育部关于印发《教育信息化"十三五"规划》的通知[EB/OL].(2016-6-7)[2017-11-13].http://www.moe.gov.cn/srcsite/A16/s3342/201606/t20160622_269367.html.

[85] 新华社.中共中央办公厅 国务院办公厅印发《关于深化教育体制机制改革的意见》[EB/OL].(2017-9-24)[2017-11-13].http://www.gov.cn/xinwen/2017-09/24/content_5227267.htm.

[86] 新华社.中共中央 国务院关于深化教育教学改革全面提高义务教育质量的意见[EB/OL].(2019-7-8)[2019-9-10].http://www.gov.cn/xinwen/2019-07/08/content_5407361.htm.

[87] 中国教育报.杨向东:基于核心素养,推进学校变革[EB/OL].(2018-04-12)[2020-9-26].https://www.ecnu.edu.cn/info/1095/4566.htm.

[88] 北京鲁迅博物馆(北京新文化运动纪念馆).北京鲁迅博物馆简介[EB/OL].[2022-8-8].http://www.luxunmuseum.com.cn/bowuguanjieshao/.

[89] 理想国imaginist1.天真的设计学家[EB/OL].当当网(2020-12-28)[2022-8-8].http://touch.m.dangdang.com/fx_detail.php?article_id=421939&user_client=touch&client_version=1.0.

后记

从创客到创造的教育。

从一个城市，到设计之都，到创客之都。

从一个课程，到三个课程，到一批课程。

关于美术课程开发的课程论，就自然诞生了。

感谢陶行知先生，您的智慧之光，穿透一百年依然照亮了中国教育之路。

感谢鲁迅先生，您爱设计的热情不亚于文学，让我倍感亲切与自豪。

感谢维克多·帕帕奈克先生，您的设计思维一百年后依然常青。

感谢何克抗教授，二十年前，我的第一篇信息技术文章引用了您的观点，二十年后，您的创客教育思想继续指引我前行。

感谢首都师范大学美术学院尹少淳教授，为本书欣然作序。从2000年读到您的译著《美术，另一种学习的语言》（1992年湖南美术出版社出版），到2016年的《尹少淳谈美术教育》，您的美育观念和美术教育思想一直深深地影响着我。

感谢深圳大学叶文梓教授（深圳市教育科学研究院原院长），推动和引领深圳市创客教育的发展，以及对本书的悉心指导。

感谢北京师范大学董艳教授对本书的悉心指导。

感谢西南大学美术学院段运冬教授对本课题的悉心指导。

感谢胡泊教授、宋承昊先生，多年来的对话与交流，迸发了无数创意的思维火花，这火花装在罐子里，打开的那一天如烟花绽放、繁星点点。

感谢徐庆兰老师的认真审校，彰显出专业编辑的扎实功底，提出专业而精准的修改建议，让本书更显严谨。

感谢我的父亲——宋靖非先生的引导与鼓励，他常说：不仅要认真工作，还要多读多写。我将继续努力。

感谢韩园林先生、叶德卫女士的悉心指导。书友常聚，共读同乐，阅读让人内省且美好。

感谢深圳市龙岗区教育科学研究院魏伟老师，多年来亦师亦友的指导与帮助。

感谢深圳市教育科学研究院黄宏武老师，罗湖区的王婧老师、文章老师，南山区的郭玉琳老师，龙岗区的马琳老师、杜少华老师，龙华区的苏雁玲老师，光明区的曾静敏老师，深圳市高级中学的房景楠老师，深圳小学的张晖老师，深圳市红岭教育集团的金静老师等，为研究提供课程案例和帮助。

感谢龙岗区依山郡小学、如意小学、千林山小学的同事们，感谢张翠、凌梦磊、文胜华三位老师细心校对文稿。

感谢与我同行的伙伴们，李春霞、黄俭、黄中文、艾丽娜、洪梅、黄斌、刘建伍、陈楚洪、黄曼、蒋智文、黄裕佳、钟惠娜、林玲、钟碧如，你们是创客教育的实践者，亦是我的学习者。

在创客教育之路上，我们继续同行。

为深圳创造，为未来创造。为未知而学，为未来而教。

画下星辰大海，创造美好未来。